如何阅读
《为承认而斗争》

王凤才　周爱民　等＿著

上海人民出版社

序

"是金子总会发光的",通过与凤才近 20 年的相处与交往,特别是通过目睹他来到复旦大学后这十多年的经历,我对这一点越来越深信不疑了。

2004 年 9 月,凤才以山东大学教授身份来复旦大学哲学流动站做博士后研究。我和他的另一个合作导师俞吾金教授建议他利用自己的德语优势,开拓对法兰克福学派新一代领军人物霍耐特思想的研究。2006 年 6 月,他依据第一手德文资料撰写而成的出站报告,即《蔑视与反抗——霍耐特承认理论与法兰克福学派批判理论的"政治伦理转向"》于 2008 年由重庆出版社出版,共 40 万字。这是国内第一部关于法兰克福学派第三代核心人物霍耐特思想研究的专著。此后,在凤才的引领下,"霍耐特研究"成了国内学术界法兰克福学派批判理论研究,乃至整个国外马克思主义研究领域新的学术生长点和学术热点之一。博士后出站后,凤才被引进到了复旦大学,成为当代国外马克思主义研究中心研究员和哲学学院教授。2014 年,他又以高级研究学者身份赴德国法兰克福大学社会研究所暨哲学系,从事"从批判理论到后批判理论"的研究，合作导师是霍耐特教授。至今，凤才已经在复旦大学从事教学和研究工作近20年了，并培养了不少优秀毕业生。

如果说，2004年博士后报告开题后，他实现了做学问的第一次飞跃；2006年正式引进到复旦大学后，他实现了做学问的第二次飞跃；那么2015年从德国回来后，他实现了做学问的第三次飞跃。从德国回来后，凤才的学问越做越好，研究领域也不断地扩大，从霍耐特到整个后法兰克福学派，从后法兰克福学派到整个社会批判理论，从社会批判理论到当代德国马克思主义，从当代德国马克思主义再到21世纪世界马克思主义。

欲问凤才这些年在学术上取得了多大的成就，只要浏览一下他撰写的著作就一清二楚了：

"批判理论七部曲"：《批判与重建——法兰克福学派文明论》、《蔑视与反抗——霍耐特承认理论与法兰克福学派批判理论的"政治伦理转向"》、《从公共自由到民主伦理——批判理论语境中的维尔默政治伦理学》、《承认·正义·伦理——实践哲学语境中的霍耐特政治伦理学》、《从社会哲学到批判理论》(即出)、《从批判理论到后批判理论》(即出)、《〈否定辩证法〉释义》(多卷本，待出)。

"马克思四部曲"：《追寻马克思——走近西方马克思主义》、《重新发现马克思——柏林墙倒塌后德国马克思主义发展趋向》(入选《2014年度国家哲学社会科学成果文库》)、《多重视角中的马克思——21世纪世界马克思主义发展趋向》(上下卷)、《重新理解马克思——西方马克思主义的当代阐释》(即出)。

另外，他还用了几年的时间，从德语翻译了"天书"——阿多尔诺的《否定辩证法》，并连续印刷了几次，在学术界引起了很好的反响。

据不完全统计，迄今他已经出版学术著作20余部；主编2套丛书（"批判理论研究丛书""21世纪世界马克思主义研究丛书"）；并在《中国社会科学》《哲学研究》《世界哲学》《哲学动态》《马克思主义与现实》等杂志发表学术论文150余篇。

凤才的学术成就已被学术界高度认可。如果说凤才是目前国内霍耐特研究、后法兰克福学派研究、社会批判理论研究、当代德国马克思主义研究、21世纪世界马克思主义研究首屈一指的学者，我估计是不会有人提出异议的。实际上，他在这些方面研究的影响力，正越出国界，在德国等许多国家已产生了影响。因而，他被评上教育部长江学者特聘教授，也是水到渠成的事情。

作为他博士后合作导师，后来又作为他的同事，我目睹了他这近20年的发展过程。我深切地感到，他取得这些成就决不是偶然的。除了他确实具有做学问的"慧根"之外，他的以下三个方面的素质实在太突出了：

其一，他做学问非常勤奋。对凤才来说，是没有什么节假日的，连春节也只是大年初一在家待一天，年初二也就来到了办公室。有时早上一起身，就从家里步行到学校，赶到学校去吃早饭，然后就在办公室开始一天的工作。以前他往往是一直工作到晚上才回家，最近一段时间，鉴于他也是快奔六十的人了，我与他妻子再三规劝他不能再这样拼了，他才稍稍放缓了一点工作节奏。

其二，他做学问非常专注。凤才对学问非常敬畏，做学问极其专心。古人曾经用"坐不窥堂"来形容做事之专心，凤才正是"坐不窥堂"者。只要他一进入写作或者阅读的状态，就可以排除一切干扰。从而他脑子里除了装着学问外，不会再有其他什么东西了，包括金钱在内。有一次，出差回来（在机场）为应急我向他借几百元钱，他竟然摸遍全身也找不到。

其三，他做学问具有"团队意识"。无论是为人还是为学，凤才都比较宽容。有容乃大，这样他就可以把学问做大。尽管许多课题是他自己完成的，但对于大型研究课题，他善于把相关的研究者吸收进来。不但他的学生愿意跟着他干，而且连原先没有交往的相关研究者也乐于与他合作。最近几年，他成功地做成了两件事：一是开创了全国性的"21世纪世界马克思主义论坛"，以及"21世纪世界马克思主义研究丛书"；二是开创了"批判理论论坛"，以及"批判理论研究丛书"。《如何阅读〈为承认而斗争〉》一书，就是由他牵头，国内众多学者参与的一部著作，这也充分反映了凤才做学问的"团队意识"。

　　本书基于第一手资料，对霍耐特的代表作《为承认而斗争》（2003年德文扩充版）进行深度解读。这一著作正是由凤才提出总体框架、基本思路和具体问题，由十位作者共同完成的，然后由凤才和他的高足周爱民统稿。

　　我发现，本书的作者基本都是长年致力于研究批判理论、霍耐特思想的专家，均发表过相关高质量的学术论文，有的已经出版了霍耐特研究专著。凤才把他们组织在一起。为了进一步保证解读的质量，统一全书的解读风格和大致内容，凤才结合多年的专业研究和学生的学习反馈（为复旦大学本科生专门开设了《为承认而斗争》解读课程），先是为每章拟定了若干需要回答的问题，全部问题百个左右。这些问题主要有四种类型，一是对文本中特定概念的理解，二是对文本中某些复杂的论证结构的理解，三是对文中涉及的哲学、社会理论背景知识的理解，四是对特定章节内容写作意图和整体作用的理解。凤才提出这些类型的问题，其宗旨是十分明确的：一方面是希望项目组以这些问题为线索去进行解读，以保证全书作为深度解读的定位，即致力于澄清专门的术语、论证结构，以及特定内容在霍耐特整个理论体系中的作用；另一方面是希望解读者能进一步补充书中提及的一些重要的背景知识。我认为，本书达到了凤才提出的这些宗旨。

　　纵览全书，我认为，涉及霍耐特的代表作《为承认而斗争》的大部分关键问题都得到了相应的问答。例如，任彩红负责的第一章解读内容补充了黑格尔对康德道德哲学的批判，补充了为自我保护而斗争的社会冲突模型，即马基雅维利与霍布斯的社会哲学，这些构成了霍耐特去重解另类社会斗争的理论动机，有助于人们更好地理解霍耐特承认理论的理论意图。在洪楼和陈良斌负责解读的第二章和第三章，既有对关键术语的拓展理解，也有对黑格尔早期思想的进一步挖掘。洪楼突出解读了"犯罪"现象包含的主体间的承认关系，尤其还详细补充了对黑格尔《伦理体系》的介绍，有助于读者从整体上把握霍耐特对早期黑格尔承认学说的借用方式。陈良斌以阐述承认的具体内涵和其在耶拿早期精神哲学中扮演着什么样的角色为线索，详细梳理了霍耐特对黑格尔耶拿实在哲学的重构；通过对黑格尔部分的补充说明，他同时也指出了霍耐特解读存在的问题，例如，对耶拿手稿最后的"结构"部分较少涉及，对"结构"部分的"阶级""政府"，以及"艺术、宗教和科学"所扮演的重要角色避而不谈。任远负责的第四章则突出讨论了米德的社会心理学对青年黑格尔承认学说的重构。除了以拟定的四类问题为线索展开解读之外，本书还借鉴吸收了近年来学术界的研究成果。例如，在宋建丽负责撰写的第五章积极利用了英美学术界的研究成果；赵长伟、王凤才负责的第六章则借鉴了《蔑视与反抗》一书中的"社会承认关系结构"霍耐特—王凤才图表；杨丽、王凤才负责的第九章借鉴了王凤才在《从形式伦理到民主伦理——霍耐特的伦理概念》一文中的观点，去进一步阐述"形式伦理"概念的具体内涵。另外，李猛负责的第七章详细讨论了马克思、索雷尔、萨特的有关理论与"为承认而斗争"构想的关系；赵长伟、王凤才负责的第八章则以"蔑视与反抗"为线索，分析了社会冲突的道德逻辑。周爱民负责的部分则处理了《为承认而斗争》（2003年德文扩版）新增加的"承认的理由——对批评性质疑的答复"，这是国内学术界还不太关注的问题。

　　显然，《如何阅读〈为承认而斗争〉》一书的价值，不仅在于可以帮助读者全方位地深度解读霍耐特的代表作《为承认而斗争》，而且通过这一解读可以促使读者进一步正确和深刻地把握霍耐特的整个思想体系，甚至可以促进读者进一步正确和深刻地把握整个后法兰克福学派，甚至整个社会批判理论。我相信本书的价值会随着本书的推出和流传得以充分地体现。在此，除了借机总结一下我的学生和同事凤才的学术成就之外，则是郑重地向读者推荐此书。

是为序！

陈学明

2022 年 8 月 12 日

目　录

导　论
如何阅读《为承认而斗争》?

《为承认而斗争——社会冲突的道德语法》不仅是霍耐特的成名作和代表作，而且是法兰克福学派批判理论三百部著作中最重要的四部著作之一。[1]

《为承认而斗争》有多种版本：德文第 1 版（1992）、德文袖珍版（1994）、德文扩充版（2003）；并被译成多种文字，例如，意大利文节译本（1993）、英文版（1994）、西班牙文版（1997）、法文版（2000）、中文版（2005）；等等。

霍耐特（Axel Honneth, 1949—　）是德国社会哲学家、批判理论家，曾经长期任法兰克福大学社会研究所所长（2001—2017），现任美国哥伦比亚大学讲座教授、国际黑格尔协会主席。一般说来，霍耐特通常被视为哈贝马斯的嫡传弟子，法兰克福学派第三代核心人物，批判理论第三期发展关键人物；甚至可以这样说，就思想深度与学术地位而言，霍耐特是继阿多尔诺、哈贝马斯之后，法兰克福学派批判理论发展史上的第三个标杆性人物。如果说，在法兰克福学派第

---

[1] 笔者认为，在法兰克福学派批判理论三百部著作中，最重要的四部著作是：《启蒙辩证法》（霍克海默、阿多尔诺，1947）、《否定辩证法》（阿多尔诺，1966）、《交往行为理论》（哈贝马斯，1981）、《为承认而斗争》（霍耐特，1992）。

一代、第二代那里，学术领袖与体制掌门人是分离的——第一代学术领袖是阿多尔诺、体制掌门人是霍克海默，第二代学术领袖是哈贝马斯、体制掌门人是弗里德堡[①]；那么，第三代学术领袖与体制掌门人则是统一的——霍耐特。

霍耐特可谓著作等身。例如：《权力批判——批判的社会理论反思各阶段》（1986）、《为承认而斗争——社会冲突的道德语法》（1992）、《正义的他者——实践哲学文集》（2000）、《不确定性的痛苦——黑格尔法哲学的再现实化》（英文版2000；德文版2001）、《再分配还是承认？——一个政治哲学对话》（与N.弗雷泽合著，2003）、《我们中的自我——对承认理论的研究》（2010）、《自由的权利——民主伦理大纲》（2011）、《社会主义观念——一个现实化的尝试》（2015）、《承认——一个欧洲观念史》（2018）。除此之外，还有许多似乎"不太重要的"著作或文集或编著，例如，《历史唯物主义理论》（与H.约阿斯主编，第1卷，1977；第2卷，1980）、《作为批判的社会研究——批判理论的社会科学潜能》（1982）、《破碎的社会世界——社会哲学文集》（1990）、《社群主义——现代社会道德基础论争》（主编，1993）、《一体化的瓦解——社会学时代诊断的碎片》（1994）、《不可见性——主体间性学说发展阶段》（2003）、《自由的辩证法——法兰克福阿多尔诺国际讨论会2003》（与哈贝马斯主编；2005）、《物化——一个承认理论研究》（2005）、《理性的病理学——批判理论的历史与现状》（2007）、《正义与交往自由——对黑格尔结论的思考》（合著，2007）、《厌恶、傲慢、仇恨——敌对情绪现象学》（合著，2007）、《从个人到个人——人际关系的道德性》（与B.勒斯拉

[①] 弗里德堡（Ludwig von Friedeburg, 1924—2010）出身显赫，祖父母都是普鲁士王室子女，父亲H-G.v.弗里德堡（Hans-Georg von Friedeburg, 1895—1945）是纳粹德国海军大将，曾经作为希特勒政府代表与盟军签订无条件投降书，1945年5月23日自杀身亡。

主编，2008）、《市场的价值：从 18 世纪到当代的经济学—哲学话语》（与 L. 赫尔佐格合编；2014）、《时代的活体解剖——20 世纪观念史肖像》（2014）；《社会主义观念——一个现实化的尝试》（2015）；《承认——一个欧洲观念史》（2018）；等等。在这里，我们不可能对霍耐特的全部著作①进行梳理，只是结合着德文版讨论"如何阅读《为承认而斗争》？"，对《为承认而斗争》思想进行深入研究。

一、《为承认而斗争》的目的、由来与发展

第一，《为承认而斗争》与"教授资格论文"的关系。

《为承认而斗争》是在霍耐特的教授资格论文基础上修改完善而成的。在该书中，霍耐特试图从黑格尔的"为承认而斗争"模型出发，阐发一种具有规范内涵的社会理论的基础。②

在德国，要想成为大学教授，除了具备基本条件（例如，博士学位、科研能力、科研成果、科研水平、学术影响力等）之外，还要有一个"形式要件"，即获得"教授资格"。要想获得教授资格，则必须撰写一部堪称代表作的"教授资格论文"。

1949 年 7 月 18 日，霍耐特生于德国北莱茵—威斯特法伦州鲁尔河畔的埃森。1969—1974 年，在德国玻恩大学、波鸿大学学习哲学、社会学、日耳曼语言文学。1983 年，以"福柯与批判理论"为题，在柏林自由大学获得哲学博士学位（导师：U. 耶给③）。1983—1989 年，任法兰克福大学哲学系助理教授（导师：哈贝马斯）。在《为承认而斗争》"前言"中，霍耐特坦然承认，这六年的合作对他自己的教育

---

① 详见王凤才：《承认·正义·伦理——实践哲学语境中的霍耐特政治伦理学》，上海人民出版社 2017 年版，"附录：霍耐特学术著作目录"。

② Vgl. Axel Honneth, *Kampf um Anerkennung. Zur moralischen Grammatik sozialer Konflikte*, Suhrkamp, 2003, S. 7.

③ 耶给（Urs Jaeggi, 1931—2021），德国—瑞士社会学家、作家、造型艺术家。

过程具有重要意义。他说，若没哈贝马斯的持续督促，始于 1985 年的教授资格论文就不可能在规定的时间内完成 ①。1990 年，以"为承认而斗争"为题在法兰克福大学获得教授资格。自 1991 年起，霍耐特先后任康斯坦茨大学、柏林自由大学哲学教授。1996 年，任法兰克福大学哲学教授。1999 年，任法兰克福大学社会哲学讲座教授。2001年 3 月 28 日，出任社会研究所所长，这预示着霍耐特时代真正到来。经过近 20 年的努力，法兰克福大学社会研究所出现了中兴；批判理论实现了第三期发展，最终完成了批判理论的"政治伦理转向"。

在《为承认而斗争》中，霍耐特继承发展了黑格尔的"为承认而斗争"模型。"为承认而斗争"模型是社会冲突的两种模型之一（例如，从黑格尔到霍耐特）；另一种模型是"为自我保护而斗争"（例如，从马基雅维利到霍布斯）。在《伦理体系》（1802—1803）、"耶拿时期著作"（1803—1806）② 中，黑格尔提出了内涵十分丰富的"为承认而斗争"模型。在《为承认而斗争》中，从黑格尔的"为承认而斗争"模型出发，霍耐特试图阐发一种具有规范内涵的社会理论的基础。这种社会理论实际上就是社会哲学，或曰：批判的社会理论。

第二，《为承认而斗争》与《权力批判》的关系。

霍耐特自认，《为承认而斗争》立足于《权力批判》得出的结论，即任何一种将福柯历史著作中的社会理论成就整合进交往理论框架中

①　Axel Honneth, *Kampf um Anerkennung. Zur moralischen Grammatik sozialer Konflikte*, "Vorwort".

②　"耶拿体系草案"包括三部著作，即《耶拿体系构思 I：思辨哲学体系——自然哲学与精神哲学讲座手稿残篇》（1803—1804）；《耶拿体系构思 II：逻辑学、形而上学、自然哲学》（1804—1805）；《耶拿体系构思 III：自然哲学与精神哲学》（1805—1806），后二者被霍耐特称为《耶拿实在哲学 I》《耶拿实在哲学 II》。（参见王凤才：《承认·正义·伦理——实践哲学语境中的霍耐特政治伦理学》，第 9 页。）

的企图，都必须依靠具有道德动机的斗争概念。而黑格尔"为承认而斗争"模型为这个概念提供了最好的理论资源。① 就是说，霍耐特试图通过补充"斗争"和"交往"维度，克服早期批判理论的功能主义还原论、生产劳动范式、历史哲学框架的局限性；从而进一步完善和发展黑格尔提出的承认学说。

当然，霍耐特要想创立自己的承认理论，就必须解决以下四个问题：（1）承认理论与法兰克福学派批判理论是什么关系？为什么说批判理论的"承认理论转向"是必要的？（2）霍耐特承认理论与青年黑格尔承认学说，以及米德社会心理学是什么关系？批判理论的"承认理论转向"是如何可能的？（3）承认与蔑视、蔑视与反抗是什么关系？即主体间性承认形式，以及个体认同所遭遇的蔑视形式有哪些？为什么说蔑视体验是社会反抗的道德动机？（4）承认与再分配、承认与正义、承认与道德是什么关系？这些问题表明，蔑视与反抗或曰为承认而斗争是霍耐特承认理论主题；人际关系道德重建是霍耐特承认理论目标；从承认理论到民主伦理构想是霍耐特政治伦理学思想发展轨迹。

我们知道，奠定霍耐特学术基础的《权力批判——批判的社会理论反思各阶段》，是在其博士论文《权力批判——福柯与批判理论》基础上修改、补充、完善而成的。除"前言""后记"② 外，全书共分两部分，即"第一部分：社会分析的无能——批判理论的困境"（第1—3章），分别讨论了"霍克海默的原初观念——批判理论的社会学亏空"《启蒙辩证法》的历史哲学转向——自然支配批判""阿多尔诺的社会理论——'社会性'的最终排挤"；"第二部分：'社会性'的重新发现——福柯与哈贝马斯"（第4—9章），分别讨论了

---

① Vgl. Axel Honneth, *Kampf um Anerkennung. Zur moralischen Grammatik sozialer Konflikte*, S. 7.
② 该"后记"撰写于1988年，最早发表于袖珍版（1989）。

"福柯的历史话语分析——与符号学相连结的知识史的悖谬""从话语分析到权力理论——作为'社会性'典范的'斗争'""福柯的社会理论——《启蒙辩证法》的系统理论解决""哈贝马斯的认识人类学开端——认识兴趣学说""人类史的两个竞争性建构——作为'社会性'典范的'理解'""哈贝马斯的社会理论——《启蒙辩证法》的交往理论转型"。

前六章是博士论文中已有的内容。其中，第1—3章通过对从霍克海默到阿多尔诺的早期批判理论的批判性反思，对批判理论的关键问题进行了理论史澄清；第4—6章阐述了福柯的权力理论对早期批判理论困境的"系统理论解决"，从早期批判理论困境的批判性分析中引申出权力批判维度；（后来补充的）第7—9章分析了哈贝马斯的交往理论对早期批判理论困境的"交往理论转换"。尤其是，在1988年"袖珍版后记"中，霍耐特除了进一步揭示阿多尔诺的历史哲学困境、哈贝马斯的交往理论与福柯的权力理论得失之外，还在一定程度上突破了"理论史澄清"的做法，强调"在这部著作中所进行的历史研究，应该以间接的方式阐发奠基于交往理论观念上的社会冲突模型"[1]，这就是黑格尔"为承认而斗争"模型——此乃霍耐特第一次将这个社会冲突模型与黑格尔联系在一起。

在《权力批判》中，霍耐特解决了问题（1），即阐释了批判理论的"承认理论转向"必要性，但还有好多问题没有弄清楚。例如，问题（2）即批判理论的"承认理论转向"可能性何在？问题（3）即承认意味着什么？主体间性承认形式有哪些？个体认同的蔑视形式是什么？为什么说蔑视体验是社会反抗的道德动机？问题（4）承认与再分配、承认与正义、承认与道德是什么关系？等等。这些问题，是在

---

[1] Axel Honneth, *Kritik der Macht. Reflexionsstufen einer kritischen Gesellschaftstheorie*, Suhrkamp, 1989, S. 380.

后来的《为承认而斗争》中解决的。概言之，《权力批判》通过对早期批判理论的批判性反思与系统性重构，为批判理论的"承认理论转向"奠定了基础。所以只能说，《权力批判》意味着霍耐特承认理论的萌芽。

如果说，《权力批判》以及几篇重要文章，即《福柯与阿多尔诺：现代性批判的两种形式》（1986），《批判理论：从思维传统的中心到边缘》（1987），《为承认而斗争：关于萨特的主体间性学说》（1988），《权力批判》"袖珍版后记"（1988），《道德发展与社会斗争：黑格尔早期著作中的社会哲学学说》（1989），《完整性与蔑视：承认道德基本动机》（1990）解决了批判理论的"承认理论转向"必要性。那么，《为承认而斗争》则解决了批判理论的"承认理论转向"可能性，并在此基础上构建了承认理论的基本框架。

第三，《为承认而斗争》与女性主义政治哲学以及当代承认理论研究的关系。

霍耐特说，尽管当今女性主义政治哲学研究常常与一种承认理论交织在一起，但他还是必须放弃与这种话语进行论争。因为若与女性主义话语进行论争，不仅会突破他自己设定的论证框架，而且会大大超越他目前的专业知识水平。此外，为了阐发青年黑格尔承认学说，对新近出版的著作，如《耶拿时期黑格尔著作中自由的制度化》（K. 洛特）等，霍耐特没有给予充分考虑，而且他说自己对此也不感兴趣，因为它们只关注一些现象而未触及实质。①

"女性主义"（Feminism）又称女权主义、妇女解放、性别平权主义，是指为结束性别主义、性剥削、性压迫、性歧视，促进性别平等而创立和发起起来的社会理论与政治运动。女性主义千差万别，但有

---

① Vgl. Axel Honneth, *Kampf um Anerkennung. Zur moralischen Grammatik sozialer Konflikte*, S. 8.

一个基本前提和一个共同目标，即在全世界范围，女性是受压迫、受歧视的"第二性"，因而，目标是在全世界范围实现真正的男女平等。

早在 1791 年，法国大革命时期的妇女领袖德古热（Olympe de Gouges）发表《女权与女公民权宣言》，拉开了女性主义运动的序幕。伍尔芙（Virginia Woolf）、波伏娃（Simone de Beauvoir）进一步推动了女性主义的发展。迄今为止，女性主义运动大致经历了三波，它们的诉求也不断升级，即从两性平等、两性平权，到两位同格。[1] 女性主义有不同的表现形式，例如，自由主义的女性主义、激进主义的女性主义、生存主义的女性主义、生态女性主义、文化女性主义，以及马克思主义的女性主义或女性主义的马克思主义、批判的女性主义或女性主义批判理论，等等。

霍耐特在这里所说的"女性主义政治哲学"，主要是指塞拉·本哈比[2]、艾丽斯·扬[3] 等人的政治哲学研究。例如，在《一般的他者与具体的他者——女性主义道德理论文集》（塞拉·本哈比）、《正义与差异政治》（艾丽斯·扬）等文本中，她们在讨论差异政治问题时，涉及了承认问题。在《为承认而斗争》中，霍耐特虽然注意到但并没有认真对待女性主义政治哲学。不过，到《正义的他者》《再分配或承认？》等著作中，霍耐特在论述平等对待（正义）与道德关怀（关怀）为核心的政治伦理学时，显然受到了女性主义的影响。

二、《为承认而斗争》的逻辑结构

《为承认而斗争》除"前言""后记"外，全书分为三篇，即"第一篇　历史的当代化——黑格尔的原初观念"（第1—3章），分别讨

---

[1] https://baike.so.com/doc/1464200-1548150.html.

[2] 塞拉·本哈比（Seyla Benhabib, 1956—　），女，美国耶鲁大学政治哲学教授。

[3] 艾丽斯·扬（Iris Marion Young, 1949—2006），女，美国政治学家。

论"为自我保护而斗争——现代社会哲学的奠基""犯罪与伦理——黑格尔的主体间性理论新开端""为承认而斗争——黑格尔'耶拿实在哲学'的社会理论";"第二篇　体系的再现实化——社会承认关系结构"（第4—6章），分别讨论"承认与社会化——米德对黑格尔观念的自然主义转型""主体间性承认模型——爱、法权、团结""人格认同与蔑视——强暴、剥夺权利、侮辱";"第三篇　社会哲学展望——道德与社会发展"（第7—8章），分别讨论"社会哲学传统的轨迹——马克思、索雷尔、萨特""蔑视与反抗——社会冲突的道德逻辑""人格完整的主体间性条件——形式伦理构想"。在"后记：承认的理由——对批评性质疑的答复"（2002）中，霍耐特进一步捍卫了自己的承认理论，并根据质疑者的批评，修正、补充、完善了自己的某些观点。

具体地说，第一篇对黑格尔的原初观念和论证结构进行了系统重构，不仅讨论了现代社会哲学的奠基，尤其是从马基雅维利到霍布斯的"为自我保护而斗争"模型的发展；而且围绕着"犯罪与伦理"，分析了黑格尔的主体间性理论新开端；更重要的是，通过考察黑格尔"耶拿实在哲学"的社会理论，阐发了"为承认而斗争"模型，从而引出了三种承认形式的区分，即"爱"（Liebe）、"法权"（Recht）、"团结"（Solidarität），其中，每一种承认形式都潜含着冲突动机。应该说，这时霍耐特对承认形式的区分，深受黑格尔《伦理体系》（1802—1803）的影响。不过，通过回顾青年黑格尔的"为承认而斗争"模型，可以清楚地看到：青年黑格尔将思想的效力归功于理性观念论前提；但在"后形而上学思维"①（nachmetaphysische Denken）条件下，这些前提再也无法维系了。

---

① 据说，"后形而上学思维"这个提法是由法国人雅里（Afred Jarry, 1873—1907）创造的。

因此，在作为本书最重要部分，即第二篇中，霍耐特则试图系统阐发社会承认关系结构。在这里，他首先借助米德社会心理学使黑格尔承认学说实现"经验转向"，即自然主义转型。这样，就形成了一个主体间性的人格构想。在这个构想的内部，就有可能出现依赖于三种承认形式，即爱、法权、价值感（Wertschätzung）的未被扭曲的自我关系。霍耐特说，为了消除这个假定之纯粹理论史特征，在第5—6章中，他将运用立足于经验的重构形式对承认关系的区分进行辩护：与三种承认形式相对应，也存在着三种类型的蔑视，每一种蔑视体验都可以视为激发社会冲突的行为动机。霍耐特认为，爱、法权、团结三种主体间性承认形式，分别对应着自信、自尊、自豪三种实践自我关系。亦即，自信存在于爱的体验之中，自尊存在于法律承认的体验之中，自豪存在于团结的体验之中。如果这三种承认形式被拒绝、被否定，即不被承认，那就会导致三种蔑视形式，即"强暴"（Vergewaltigung）、"剥夺权利"（Entrechtung）、"侮辱"（Entwürdigung）。"强暴"主要包括虐待和强奸，它使人的身体完整性受到伤害，并剥夺人自由支配自己身体的所有可能，它导致人的"心理死亡"。"剥夺权利"主要包括剥夺权利和社会排挤，它使个体作为共同体完全成员资格被剥夺或被限制，它导致人的"社会死亡"。"侮辱"包括人格侮辱和心灵伤害，它使个体的社会价值被否定性对待，它导致人的"心灵伤害"。这三种模型形式导致个体认同被否定。霍耐特说，第二篇研究结果表明，要确立一个批判的社会理论观念。根据这个观念，要想说明社会转型过程，则需要参考相互承认关系内部固有的规范要求。①

在第三篇中，霍耐特想在三个方向上继续追踪上述基本思想，即

---

① Vgl. Axel Honneth, *Kampf um Anerkennung. Zur moralischen Grammatik sozialer Konflikte*, S. 8.

批判的社会理论所开启的视角。首先，对社会哲学发展轨迹进行了鸟瞰，尤其是考察了马克思、索雷尔、萨特对黑格尔的社会冲突模型，即"为承认而斗争"模型作出了哪些贡献？还存在哪些不足？其次，围绕着"蔑视与反抗"，不仅力图揭示蔑视体验的历史意义，而且讨论了社会冲突的道德逻辑。最后，扼要描述一种以承认理论为基础的形式伦理构想，以此分析个体认同的主体间性条件。霍耐特指出，马克思、索雷尔、萨特为黑格尔的道德冲突模型增加了新的洞见。就是说，他们对日常政治见解的本质要素应该是，社会冲突能够追溯到承认内在规定的伤害；反过来说，植根于承认期待伤害的蔑视体验是社会反抗的道德动机，社会冲突的道德逻辑体现着社会进步的现实动力源泉。然而，马克思始终徘徊于道德冲突模型与利益冲突模型之间，从来没有系统地把社会阶级斗争理解为具有道德动机的冲突形式；索雷尔以法权概念为基础的阶级斗争道德理论模型，最终完全停留在政治权力斗争中；即使后期萨特离开了早期否定的主体间性学说，并一再出现规范的承认理论构想的暗示，但他也不能够为资产阶级法权形式的道德价值留有空间。所以说，尽管他们为黑格尔提出的道德冲突模型增加了新的洞见，但并没有对"为承认而斗争"构想的系统发展作出贡献。在霍耐特看来，植根于承认期待伤害的蔑视体验是社会反抗的道德动机，社会冲突的道德逻辑体现着社会进步的现实动力源泉。这样，就需要阐述蔑视与反抗关系，以说明蔑视体验是社会反抗的道德动机，从而揭示社会冲突的道德逻辑。当然，霍耐特坦然承认自己并没有完成这个任务。不过，霍耐特说这是他以后必须进一步努力的方向。

三、《为承认而斗争》的历史地位

《为承认而斗争》被视为霍耐特承认理论基本框架形成的标志，这是因为：

　　第一，霍耐特不仅明确使用了"承认理论"概念，而且明确了自己的承认理论意图，就是从黑格尔"为承认而斗争"模型出发，阐发一种具有规范内涵的社会理论基础；并自以为找到了阐发承认理论的理论手段，这就是运用米德社会心理学重构青年黑格尔承认学说，从而厘清自己的承认理论与青年黑格尔承认学说，以及米德社会心理学之间的关系，以论证批判理论的"承认理论转向"可能性。为此目的，霍耐特从区分社会冲突的两种模型出发，在考察黑格尔主体间性学说基础上，试图对黑格尔"为承认而斗争"模型的论证结构进行系统重构。霍耐特指出，尽管黑格尔开风气之先，在耶拿时期著作中构想了一种似乎是"唯物主义的"纲领，但这种构想理所当然地服从于观念论前提，"无论耶拿时期黑格尔的构想多么直观，多么具有实践取向，其构想的大部分有效前提还是处于内容广泛的理性形而上学框架之下。"① 然而，在后形而上学框架中，黑格尔理性观念论前提的有效性不再能够保持下去了。这样，就必须在后形而上学框架中，借助米德社会心理学修正青年黑格尔的社会冲突模型，从而推动"为承认而斗争"模型的"经验转向"，即自然主义转型。

　　第二，在运用米德社会心理学重构青年黑格尔承认学说基础上，霍耐特着重描述了社会承认关系结构，不仅解释了承认意味着什么，而且以经验描述与规范阐释相结合方式分析了爱、法权、团结三种主体间性承认形式，以及个体认同所遭遇的强暴、剥夺权利、侮辱三种蔑视形式。霍耐特指出，尽管米德以社会心理学重构手段使青年黑格尔承认学说发生了"经验转向"，但米德不仅坚持利用黑格尔"为承认而斗争"模型解释社会道德发展的核心议题，而且肯定了不同承认

① Axel Honneth, *Kampf um Anerkennung. Zur moralischen Grammatik sozialer Konflikte*, S. 108.

形式之间的概念区分。应该说，在主体间性承认形式问题上，霍耐特与黑格尔和米德具有某些相似性，只是论证得更加精致而已。然而，"无论黑格尔还是米德，都缺乏社会蔑视形式的系统考虑"①；霍耐特自以为填补了这一亏空，即创造性地系统阐发了社会蔑视形式。

　　第三，霍耐特不仅阐释了承认与蔑视的关系，还阐述了蔑视与反抗的关系，试图论证蔑视体验何以成为社会反抗的道德动机。通过对马克思、索雷尔、萨特的社会哲学思想发展轨迹的梳理，霍耐特得出结论说，蔑视与反抗是社会冲突的道德逻辑。霍耐特这样论证道，社会反抗动机形成于道德体验框架中，而道德体验又产生于对根深蒂固的承认期待的伤害。所以说，蔑视体验就构成"为承认而斗争"的道德动机。不仅如此，霍耐特还在承认理论基础上提出了形式伦理构想，认为形式伦理是人格完整的主体间性条件，声称非强制的或自由的、自我实现的自我，期待着未来交往共同体的承认。

　　由此可见，《为承认而斗争》基本解决了问题（2）和问题（3），即论证了批判理论的"承认理论转向"可能性，描述了社会承认关系结构，构建了承认理论基本框架。所以说，《为承认而斗争》标志着霍耐特承认理论基本框架形成，从而标志着批判理论的"承认理论转向"最终完成。当然，这并不意味着霍耐特承认理论此时已经成熟，因为对问题（4）即承认与再分配、承认与正义、承认与道德之间的关系问题，或还没有弄清楚，或根本没有涉及。这些问题是在《正义的他者》《不确定性的痛苦》《再分配或承认？》《我们中的自我》《自由的权利》等文本中解决的。就是说，到 21 世纪，霍耐特承认理论得到了补充、修正、完善、拓展。

　　《正义的他者》是霍耐特的实践哲学文集，除"前言"外，正

---

① Axel Honneth, *Kampf um Anerkennung. Zur moralischen Grammatik sozialer Konflikte*, S. 150.

文分为三篇：第一篇从不同维度讨论了"社会哲学的任务"，例如，"社会病理学——社会哲学传统与现状"（1994）、"开放性批判的可能性——社会批判当代论争视域中的'启蒙辩证法'"（英文首发，2000）、"蔑视的社会动力学——批判的社会理论定位"（1994）、"道德意识与社会阶级统治——规范行为潜能分析中的几个困难"（1981）；第二篇从"道德与承认"的关系出发，分析了"正义的他者——哈贝马斯与后结构主义伦理学的挑战"（1994）、"介于亚里士多德与康德之间——承认道德素描"（西班牙文首发，2000）、"正义与情感纽带——家庭处在道德论争的焦点上"（1995）、"爱与道德——情感纽带的道德内涵"（1998）、"解中心化的自主——来自主体批判的道德哲学结论"（1993）；第三篇主要讨论了"政治哲学问题"，例如，"普遍主义作为道德陷阱？人权政治的条件与限度"（1994）、"作为反思性合作的民主——杜威与当代民主理论"（1993）、"消极自由与文化归属之间——I.伯林的政治哲学中不可消解的张力"（1999）、"后现代共同体——一个构想的方案"（1993）。

　　如果说，《为承认而斗争》揭示了承认理论的规范发展目标；那么，《正义的他者》就是要揭示程序主义正义论局限。因此，《正义的他者》可以视为《为承认而斗争》的继续。在这里，霍耐特试图在实践哲学不同领域里揭示"正义的他者"意味着什么。他认为，在对时代进行社会病理学诊断的社会哲学中，"正义的他者"很大程度上涉及一个作为标准形式的规范正义论；在政治哲学领域，"正义的他者"表现为民主意志形成的元政治前提；在道德哲学内部，"正义的他者"意味着特殊社会关系的道德关怀。就是说，霍耐特不仅从政治哲学视角阐述了自由、民主、人权、共同体等问题，而且从道德哲学视角阐述了平等对待与道德关怀等问题。这不仅进一步丰富了承认理论的多元正义构想，而且进一步完善了承认道德理论。

　　"不确定性的痛苦——黑格尔法哲学的再现实化"是1999年夏季

学期霍耐特在阿姆斯特丹大学"斯宾诺莎讲座"的演讲题目；2000年与2001年，分别以英文、德文出版同名著作。该书包括三篇："作为正义论的黑格尔法哲学"（第一篇），主要讨论了"个体自由观念——（个体）自主的主体间性条件""黑格尔法哲学中的'法权'——（个体）自我实现的必要领域"；"正义论与时代诊断之间的内在关联"（第二篇），主要讨论了"不确定性的痛苦——个体自由的病理学""从痛苦中'解放'出来——'伦理'的诊疗学含义"；"作为规范的现代性理论的伦理学说"（第三篇），主要讨论了"（个体）自我实现与承认——'伦理'的条件""'伦理'的超制度化——黑格尔开始的难题"。

　　《再分配或承认？》一书，"体现了北美女哲学家南希·弗雷泽与德国哲学家霍耐特关于如何正确理解再分配与承认关系的论争"[1]。该书除"前言"外，主要包括"认同政治时代的社会正义——再分配、承认、参与"（弗雷泽）；"作为承认的再分配——对南希·弗雷泽的一个答复"（霍耐特）；"承认被扭曲至面目全非"（弗雷泽）；"承认的极点——对反驳的反驳"（霍耐特）。

　　在该书中，霍耐特试图在政治哲学框架内研究承认理论与正义论的关系问题。通过承认与再分配、承认原则与社会正义关系的阐述，反驳了弗雷泽对自己承认理论的指责，并试图建构以一元道德为基础的多元正义构想。

　　《我们中的自我》是一部文集，包括已发表和未发表的十四篇论文或讲演稿，可分为四部分：（1）进一步拓展和重构黑格尔承认学说，强调《精神现象学》《法哲学原理》对承认理论的重要性，这与《为承认而斗争》强调《伦理体系》（1802—1803）、"耶拿实在哲

①　Nancy Fraser、Axel Honneth, *Umverteilung oder Anerkennung? Eine politisch-philosophische Kontroverse*, S. 8.

学"（1803—1806）明显不同；（2）进一步阐发劳动与承认、承认与正义的关系，强调道德与权力的内在关联；（3）重新规定社会化与个体化、社会再生产与个体认同形成的关系，进一步强调社会哲学规范问题解决必须包容经验追求；（4）从心理分析视角进一步拓展承认理论，不仅讨论了心理分析的承认理论修正，而且分析了"我们中的自我：作为群体驱动力的承认"等问题。总之，该书是霍耐特关于承认理论的进一步思考，不仅修正和深化了早年的某些观点，而且开辟了新的研究领域，并试图为正义论提供一个新文本。

《自由的权利》除"前言""导论"外，正文分为三篇。第一篇"自由的权利历史回顾"，主要讨论了"消极自由及其契约论结构""反思自由及其正义构想""社会自由及其伦理学说"，然后"过渡阶段"讲了"民主伦理观念"；第二篇"自由的可能性"，主要讨论了"法律自由——法律自由的此在基础；法律自由的界限；法律自由病理学""道德自由——道德自由的此在基础；道德自由的界限；道德自由病理学"；第三篇"自由的现实性"讨论了社会自由，尤其是讨论了"个人关系中的'我们'"（友谊、私密关系、家庭）；"市场经济行为中的'我们'"（市场与道德——一个必要的预先说明、消费领域、劳动力市场）；"民主意志形成中的'我们'"（民主公共领域、民主法治国家、政治文化展望）。

《自由的权利》是五年呕心沥血之作，学术地位足以和《为承认而斗争》相比肩。如果说，《为承认而斗争》借助黑格尔的《伦理体系》、"耶拿实在哲学"构建承认理论，但仍然强调承认道德介于康德传统与亚里士多德—黑格尔传统之间；那么，《自由的权利》则借助黑格尔的《法哲学原理》构建民主伦理学，声称将"以黑格尔的《法哲学原理》为范本，直接在社会分析形式中阐发社会正义原则"①。霍

---

① Vgl. Axel Honneth, *Das Recht der Freiheit. Grundriß einer demokratischen Sittlichkeit*, Suhrkamp, 2013, S. 9.

耐特断言，一个正义构想不能仅仅局限于阐明和论证形式的、抽象的基本原则；而简单地复活黑格尔意图也是不可能的。不过，运用黑格尔意图，构建从当代社会自身结构前提出发的正义论，既是必要的又是可能的。因而，《自由的权利》之目标，就是构建"作为社会分析的正义论"①。该书在霍耐特思想发展中占有非常重要的地位。如果说，《为承认而斗争》构建了承认理论基本框架；《正义的他者》《再分配或承认？》基本建成了多元正义构想；那么，《自由的权利》则意味着民主伦理学基本形成，霍耐特因此成为最重要的实践哲学家之一。

由此可见，作为法兰克福学派第三代学术领袖，霍耐特对批判理论第三期发展作出了决定性贡献，这不仅体现在个人学术成就上，还体现在对批判理论第三期发展的学术引领上。

就个人学术成就而言，主要有三大理论成果：一是承认理论，二是多元正义构想，三是民主伦理学构想。20世纪80—90年代，霍耐特对社会哲学、批判理论进行了批判性反思和系统性重构，廓清了自己的理论前提，确立了自己的理论根基；并以承认与蔑视、蔑视与反抗为核心，构建了承认理论的基本框架。21世纪以来，霍耐特在对批判理论进一步批判性反思的基础上，不仅完善和发展了承认理论，而且构建了一元道德为基础的多元正义构想，并试图以正义与关怀为核心、自由与正义为主线构建民主伦理学。

就学术引领而言，主要体现在三个方面：（1）重新调整研究方向，确立规范研究与经验研究相结合之路。2001年，在"关于社会研究所的未来"②就职演说中，霍耐特直陈社会研究所当时的困境，并

---

① Vgl. Axel Honneth, *Das Recht der Freiheit. Grundriß einer demokratischen Sittlichkeit*, S. 14.

② Axel Honneth, Zur Zukunft des Instituts für Sozialforschung, in: *Mitteilungen des Institut für Sozialforschung*(Hg.), Heft 12, Sept. 2001, S. 54–63.

指明社会研究所的未来发展方向，强调为了摆脱20世纪70年代以来的非规范化趋向，社会研究所必须走规范研究与经验研究相结合之路。为了适应研究方向新变化，停办《社会研究所通讯》（1992—2003），出版《WestEnd：社会研究新杂志》（2004—至今）。该杂志宗旨是，从文化社会学、发展心理学、法学、哲学、政治经济学等维度，分析当代社会结构转型，并对当代社会危机、社会病态、现代化悖谬进行时代诊断。（2）加强人才队伍建设，培育优秀学术团队。（3）加强国际学术交流与合作，进一步扩大法兰克福学派批判理论的国际影响。霍耐特上任伊始，就开始主办一系列国际学术活动，邀请国际著名学者来社会研究所作学术报告，或召开国际学术会议。例如，"法兰克福阿多尔诺讲座"（2002—至今）；法兰克福阿多尔诺国际会议（2003）；"法国当代社会理论系列报告"（2001—至今）；"时代断裂：当代诊断系列报告"（2003—至今）；其他学术活动更是不计其数。此外，为了推动批判理论在国际范围内的研究、应用与进一步发展，还成立了"国际批判理论研究协会"（2003—至今）。

目前，在世界范围有一大批法兰克福学派批判理论的追随者、传播者、研究者、阐发者、推进者；法兰克福学派批判理论作为具有重大国际影响的学术思潮和社会思潮历经百年而不衰，至今仍然具有强大的学术生命力和社会影响力。

第一篇

历史的当代化

——黑格尔的原初观念

在《为承认而斗争》第一篇"导论"部分，霍耐特清楚地勾勒了自己在该部分希望达成的目标，即希望从耶拿时期的黑格尔著作中，发掘"为承认而斗争"的理论资源，以期重构一种具有规范内涵的社会理论。沿着该基本思路，霍耐特从讨论黑格尔政治哲学对康德个体自主概念的应然性批判入手，论述耶拿时期黑格尔如何借助"为承认而斗争"所产生的社会爆发力，促使个体不断地发生冲突和自我否定，最终通达自由交往的境界。这与以马基雅维利和霍布斯为代表的现代政治哲学"为自我保护而斗争"的社会冲突模型显然不同，黑格尔将社会冲突行为解释成"为承认而斗争"，从而凸显了社会冲突的道德动机。在霍耐特看来，尽管黑格尔的这种构想还仅仅是简单的初步设想，但从后耶拿时期直到体系最终形成之前的著作中可以看到这个模型。不过，在《为承认而斗争》中，霍耐特侧重于从青年黑格尔著作中发掘思想资源，而对后耶拿时期的《精神现象学》则不看重，因为它转向了"意识哲学"，而"为承认而斗争"模型失去了核心地位。

一、黑格尔政治哲学如何消除康德道德哲学的应然性？

霍耐特开篇就强调黑格尔在政治哲学中致力于消除康德的个体自主概念中的纯粹应然特征，认为在理论上它已经是一个社会现实的历史有效要素。接下来，霍耐特认为黑格尔对该问题的解决方案就是把现代自由和古代政治思想，即道德与伦理协调起来。

鉴于霍耐特的上述分析，我们会引申出下面问题：黑格尔如何批判康德伦理学对个体自主概念的阐释，由此给予的解决方案是什么？霍耐特如何看待黑格尔对康德伦理学中关于此概念的批判？

在《法哲学原理》中，黑格尔对康德的"个体自主"概念给予肯定性评价，但认为康德过于强调其应然特征，易于陷入形式主义的泥淖。霍耐特开篇也描述了黑格尔对康德个体自主概念的批判，并认为黑格尔采取了下述方法消除此概念的纯粹应然特征。一方面，他把现代自由学说与古代政治思想中共同体的优先原则结合起来，把个体置于主体间性的社会交往关系中，主体为了得到认同而不断斗争，最终实现承认，达到一种交往自由。另一方面，他把道德与伦理结合起来，反对康德只重视道德，轻视伦理的做法。当然，部分学者常常将黑格尔描述为"重伦理，轻道德"的集权主义者，但在霍耐特的叙述中，黑格尔伦理学具有丰富的内涵和极大的现实意义，有利于批判当下社会对伦理的贬低，克服现代原子主义的困境，启迪人们要如何把道德与伦理综合起来，既注重个体自主及自由，也强调主体自我实现的主体间性条件，实现自我与他者、个体与社会的同一性。霍耐特采取了另外一种路径，建构"形式伦理"，从康德的道德自主入手，深入探讨自我实现的主体间性条件，但也强调普遍的美好生活理念的规约作用，通过承认理论把康德传统的道德理论和社群伦理学综合起来。那么，为了探求社会冲突的道德语法即承认动因，霍耐特首先肯定了青年黑格尔对康德个体自主概念的应然成分的批判，并重新诠释了社会斗争冲突的两种模型即自我保护和为了承认，借助青年黑格尔政治伦理思想理论建构规范的社会理论。具体而言，在霍耐特的洞察中，为了真正保障个体自由实现的实践政治制度，黑格尔如何做到把现代自由与古代政治、道德与伦理协调起来消除康德道德哲学的应然性呢？

第一，黑格尔如何把现代自由与古代政治概念结合起来？首先，批判现代社会哲学的原子论困境。霍耐特认为，黑格尔在耶拿早期的著作中，即1802年夏写于耶拿的《论自然法的科学研究》一文，已经批判了康德道德理论的个体主义前提，并对古希腊政治哲学中出现的公共生活的主体间性给予了很高的地位。"在这篇论文中，黑格尔从哲学上发展了民族的合伦理的公共生活的理想，古希腊的城邦国家被认为是能实现的理想……自然法、国民经济和伦理学都结合在一个整体中。但是，在生活的这种内在联系中，伦理的东西处于最高的顶点。"[1]霍耐特认为，黑格尔为了建立哲学社会学，批判了现代自然法的原子论前提。一方面，以霍布斯为首的从"经验"视角研究自然法的，从人性原初状态的假设或人类学定义出发，认为现代自然法把人类的"自然"行为本质上看作是孤独个体的单独行为，而把个体的共同体组织形式或社会集体生活，仅仅当作是继发性的，不具有原初的意义。另一方面，以康德、费希特为代表的"形式研究"学派，以先验实践理性为开端，取代了从人性出发的思路，并剔除了人性中的经验倾向和需要，强调伦理行为是理性活动的产物。当然，这两种做法都假定个体存在是第一位和最高级别的。霍耐特强调，上述两种研究方法都落入了原子论的陷阱，即彼此孤立的主体存在被设定为人的社会化的自然基础，人类共同体只能被想象为孤立主体的组合，是"一体化的多数"，而不是所有人的"伦理一体性"。其次，人的社会化过程的准自然前提是主体间性义务的存在。黑格尔批判原子论的社会学说，假设主体间性共存的方式是人类社会化的自然基础。对古希腊城邦理念中通过风俗和习惯使个体自由以及共同体成员普遍自由达成一

---

[1]　侯成亚、张桂权：《张颐论黑格尔》，张文达编译，四川大学出版社2000年版，第17页。

体化并最终实现给予了很高的评价，他提炼出的理想共同体的一般特征：（1）社会独特性在于普遍自由与个体自由的统一，即公共生活不是私人自由之间相互限制的结果，相反，应该看作是个体自由实现的机会；（2）社会共同体内部交往所使用的风俗和习惯是普遍自由和个体自由一体化的实现条件。霍耐特认为，黑格尔的"风俗"（Sitte）概念体现了主体间的实践立场，为普及了的自由提供基础，而不是国家的成文法，也不是孤立主体的道德信念。（3）黑格尔把暂时规定为"财产和法律体系"的绝对伦理纳入制度组织，最终超越了亚里士多德和柏拉图。后来在市民社会的总标题下，又研究了以市场为中介的个体的各种活动和利益，揭示了财产和法律是一个消极但具有构成意义的伦理总体性领域。最后，既增长了个体自由，又导致了共同体联系的加强。霍耐特认为，黑格尔的伦理的世界历史过程可以被当作社会化与个体化的整合过程，社会形式的有机凝聚力在于主体间性互相承认个体的特殊性。他为了实现这一任务，重新解释费希特的承认理论，赋予霍布斯的斗争概念以新的内涵。霍耐特紧紧抓住了社会伦理的凝聚力，希望在承认一切公民个体自由的基础上构建团结形式，当然，他再次借助了耶拿时期黑格尔《伦理体系》中的"伦理"的力量，强调主体间性的社会关系范畴取代原子论的基本概念。霍耐特强调，黑格尔转向意识哲学虽然凸显了主体的地位却牺牲了主体间性的精神，丧失了交往理论。

第二，黑格尔是如何把道德与伦理调和起来的？黑格尔多次谈及康德哲学，在早期著作中对其有限理性进行了分析；在成熟时期对自由意志的关注中，对康德伦理学的形式性进行了批判，强调个体进入伦理阶段才能真正实现自我。首先，黑格尔强调要把道德与伦理概念进行区分。尽管从词源学和传统习惯中，道德与伦理被当作同义词，但普遍看法则有时候也进行区分。但黑格尔并不认同这种区分的正当性和合理性。他以康德为例，批判康德抬高道德，贬低伦理的做法，"康德多半喜欢使用道德一词。其实在他的哲学中，各项实践原则完全限于道德这一概念，致使伦理的观点完全不能成立，并且甚至把它公然取消，加以凌辱。"① 在《法哲学原理》中，黑格尔坚持认为，道德与伦理本质上是不同的，要做严格的区分。其次，黑格尔揭示了如何区分道德与伦理概念。道德，就是主观意志的法，是自由在人的主观内心里自为地存在，是自由意志在主体内部的规定，内心中的实现。"在这领域中所紧要的是我的判断和意图，以及我的目的，因为外界已被设定为无足轻重了。"② 当然，他也强调普遍的目的不应该仅仅停留在内心，而应该使它实现。"在道德这一阶段包含一种不断的要求，包含着一种不断的应然，因而在到意志与外部世界之间就存在着不断的紧张状态和一定的距离。"③ 道德是应然的，特殊意志与普遍意志并不符合，主观性与客观性之间也尚未达成统一，任务就是要扬弃自身达到伦理的阶段。在黑格尔看来，道德的发展过程是向善的过程，要经历故意、意图和良心，责任、福利和善。伦理是在它概念中的意志和单个人的意志即主观意志的统一。伦理的最初阶段是家庭：展现为爱和感觉的形式。第二个阶段就是市民社会，个体作为独立自主的人互相对待，相互需求成为联系的纽带。第三个阶段即是国家阶段，个体独立性与普遍实体性相互统一的阶段。所以，黑格尔强调"以关系形式出现的绝对伦理"即把个体的普遍性与特殊性达到统一的状况，"黑格尔认为伦理是一个民族的活生生的时代精神的体系。所以，在他看来，伦理学应扩大成为对民族的全体生活的说明"。④

---

① 黑格尔：《法哲学原理》，范扬、张企泰译，商务印书馆1982年版，第42页。
② 同上书，第43页。
③ 同上书，第12页。
④ 侯成亚、张桂权：《张颐论黑格尔》，第26页。

第三，传统民主伦理即"形式伦理"的可能性和现实性何在？霍耐特上述表达了黑格尔致力于在古代共同体和现代自由之间、道德与伦理之间达到一种平衡。我们将黑格尔有无此意愿和志向暂且搁置不论。我们必须澄清的是，霍耐特这样诠释的目的是给接下来的"为承认而斗争"模型做铺垫，合理解释其作为伦理共同体的内驱力。就真正的保障个体自由和实现而言，他既吸取了康德的传统，强调人类的道德自主，并考虑自我实现的普遍一般条件，注重"形式性"；也吸取了黑格尔对"伦理"的强调，突出内容的实在性，提出了"伦理的形式概念"综合二者的优点。在这个概念中，既突出了个体自我实现的主体间性条件，也突出了美好生活的普遍结构。霍耐特在后习俗民主伦理的观念下，通过承认的三种模型的梳理和建构，借助青年黑格尔的建构，又吸取了米德后形而上学前提下的发挥，最终期望通达这种社会理想，即所有个体都作为独立的、个性化的以及平等和特殊的个人受到承认，实现内涵平等和个体主义的普遍主义状态。霍耐特期望呈现一种规范观念，这种观念具有形式化的特征，又具有实在化的内容。

二、两种社会冲突模型：为自我保护而斗争与为承认而斗争

青年黑格尔提出了一种构想，将人与人之间冲突的根源从现代哲学的自我保护动机追溯到道德上"为承认而斗争"的冲动。霍耐特认为，黑格尔在耶拿时期坚信主体间为相互承认他们的同一性而进行的斗争产生了一种内在的社会压力，这种承认斗争所造成的压力有助于建立一种保障自由的实践的政治制度。为什么这种"为承认而斗争"的冲突模型在耶拿时期黑格尔著作中处于突出地位呢？霍耐特认为，传统把耶拿时期黑格尔对"精神哲学"在篇章上的划分即主观精神、现实精神和绝对精神的三阶段划分，可能误导人们忽视了"耶拿哲学讲演"与所有后来文本的不同特殊结构。"在耶拿讲演中，黑格尔再

次把为承认而斗争的社会结构模型纳入精神的第一个发展阶段，以至于这一模型可能变成一种驱动力，它尽管不是绝对精神出现的驱动力，但的确是伦理共同体发展的驱动力。"① 黑格尔在此前把斗争解释为对社会承认关系的干扰和侵犯。

耶拿时期黑格尔解读社会冲突的模型与马基雅维利和霍布斯对社会斗争的模型的解读极其不同。以马基雅维利和霍布斯为代表的现代社会哲学认为社会冲突是为了自我保护而进行。尽管二者在所运用的科学方法论上存在差异，但二者都是从社会本体论前提出发，强调主体"为自我保护而斗争"。耶拿时期黑格尔虽然采纳了马基雅维利和霍布斯构建的社会斗争模型，但却并不赞同他们建立在个人主义基础上的原子论前提，提倡给予公共生活的主体间性以更高的地位，并接受了英国政治经济学强调的：主体在以市场为中介的市场领域和分配领域，只能通过形式法的消极自由被包容于社会当中。最终黑格尔构建了为承认而斗争的社会结构模型作为伦理共同体发展的驱动力。霍耐特充分利用了此阶段黑格尔在《自然法的科学研究方法》《伦理体系》《实在哲学》等这些黑格尔早期的著作为自己的理论重构提供理论来源。

三、"为承认而斗争"在耶拿时期与《精神现象学》中的地位差别？

霍耐特认为，在黑格尔耶拿时期的著作中，"为承认而斗争"的模型是勾勒出来的框架和设想，并没有得到充分的展开，但这种模型在理论原则上是可以被清晰地辨认出来的，一种独立的社会理论的诸种前提可以从中被重构出来。尽管他认为在《伦理体系》以前，"为

---

① Axel Honneth, *Kampf um Anerkennung. Zur moralischen Grammatik sozialer Konflikte*, S. 58.

承认而斗争"的模型是清晰地勾勒出来的，黑格尔在《实在哲学》中虽然开始向意识哲学转换，但还是可以发掘出"为承认而斗争"的模型。然而，在黑格尔结束耶拿时期所完成的《精神现象学》中，"为承认而斗争"的概念模型失去了核心地位。霍耐特不无遗憾地写道："黑格尔再也没有回到耶拿时期以新颖却又常常是支离破碎的文字所表述的接触方案。"① 虽然在《精神现象学》中，黑格尔在主奴辩证法中以劳动为中介阐述了主体间性为承认而展开的斗争，但"人类认同的主体间性概念，各种承认中介的区分，以及相伴而生的承认关系的分辨，道德冲突的历史创造角色的观念，等等，所有这一切在黑格尔的政治哲学中都没有再获得体系的功能"②。

当然，这个问题，在霍耐特那里是有很大变化的。在《为承认而斗争》中，他认为耶拿时期的黑格尔彰显了"为承认而斗争"模型，但在后耶拿时期黑格尔的著作中，这种斗争模型则丧失了应有的地位。不过，到《我们中的我》"前言"中，霍耐特强调自己以前对后耶拿时期黑格尔著作，如《精神现象学》《法哲学原理》中的承认理论没有给予充分的重视。在《我们中的我》中，他"不仅修正和深化了早年的某些观点，而且开辟了新的研究领域，并试图为正义论提供一个新文本"③。所以，《在不确定性的痛苦》《自由的权利》等著作中，霍耐特围绕着自由与正义两大时代主题，开辟了使黑格尔法哲学再现实化的独特路径，并借助黑格尔法哲学重构了作为社会分析的正义论，将形式规范与实质内容融为一体，为诊断和解决当下时代病症提供了有价值的模型。

---

① ② Axel Honneth, *Kampf um Anerkennung. Zur moralischen Grammatik sozialer Konflikte*, S. 104.

③ 王凤才：《承认·正义·伦理——实践哲学语境中的霍耐特政治伦理学》，第26页。

第一章
为自我保护而斗争
——现代社会哲学的奠基

在本章中，霍耐特吸收了哈贝马斯对古典政治哲学与现代社会哲学关系的解读，从总体上阐发了古典政治哲学如何向现代社会哲学过渡，勾勒了二者的主要代表人物在历史背景、理论预设、逻辑演绎等方面的不同；并以马基雅维利和霍布斯为代表的现代社会哲学论述为参照，重构了青年黑格尔社会哲学的发展逻辑。

霍耐特开宗明义地强调，当把社会生活描述为一种为自我保护而斗争的关系时，现代社会哲学开端了。霍耐特认为，"为自我保护而斗争"概念源于马基雅维利。马基雅维利的政治著作强调，主体和政治共同体一样，在永恒的利益冲突中互相对立。在霍布斯的著作中，永恒的利益冲突成了契约论论证国家主权的首要根据。接下来，霍耐特提纲挈领地说明古典政治哲学的特征、基本任务并如何过渡到现代社会哲学。

霍耐特沿袭着哈贝马斯对古典政治哲学的解读，认为从亚里士多德的古典政治哲学到中世纪基督教自然法阶段，人是一种共同体的存在物，共同体具有先在性。也就是说，人是一种政治动物，为了实现内在本质，必须依赖于政治共同体的社会框架。在古希腊城邦或古罗马公民社会中，这种政治共同体也是伦理共同体，个体的存在和实践与城邦的延存合二为一，只有在共同体中，人类本质的社会性质才真正得以确立。从人的目的论的概念入手，传统政治学从明确德性的伦理秩序，使个体实践充分展开为理论使命。所以，古典政治哲学不但探讨适当的制度和法律问题，也在探讨美好和公正生活，这构成了古典政治哲学的两个理论要素。

一、古典政治哲学与现代社会哲学

第一，如何理解古典政治哲学的两个理论要素及其基本任务？

古典政治哲学时期伦理与政治不可分离、融为一体，人们重视城邦共同体的生活，充分发挥作为共同体一分子的社会性的特征，努力追求一种美好和公正的生活。人们可以从亚里士多德"人是政治动物"的诠释中发现古典政治哲学的历史逻辑及其所蕴含的深刻的时代意蕴。从存在论意义上，亚里士多德在《政治学》中认为，城邦的起源不是从人类个体开始的，而是从人类共同体的最小单位夫妻共同体开始的，所以，希腊时期人类命运必然性地与城邦的存在紧紧地连在一起。从目的论意义上，人类在共同体中才能使自身德性变得完满，实现德性。城邦的产生是为了共同体的人们活着，但它的持存是为了共同体的人们活得更好。

在亚里士多德为代表的古典政治哲学时期，伦理学以政治学为归宿，一切伦理规范的筹划都以服务政治共同体为目的；政治学以实现伦理学中探讨的德性和幸福为基础，并为其提供相应的制度法律保障，最终使人们获得美好和正当的生活，成为有德性之人。因此，在古典政治哲学时期，政治学与伦理学并不分离，伦理学服务于政治学，政治学是伦理学的延续。正如哈贝马斯所说："政治学本身是美好的和正当的生活学说；政治学是伦理学的延续。因为在亚里士多德看来，在以法律为基础的宪法与市民生活的伦理之间并没有矛盾；反过来说，行为的规范性同伦理和法律又是不可分的。只有政治学才赋予公民以美好生活的权利。"①古典政治哲学是实践哲学的重要组成部分，政治学是追求美好和公正的生活学说，是伦理学的延续。

在亚里士多德这里，人是政治动物，要靠城邦才得以实现本质，法律与伦理融为一体，二者之间并没有矛盾。霍耐特沿袭着哈贝马斯的解读传统，强调古典政治哲学的理论任务"在于明确德性的伦理秩序，使个体的实践（个体的教育）得到展开。因此，政治学一直探讨合适的制度和法律以及一种关于美好和公正生活的学说"②。

第二，古典政治哲学向现代社会哲学转变的社会历史条件是什么？

在《古典的政治学说与社会哲学的关系》一文中，哈贝马斯详细地论述了古典政治哲学说如何向现代社会哲学转换。哈贝马斯认为，中世纪著名的哲学家托马斯·阿奎那充当了从亚里士多德的古典政治哲学向霍布斯现代哲学转变的中介。在亚里士多德那里，人被看作是城邦共同体的存在物，城邦是为了培育市民的德性；同时，按罗马法律，这种共同体是国家间的同盟，被取名社会。当然，公民之间建立的私法共同体，不能与国家相提并论，因为他们依然是个人，并过分注重自己的家庭。然而，与亚里士多德相反，霍布斯却赞同私法确立的，并且得到国家保护的公民交往的自然法的构成。哈贝马斯认为，托马斯·阿奎那的社会哲学成为了亚里士多德和霍布斯的中介。一方面，托马斯支持亚里士多德政治与伦理是一体的，国家建立是为了人的美好生活，当一个共同体使公民的行为是道德的，并过上了美好的生活，它才能被称为一个国家。另一方面，托马斯并不认为共同体是政治的，强调人既是社会动物，又是政治动物，把亚里士多德政治

---

① 哈贝马斯：《理论与实践》，郭官义、李黎译，社会科学文献出版社 2010 年版，第 31 页。

② Axel Honneth, *Kampf um Anerkennung. Zur moralischen Grammatik sozialer Konflikte*, S. 14.

学变成了一种社会哲学。哈贝马斯对托马斯·阿奎那的观点评价道："古典政治哲学的核心问题是关于统治的质的问题。从社会哲学方面看，托马斯主义'政治学'所考虑的社会哲学的主题是人，确切地说，是发展为与国家相关的家族制，是劳动人民的身份和地位的等级制度。"① 当然，"众所周知，托马斯是用本体论和神学观点来解释这种作为道德体制的社会体制的，也就是说，他是用自然法，同时从本体论上，从宇宙的联系中以及从神学上、从宇宙规律同天主教戒律的统一中来论证作为社会的国家体制的"②。随着中世纪唯名论与唯实论争端的极端化，托马斯·阿奎那的社会学说逐渐随着信仰价值的完结而完结。哈贝马斯认为，马基雅维利抛开社会组织问题，开启了关注维护和夺取政权的手段上。

霍耐特继承了哈贝马斯对古典政治哲学向现代哲学转变的探析，但更强调其现实继承即社会历史条件发生了变化，他认为从中世纪后期社会结构开始转型，而且不断加速，到文艺复兴达到登峰造极的程度。在这个过程中，古典政治哲学包括的探讨制度法律的政治学和探讨美好公正生活的伦理学的两大理论要素变得可疑。最终，由于社会结构的变迁，政治和经济领域获得了较大发展，超越了传统道德的框架，政治与伦理相分离，古典政治哲学转变成为了现代社会理论。

我们可以从 15—16 世纪的西欧经济发展状况中，深切地体会到这种社会结构的变革，洞察变革背后对原有社会政治、经济、文化等社会领域的巨大冲击。由于新航路和新大陆的发现，世界市场日益扩大，促使资本主义萌芽在封建社会内部逐渐形成。印刷、冶炼等行业发展迅速，纺织业、造船业、金融业等迅速崛起，人文主义思想得到广泛传播，当时的政治思想家在不同于中世纪的新世界观和文化观的影响下，也开始摆脱神学的影响，思考世俗的问题。他们不再匍匐于

---

①② 哈贝马斯：《理论与实践》，第 37 页。

神学的脚下，而是回归到人自身，从人的角度解释社会政治问题，论证自己的政治主张。宗教权威和道德至上被权力至上代替，成为国家与法律的基础。

二、马基雅维利与霍布斯的社会哲学

第一，马基雅维利社会哲学的核心观念是什么？

出生于意大利佛罗伦萨的马基雅维利目睹了意大利四分五裂、社会风气堕落以及故乡佛罗伦萨饱受党派纷争之苦，作为国家内忧外患的亲历者，他以丰富的人生阅历和政治经验，写出了影响深远的《君主论》《论提图斯·李维前十卷》《佛罗伦萨史》等著作，开启了现代政治哲学的大门。尽管学者争论马基雅维利在《君主论》和《李维史论》中政治取向不同，前者赞同君主制，后者则更倾向于共和制，似乎存在着矛盾，但学者依然强调两部著作在政治哲学发展中的贡献。当然，施特劳斯认为："在《李维史论》中，马基雅维利阐发了他的政治学说的整体，而在《君主论》中，他仅仅阐发了这个政治学说的一部分，或者说，他在《君主论》中，可能仅仅探讨了一个特殊的极端情势；我们倾向于提出《君主论》隶属于《李维史论》"①，但在大段的对于隶属关系的论述之后，他澄清这两部书之间的关系依然是不明朗的。尽管马基雅维利对国家各种政体的论述陷入了争论之中，但他开启了现代政治学的大门却是大多数学者的共识。他大胆地改变了自古希腊到中世纪以来政治与道德不分开的传统，把二者分离开来。他认为，政治需要按权力逻辑自主地运行，不应该受宗教、道德与社会规范的约束，政治的博弈就是实力和技术之间的较量。在他这里，"政治完全成为了一个属人的世界，一个自主的世界，一个赤裸裸的

---

① 利奥·施特劳斯：《关于马基雅维里的思考》，申彤译，译林出版社 2016 年版，第 11 页。

权力妥协和斗争的世界，一个来自人追求生存与安全的必然性并且复归这种必然性的世界"①。作为承担国家政治功能的君主而言，并不需要在道德约束下统治，但可以把道德作为统治手段，让臣民服从道德从而听从于自己的统治，实现自己的稳固统治。"一位君主，尤其是一位新的君主，不能够实践那些被认为是好人应做的所有事情，因为他要保持国家，常常不得不背信弃义，不讲仁慈，悖乎人道，违反神道。"②

为了实现自己的对政治的重新诠释，他从人的历史经验和现实状况入手，把国家学说建立在人性恶的基础之上，审慎地思考国家强弱、权力得失，从而实现政治的去宗教化和去道德化，把其置于人的天性中恶的基础之上。他强调人天性是恶的，在现实生活中，人是一种自私自利的存在物，不关心公共利益，常常把个人利益置于社会利益之上。"因为关于人类，一般地可以这样说：他们是忘恩负义、容易变心的，是伪装者、冒牌货，是逃避危难，追逐利益的……然而由于人性是恶劣的，在任何时候，只要对自己有利，人们便把这条纽带一刀两断了。"③马基雅维利从社会本体论角度，认为人的欲望无穷，主体间性为了私利会相互攻击、陷入无休止的争端之中，人们为了自我保护而不断进行斗争。在他的著作中，第一次确立了一种社会哲学观念，即社会行为领域处于主体间性为保护身体认同而永恒斗争的状态之下。霍耐特认为，这一观念还需要从理论上进一步加以论证，因为马基雅维利所设计的人与人之间的社会斗争模型以及研究的新的政治权力如何维护的领域，"都是在假想的条件下进行的"，但已经具有历史突破意义。哈贝马斯在论述马基雅维利在现代政治哲学中的位置

---

① 吴增定：《利维坦的道德困境：早期现代政治哲学的问题与脉络》，生活·读书·新知三联书店 2017 年版，第 8 页。
② 马基雅维利：《君主论》，潘汉典译，商务印书馆 1985 年版，第 85 页。
③ 同上书，第 80 页。

时写道："他认为，普遍的和原则上不断的战争状态是政治的基本前提。大多数国家都处于争斗状态。"① 如何从政治上确保生活的延续，满足基本的现实的活着的生存条件，不再考虑像古典政治哲学中的伦理需要，即不再把人的完美的道德生活作为衡量标准之一。所以，从马基雅维利开始，现代社会哲学探讨如何通过政治手段摆脱人性恶所带来的自我保护的威胁，以确保基本的安全需要和生命延续的可能。

霍布斯使马基雅维利的社会本体论走向了成熟。所谓走向成熟，就是为其假说奠定了科学的基础。马基雅维里从日常观察中获得的人类学前提，在霍布斯这里，具有了自然科学的命题形式。在现代社会的背景下，欧洲大陆的自然科学发展，特别是力学和数学（几何学）的成果，对霍布斯产生了重要的影响。霍布斯在 15 岁进入了牛津大学，毕业后不久成为家庭教师，曾陪伴他的学生多次前往欧洲游历。在几次访问大陆期间，他和伽利略、伽桑狄、梅林·梅尔森等自然科学家和哲学家进行了深入的交往。在克伦威尔统治的 1651 年，发表了著名的《利维坦》。霍布斯哲学以经验论为基本原则，他希望可以按严密的逻辑论证确切地说按几何学的方法论证国家政治问题。由此，他积极地吸收了伽利略的自然科学研究方法和笛卡尔严格的哲学认识论方法，并把这种力学和几何学的演绎方法运用于自己的社会哲学的思考。

必须澄清的是，施特劳斯在《霍布斯的政治哲学》一书中却极力批判这种对霍布斯的解读。他认为："这个理解，表面上好像只是在承认明显的事实，然而细究之下，却证明是极成问题的。把政治哲学当作自然科学的一部分或附属品，用科学方法加以研究，这种尝试在霍布斯的著作中，经常不断地受到质疑，因为他其实意识到这两个学科在材料和方法上的根本区别。基于这一意识，他确信，政治哲学

---

① 　哈贝马斯：《理论与实践》，第 38 页。

本质上独立于自然科学。"① 在施特劳斯看来，霍布斯对人的知识的考察，不是建立在科学理论或形而上学理论基础之上的，而是从个人的自我认知和自我考察中得到确证，以人类生活的经验为基础，不会完全陷入抽象化的道德生活，也不会陷入忽视道德界限的危险中。"霍布斯的政治哲学具有一个道德基础，因为它不是源于自然科学，而是奠基在人类生活的直接经验中。"② 施特劳斯这位伟大的政治哲学家对古典哲学的崇拜，使其对现代哲学的解读也独辟蹊径，没有把霍布斯的政治哲学归因于当时的自然科学以及传统形而上学的发展，而更多地强调其经验性特征。只是施特劳斯对经验的来源的解读不同而已，他强调经验更多是依赖于单个个体的自我认知，而传统的解读则强调经验的普遍性以及来源的广泛性。施特劳斯强调，霍布斯处在一个伟大的历史变革时期，即神学传统和文艺复兴时期的古典传统正在动摇，而现代科学的原则正在形成的过程中。在这个时期，霍布斯去追寻社会秩序和道德人生问题。不同的是，霍耐特却沿袭了哈贝马斯对霍布斯政治哲学的传统解读方式，强调霍布斯依赖于自然科学的方法论，例如，伽利略的自然科学研究以及笛卡尔的哲学认识论，去探讨"公民生活的法则"，努力为其政治学提供理论基础。虽然哈贝马斯、霍耐特与施特劳斯对霍布斯政治哲学的发展所依赖的路径有分歧，但都在强调霍布斯政治哲学变革具有巨大的历史意义霍布斯的政治哲学解构了传统神学的权威地位，强调了国家相对法律和宗教具有绝对的力量，让人们重新反思宗教、伦理以及国家等的关系，现代政治哲学由此开启。

第二，霍布斯社会哲学的基本观点是什么？

霍耐特从霍布斯的机械唯物主义哲学理论入手，分三部分重构霍

---

① 利奥·施特劳斯：《霍布斯的政治哲学》，第 7 页。
② 同上书，第 34 页。

布斯的社会哲学。在霍耐特看来，霍布斯把人看作自然物体，人类在机械的意义上，就像一台自我运转的机器，人的独特本性在于为了未来的幸福而不断努力。在人与人的关系上，人把他者当作对自己权力的威胁，当两个主体彼此相遇，又有各自的意图，为了未来的幸福，主体之中的一个为了将来能够抵御来自对手的可能的打击，就会预先扩张自己的权力潜能。霍布斯从探讨人的本性入手推演国家和法的意义。

1. 人要放弃"神授权利"，而是强调"自我保全"是正当的，是一种"自然权利"。"著作家们一般称之为自然权利的，就是每一个人按自己所愿意的方式运用自己的力量保全自己的天性——也就是保全自己的生命——的自由。因此，这种自由就是用他自己的判断和理性认为最适合的手段去做任何事情的自由。"① 这无疑是对传统宗教势力的反叛，强调了权利来源的自然属性和此岸世界，不再诉诸于宗教的彼岸世界。

2. 霍布斯假设了一种虚构的人际状态，即自然状态。黑格尔曾对霍布斯的"自然"概念作出过相应的论述："自然这一名词具有双关意义，一方面人的本性（nature）指他的精神性、合理性而言；另一方面，他的自然状态则是指人按其本性而行为的状态而言。在自然状态中，他按他的欲望、嗜好等而行为，人的理性的一面就是对他的本性的一面的直接征服，自然状态并不是应然的状态；它必须被抛弃掉。"② 人是自然的产物，是一种自然物体，应该遵从自然法则。霍耐特认为，君特·布克准确地判断了霍布斯假设自然状态的意图，他的意图并不是对所有历史进行方法论的归纳来呈现人类社会化的社会原始状态。相反，如果调节社会生活的一切政治控制机构都可以被废

---

① 霍布斯：《利维坦》，黎思复、黎廷弼译，商务印书馆1985年版，第97页。
② 黑格尔：《哲学史讲演录》，第4卷，贺麟、王太庆译，商务印书馆1997年版，第159页。

除，这种自然人际状态肯定会出现。因为防御性的权力扩张是个体的本性的构成要素，所有人反对所有人的战争性质是真正的社会关系状态。在霍布斯看来，人在自然上是一个原子式的存在，人与人之间是平等的，尤其在暴死和脆弱性面前，为了自我的生存、安全，人们必须寻找一种方法保持自我的持存以结束相互冲突和战争的状态，这就有了自我让渡权利的需要，即为了"自我保存"的本性而让渡权利。

3. 霍布斯从自然状态为他的主权国家学说奠定了哲学基础。在所假设的人与人永恒的战争状态下，所有主体能够达成契约只能是所有人均衡目的理性利益的结果。因为在霍耐特看来，霍布斯通过契约论论证国家的正当性仅在于：只有契约才能结束一切人对一切人的敌对战争状态，而战争实际上是主体为了捍卫自我而发动的。换言之，实现并长期维持契约精神并不是主体自愿的，只有强有力的政府才能够保证契约的有效性，制止原初的人与人之间的战争状态。国家的本质就是这样的，"这就是一大群人相互订立信约、每人都对它的行为授权，以便使它能按其认为有利于大家的和平与共同防卫的方式运用全体的力量和手段的一个人格。承担这一人格的人就称为主权者，并被说成是具有主权，其余的每一个人都是他的臣民"[1]。霍布斯不但论述了在契约上如何建立自己的国家，即现代国家的起源，也论述了国家的本质以及作用，从而奠定了西方现代国家学说的基本模型。

第三，霍布斯与马基雅维利的社会哲学异同何在？

霍布斯与马基雅维利在社会哲学方面存在许多相同点：（1）论证所假设的前提相同。二者都强调社会本体论的前提，认为主体为了自我保护而进行斗争，而政治实践的终极目的就是不断结束这种威胁性的冲突。（2）二者都与古典政治哲学中的伦理与政治合二为一的理念不同。马基雅维利强调政治统治最为重要，统治者可以免于伦理道德

---

[1]　霍布斯:《利维坦》，第132页。

束缚，把政治与伦理区别开来。霍布斯也强调政治与伦理研究对象不同，君主拥有绝对权威。"同他的先驱马基雅维里类似，霍布斯批判古代政治哲学和基督教神学的主要原因也是，它们的出发点是'应然'的道德规范，而不是'实然'的权力政治。"①（3）二者都对政治与宗教关系进行了重新审视，为了消除宗教与世俗政治之间的冲突，强调政治应该"去宗教化"，免于宗教的束缚走向独立。"马基雅维里和霍布斯看到了基督教对政治世界的危害，因此不遗余力地对它进行批判。他们的解决方案是将宗教世俗化和政治化。"② 他们二者都把宗教和政治的共同开端定位于人的"自然状态"，"在这种前政治的'自然状态'之中，每个人都竭尽全力地追求力量或权力以确保自己的生存、安全或荣耀。"对他们来说，为了抵御外来侵略和制止相互侵害，人们必须订立契约，消除对战争的恐惧，将自我的权利让渡或授予给国家。所以国家的目的就是人的自我保持的欲望。通过返回"自然状态"，霍布斯把政治同宗教、神学、道德划清了界限。他认为宗教起源于人对未知力量的恐惧，假设未知力量是神的话，宗教就是对神的崇拜。

当然，二者的社会哲学思想也存在区别。马基雅维利出生于文艺复兴时期，人文学者倡导回到古希腊和罗马时期，回归远离天国神启的纯粹自然和世俗的世界，真正属人的世界。但马基雅维利并不认为当时的人文主义者回归古代的哲学是成功的。在他看来，应该回归古代的政治，而不是回归古代的哲学。

1. 从论证背景上来说，马基雅维利的政治哲学针对的是意大利四分五裂、佛罗伦萨衰微屡弱、政治动荡的原因及现实困境，思考的是如何结束分裂状态，使国家变得强大；霍布斯的政治哲学针对的是英国内战，思考的是如何摆脱战争状态。

①② 吴增定：《利维坦的道德困境：早期现代政治哲学的问题与脉络》，第158页。

2. 从论证内容上说，马基雅维利抛弃了传统政治哲学中对主体行为的一切规范约束和义务。他既反对当时流行的回归古代的自然概念，也反对基督教的上帝概念，认为政治是完全属人的世界，建立国家的目的就是为了生存与安全，应该把政治与道德、宗教区分开来，抛弃古代政治伦理一体化的存在状态以及基督教超国家、超政治的理想标准，从人追求自身存在、安全和荣耀的必然性出发，肯定世俗政治的重要性。霍布斯提出了与中世纪完全不同的自然法的定义，在中世纪，自然法是道德律，具有宗教和伦理的属性。但在霍布斯这里，自然法则是关于趋利避害的人的自然本能的规则。在人的自然状态下，未进入社会之前，人需要动用一切手段自我保存，从而扬弃"人对人是狼"的战争状态。于是，通过契约，每个人让渡自己的部分权利和利益，从而保全生命，结束敌对状态，国家产生。国家的实质在于大写的人格和意志，掌握了个体所让渡出的所有权利和力量的公共权利，可以为单个个体提供保护和防御。因此，国家就像《圣经》中的海兽"利维坦"，威力无限。霍布斯使很多政治学家极其不满的地方在于为了王权牺牲了社会契约的自由内涵。在他看来，国家的政体形式可以分为君主制、贵族制和民主制，而君主制最为优越。统治者的权力被建立之后不可分割、不可转让、不可剥夺，被统治者不能废除君主。由于除了生命权，所有权利都被让渡，所以君主只有在不能保护臣民生命权的状况下，才能被替换。霍布斯为了政治的权威，确切地说王权的权威，牺牲了社会契约背后的自由。

3. 从论证方法上看，马基雅维利注重的是从日常经验中获得知识，从人们历史和现实的经验中研究政治问题。霍布斯采用了现代自然科学的成果，并利用了笛卡尔的哲学方法论原则，对马基雅维利提出的人类学假设，给予自然科学方法论上的支持，从而推进了现代社会哲学的完成。

三、耶拿时期黑格尔著作为什么具有特殊地位?

在霍耐特看来,黑格尔利用了马基雅维利和霍布斯关于社会斗争的思想模型,强调人与人之间的冲突是客观存在的。不但如此,霍耐特还利用黑格尔思想改造了冲突的目的和动因,前者强调冲突是存在论上的自我保护;后者却强调冲突是为了在道德上得到应有的承认。前者强调冲突的理论前提在于个体是原子式的自由存在;后者却强调了伦理共同体内部一体化的重要性。所以,在霍耐特看来,青年黑格尔在耶拿时期著作中把人类伦理的发展过程重构为一个主体间性为承认而斗争的道德冲突过程,青年黑格尔在他的政治哲学著作中反对现代社会把国家还原为目的合理性的权力运用。霍耐特写道:"黑格尔以一种有别于霍布斯传统中常见的思想的方式指明了冲突的起点……黑格尔从一种动机情景中引申出被排挤主体的反应构成,而在和交往对手面对面的时候,主动积极的期待的落空形成了那种动机情景。"①与霍布斯不同,黑格尔不是强调自己的生存威胁而产生的恐惧,而是强调主体害怕对手漠视自己,即害怕未被他者承认,从而采取斗争行为,引起他者的关注。但霍耐特认为,"为承认而斗争"这个论证计划后来因为黑格尔彻底转向意识哲学,从而将斗争动机置于人类精神领域中,牺牲了强有力的主体间性精神。最终,在霍耐特看来,青年黑格尔承认学说需要在后形而上学框架下进行重构。霍耐特诉诸于米德社会心理学,使青年黑格尔承认学说发生了自然主义的经验转向,创立了"为承认而斗争"的具有规范内涵的社会理论。

---

① Axel Honneth, *Kampf um Anerkennung. Zur moralischen Grammatik sozialer Konflikte*, S. 74.

第二章
犯罪与伦理
——黑格尔的主体间性理论新开端

霍耐特在本章中回顾了黑格尔早期的思想发展历程，并论证了黑格尔如何为克服现代自然法传统的原子主义路径而提出伦理总体性的概念。通过对黑格尔早期一系列文献（尤其是《伦理体系》）的重构性分析，霍耐特提炼出了一种黑格式的主体间性的社会哲学，即创造性地综合费希特的承认理论与霍布斯的斗争理论而形成一种"为承认而斗争"的社会理论模型。犯罪所引起的"为承认而斗争"中所包含的主体间性承认关系，既是个体形成的中介，也是个体社会化的中介。但在霍耐特看来，《伦理体系》并没有充分阐述犯罪的动机问题，因而无法清晰地区分个体社会化的不同阶段所对应的承认结构。随着黑格尔的意识哲学转向，我们能够更清晰地区分不同承认阶段中的个人概念，但由此付出的代价则是一种强的主体间性理论的逐渐丧失。

一、现代自然法传统的原子主义迷误

第一，与前耶拿时期相比，耶拿时期黑格尔经历了三个决定性的变化。[①]

1. 质疑康德道德理论的个体主义前提。在图宾根和伯尔尼时期，

[①] Vgl. Axel Honneth, *Kampf um Anerkennung. Zur moralischen Grammatik sozialer Konflikte*, S. 21-24.

黑格尔持有一种康德式道德主义的立场。尽管他从康德的道德主义出发对犹太教的律法主义进行了批判，但此时已经潜在地包含着对康德的批判。法兰克福时期的黑格尔受荷尔德林影响转向同一哲学，由对主体的片面强调转变为主体和客体同一的思路。[1] 而耶拿时期的《费希特与谢林哲学体系的差别》一文尽管表面上是从谢林同一哲学的立场出发批判康德和费希特思想中的分裂与对立，但实际上已是黑格尔本人哲学思想的首次宣告。

2. 尽管在黑格尔所生活的时代，"古今之争"在德国得到了发展；而且黑格尔也明确地支持现代性，但无论从早期著作还是成熟时期著作中，都可以看到古希腊思想家（尤其是柏拉图和亚里士多德）对他的深远影响。[2] 例如，在《论自然法的科学研究方法，它在实践哲学中的地位及其与实定法学之关系》这一长文（以下简称《自然法论文》）中，黑格尔直接引用了亚里士多德的这句话："民族天然先于个人。"[3] 与同时代从个体原子主义立场出发的思想家相比，黑格尔政治哲学的这种亚里士多德烙印无疑使得他"赋予了公共生活的主体间性以更高的地位"[4]，并因此常常被认为是社群主义传统的代表人物。但需要指出的是，黑格尔从未因社群主义的理由而拒绝自由主义，毋

---

[1]　参见朱学平：《古典与现代的冲突与融合——青年黑格尔思想的形成与演进》，湖南教育出版社 2010 年版，第 79、100 页；阿维纳瑞：《黑格尔的现代国家理论》，朱学平、王兴赛译，知识产权出版社 2016 年版，第 15—17 页。

[2]　参见洛苏尔多：《黑格尔与现代人的自由》，丁三东等译，吉林出版集团有限责任公司 2008 年版，第 321 页；另见 Alfredo Ferrarin, *Hegel and Aristotle*, Cambridge University Press, 2004, pp. 1-7。

[3]　Hegel, "On the Scientific Way of Treating Natural Law", in Hegel, *Political Writings*, H. B. Nisbet trans., Cambridge University Press, 1999, p. 159. 中译文参见黑格尔：《论自然法的科学探讨方式》，程志民译，《哲学译丛》，1997 年第 3 期和第 4 期，1999 年第 1 期和第 2 期。

[4]　Axel Honneth, *Kampf um Anerkennung. Zur moralischen Grammatik sozialer Konflikte*, S. 20.

宁说，将二者结合在一起才是他一以贯之的意图。换言之，黑格尔努力在共同体中坚守自由主义的基本价值。①

3. 黑格尔早在 18 世纪 90 年代中后期就已开始研究英国新兴的古典政治经济学。例如，在伯尔尼时期，他就受到詹姆斯·斯图亚特的《政治经济学原理研究》的影响，并开始研究伯尔尼的金融和财政制度。如阿维纳瑞所说："黑格尔正是从亚当·斯密（Adam Smith）的导师和同时代人对市场机制的活动和分析的描述中获得了对于劳动、工业和生产在人类事务中的地位的意识。在当时的德国哲学家中，唯有黑格尔才认识到了经济领域在政治、宗教和文化生活中的头等重要性，并且力图阐明他后来称之为'市民社会'之物与政治生活之间的联系。"②对政治经济学的研究使得黑格尔认识到："一切未来社会组织都不可避免地依存于以市场为中介的生产领域和消费领域，主体在这个领域中只能通过形式法权所保障的消极自由而包容于社会当中。"③尽管在法兰克福时期，黑格尔关注的主要问题仍然是怎样消除宗教的实定性，亦即人的异化问题。但他此时已不仅仅是从宗教方面，而且还进一步从政治、经济、法律等方面来思考社会现实。④概言之，随着上述趋向在其思想中的凸显，黑格尔逐渐形成了这一信念，即要想建立一种哲学的社会科学，首先必须克服现代自然法传统的原子主义迷误。

第二，现代自然法的两种研究方法都陷入了原子论的迷误中。

在 1802 年的"自然法论文"中，黑格尔以体系化的方式勾勒了其未来实践哲学的研究计划。这一长篇论文是在他开设的"自然法"

---

① 参见拜塞尔：《黑格尔》，王志宏、姜佑福译，华夏出版社 2019 年版，第 262—273 页。

② 阿维纳瑞：《黑格尔的现代国家理论》，第 6 页。

③ Honneth, *Kampf um Anerkennung*, S. 20–21.

④ 参见朱学平：《古典与现代的冲突与融合——青年黑格尔思想的形成与演进》，第 75、85 页。

课程的讲稿基础上完成的，并且分两部分发表在他与谢林合办的期刊《哲学批判杂志》上。黑格尔在其中所做的工作之一是对现代自然法传统进行批判。他首先区分了两种不同的自然法研究方法，即经验主义的和形式主义的研究方法（前者的原则是"经验性直观与普遍物的关系和混合"，后者的原则是"绝对的对立与绝对的普遍性"①）。他认为这两种研究方法都是错误的，因为尽管二者包含着相同的成分即经验直观和概念，但都无法达到经验直观与概念的内在统一。霍耐特避免了过多地使用思辨哲学术语，他对黑格尔此处论述的重构是，尽管这两种研究方法泾渭分明，但它们还是犯了同一种基本错误，即从概念上假定个体的存在是"首要的和最高的东西"。②

黑格尔把经验的研究方法进一步区分为"纯粹的经验主义"和"科学的经验主义"。在前者中，每一种规定性都具有同样的实在性，或说没有哪一种规定性具有优先性。③但由于其中不存在任何必然性的联系，所以在概念看来，它"既不连贯又矛盾"④。黑格尔主要针对的是那种立足于普通知性却又自称为"科学"的经验主义（以霍布斯为代表）。"科学的经验主义"试图通过抽象出某种单一的质来获得其统一性形式。也就是说，它从一个复杂的社会整体中挑选出某种单一的性质或功能，例如，自保或威慑，并把它当作社会整体的推动力量。但这一选择是任意的，并且无法处理好复杂的整体统一性。因为要获得形式上的统一性，就必须确立某种规定性对其他规定性的支配性地位，并把这种规定性表达为绝对的自在存在的东西，表达为目的、命运或法则。但是，由于经验主义缺乏合理的标准来说明

① Hegel, "On the Scientific Way of Treating Natural Law", p. 106.
② Axel Honneth, *Kampf um Anerkennung. Zur moralischen Grammatik sozialer Konflikte*, S 21.
③ cf. Hegel, "On the Scientific Way of Treating Natural Law", p. 110.
④ Hegel, "On the Scientific Way of Treating Natural Law", p. 115.

偶然的东西与必然的东西之间的界限何在，因此，以这样一种方式所处理的自然状态只能是一种混乱状态。似乎唯有对人的基本可能性（能力或爱好）的单纯抽象，或说"关于人性的虚构的或人类学的规定"①，才能胜任对这种混乱进行联系和整理。但这些不同的"质"之间不仅没有内在的必然性，而且处于对立或僵持状态，例如，自我保存与同情的对立，或威慑与归正的对立。这些质"只作为多而发生关联，并因为这个多是彼此而言的多，但没有统一性，所以它们注定要相互对立，并处在彼此的绝对冲突中……彼此抵消，并归结为无"②。

关于形式的研究方法的批判，黑格尔针对的主要是康德的道德学说和费希特的法权理论。他指出，康德已经认识到真理不仅包含形式也包含质料或内容。例如，在《纯粹理性批判》中，康德论证说，假如真理在于知识与其对象的一致，而真理的一个普遍标准是"那种适用于一切对知识对象不加区分的知识的东西"，那么，一种明显的结果就是："由于从这标准上抽调了知识的一切内容（知识与其对象的关系），而真理的标准又是与这内容相关的，那么追问这一知识内容的真理性的标准就是不可能的和荒谬的。"③ 但康德在论及道德时，却恰恰舍弃了这一点。"纯粹意志和纯粹实践理性的本质是舍弃一切内容，因为产生了如下本身矛盾的事情：在这绝对的实践理性中去寻找一个必须具有内容的伦理立法，而绝对的实践理性的本质就在于无内容。"④ 由于任何准则的某一规定性都是一个特殊物，不是一个普遍物，从而与其他规定性处于对立之中，因此为了使完全的形式主义表

---

① Axel Honneth, *Kampf um Anerkennung. Zur moralischen Grammatik sozialer Konflikte*, S. 21.

② Hegel, "On the Scientific Way of Treating Natural Law", p. 112.

③ 康德：《纯粹理性批判》，邓晓芒译、杨祖陶校，人民出版社 2004 年版，第 56 页。

④ Hegel, "On the Scientific Way of Treating Natural Law", p. 124.

达一个法则，就有必要设定任一质料或规定性成为法则的内容。在黑格尔看来，这实际上是"通过绝对的形式与有条件的质料的混合"，把形式的绝对性"偷运到内容的非实在的、有条件的东西"中，因而实质上是纯粹理性的实践立法的"颠倒和戏法"。[1] 在这里，作为特殊物的质料被偷换为普遍性的形式，由此而表达的命题是一种完全的分析性命题和同义反复。例如，在关于无主的寄存物的例子中，康德认为，假如我把用一切可靠手段增加我的财产当作我的行为准则，那么，刚好就有一件无人能证明的寄存物在我手里，此时我能否侵吞这件寄存物并给出一条法则：每个人都可以侵吞一件无人能证明是存放在他这里的寄存物？康德回答说，当然不能，因为它将使得任何寄存物都不会有了。[2] 黑格尔的诘问是："没有寄存物，有什么矛盾呢？"并且，他认为康德在这里其实预设了财产这一规定性的绝对性，实践理性所要表达的立法原则实际上是"财产是财产"。[3] 因此唯一关键的东西在于证明财产的绝对性，但这恰恰是在纯粹理性的实践立法能力之外的东西。并且，这种同义反复不仅多余，而且可能表达某种错误的东西，即把非伦理的规定性变成道德义务。

黑格尔还对费希特的自然法权学说进行了批判。费希特的法权学说主要包括原始法权、强制法权和国家法。[4] 所谓原始法权是指"每个人都要依据关于其他人的自由的概念，限制自己的自由，限制自己的自由行为的范围（使其他人作为完全自由的人也能同时存在）"[5]。原始法权的实现是以人与人之间的信任和忠诚为条件的。但

---

① Hegel, "On the Scientific Way of Treating Natural Law", p. 126.
② 参见康德：《实践理性批判》，第 34 页。
③ Hegel, "On the Scientific Way of Treating Natural Law", p. 125.
④ 参见谢地坤：《呼唤自由的社会政治学说》，载张慎主编：《西方哲学史》（学术版）第 6 卷，凤凰出版社 2005 年版，第 294—302 页。
⑤ 费希特：《自然法权基础》，谢地坤、程志民译，商务印书馆 2004 年版，第 116—117 页。

在自然法权领域中，这种道德上可欲求的信任和忠诚并不能强求，所以一旦失去，就会打破平衡，出现相互伤害的现象。此时，为了共同生存，自由的行为者就必须设计一种安全保障机制，这就是强制法权。这种强制力量作为侵犯者和受害者之外的第三方而存在，它的力量足够强大，能够对侵犯者实施惩罚。这个第三方就是国家。费希特将国家法表述为共同体的法权，认为国家代表一种共同意志（即卢梭的"公意"），它是个人意志与共同体意志的统一。为了对政府的行政权进行限制，费希特设计了一种由全体公民选举出的民选监察院，它被赋权在执政者越过宪法所规定的权力时，中止或废除执政者的权力。费希特把建立这种制度上的国家称为合乎理性的国家。

黑格尔批评说，费希特对强制法权的论述中包含了合法律性与合道德性的分裂。费希特将法律当作与道德无关的领域，[①] 但如此一来，强制法权体系就成了一种纯粹外在的体系，它用"机械的和自然的力量"或"机械的必然性"来惩罚违法者。于是，所谓合乎理性的国家的统一性就是建立在强力而非理性之上，因而这种统一性是机械的而非有机的。所以，费希特实际上是"尝试一个彻底的体系，这个体系并不需要它所陌生的伦理和宗教"[②]。但是，强制会取消自身，因而不是自在的或实在的东西。所以，与强制相关的概念，也是"无根据的抽象、思想物或想象的东西，没有实在性"[③]。由于在强制中普遍的自由与个人的自由相分离，因此一切人的普遍自由就成为一种空洞的概念抽象。与此同时，个人的自由也是一种无实在性的抽象。如果人为割裂个人自由和普遍自由，那么，这就相当于在强制自身的概念中直接设定某种对自由来说外在的东西。但对自由而言，如果它自身

---

① 参见费希特：《自然法权基础》，第 56 页。
② Hegel, "On the Scientific Way of Treating Natural Law", p. 132.
③ Ibid., p. 136.

中的某种东西是真正外在的、异己的东西，那么，它也就不是自由了。所以，对自由来说，"没有什么外在的东西"，并且"强迫是不可能的"。①

在《费希特与谢林哲学体系的差别》一文中，黑格尔论道，康德和费希特式的理性个体的自由并不是真正的自由，因为尽管在他们那里自由是理性的特征，而且是其体系的最高的东西，但在和他人结成的集体中，又必须放弃自由，以促成集体中的所有理性存在的自由的可能性。这样一来，自由就成为了某种纯粹否定的东西，绝对的无规定性，或说是一种从反思的观点考察的自由。而黑格尔则认为："理性和作为理性存在者的自由不再是理性和自由，而是一个个人。因此，个人与他人的集体从本质上说必须被认为不是个人真正自由的限制，而是个人真正自由的扩大。"② 因此，自然法传统中的形式主义路径，也产生了个体与共同体之间的分裂。只不过这种路径不是以对人性的定义为开端，而是以某种先验的实践理性的概念为开端。在这里伦理行为被看作是理性活动的产物，而人性当中的一切经验性的爱好与需要，被看作是非伦理的冲动的集合体。主体要想做出某种伦理的、对共同体有益的行为，就必须首先抑制自身的这些非伦理的冲动。所以无论是经验主义的还是形式主义的研究路径，都陷入了原子主义的陷阱，它们把原子化的个体"设定为人的社会化的自然基础"。③ 从这种原子论的自然事实当中，无法得出一种黑格尔意义上真正的"伦理有机体"。

---

① cf. Hegel, "On the Scientific Way of Treating Natural Law", pp. 136–137.

② 黑格尔：《费希特与谢林哲学体系的差别》，宋祖良、程志民译，商务印书馆 1994 年版，第 57 页。另参见朱学平：《古典与现代的冲突与融合——青年黑格尔思想的形成与演进》，第 147 页。

③ Axel Honneth, *Kampf um Anerkennung. Zur moralischen Grammatik sozialer Konflikte*, S. 22.

二、伦理总体性

在对现代自然法传统的经验的和形式的研究方法进行批判之后，黑格尔意图在"伦理"或"伦理总体性"概念之上重建自然法学说。"伦理"是黑格尔政治哲学的核心概念。如霍耐特所说，黑格尔政治哲学所关注的就是"从理论上阐明伦理总体性状态的可能性"。① 早在《德国观念论的最初体系纲领》中，尽管国家被视为"某种机械的东西"，但该文本仍然从美学角度出发期待一种"单个的人亦即所有个体的全部力量的平衡发展"的社会共同体，这些个体因具有审美感（"理性的最高方式"）而意识到美的理念和人的精神，从而达到自由。② 黑格尔心中的理想社会是经过浪漫化修饰之后的古希腊城邦，以此为蓝本，他阐述了"伦理有机体"的概念。与康德和费希特等人从个体出发建构自然法不同，黑格尔是从伦理立场出发来确立自然法。道德只是个体的伦理，它包含在绝对伦理或伦理总体性之中，而绝对伦理从本质上说是"所有人的伦理"。③

霍耐特总结了黑格尔伦理总体性概念的基本内涵：（1）伦理有机体是普遍自由和个体自由的统一。公共生活中的社会自由与个体自由并非相互限制，而是相辅相成。（2）共同体中的"风俗和习惯"（Sitten und Gebräuche）是整合普遍自由与个体自由的社会媒介。（3）有别于柏拉图和亚里士多德，黑格尔将"市民社会"（关于财产和法权的体系）纳入绝对伦理的制度组织中，尽管市民社会是一个消

---

① Axel Honneth, *Kampf um Anerkennung. Zur moralischen Grammatik sozialer Konflikte*, S. 23.

② 谢林：《德国观念论的最初体系纲领》，《德语美学文选》上卷，刘小枫选编，华东师范大学出版社 2006 年版，第 131—133 页。关于这篇文章的作者是谁，学术界至今存在争议，谢林、荷尔德林或黑格尔都有可能。但在这一时期，三者的思想相互影响，立场也大致相同。

③ Hegel, "On the Scientific Way of Treating Natural Law", p. 159.

极自由领域，但它对伦理总体性而言仍具有构成性意义。正是市民这一阶层的引入使黑格尔的国家理论有别于古典的国家学说。① 在霍耐特看来，黑格尔要想克服现代社会哲学的原子主义困境，就需要一种新的概念工具来解释自由的个体公民如何能够构成具有凝聚力的社会共同体。在"自然法论文"中，黑格尔认为，民族（Volk）就是绝对伦理本身，"绝对的伦理总体性，不是别的，而是民族"②。他援引亚里士多德的话说："民族天然先于个人；因为如果孤立的个人不是独立的，那么，他必定与某个统一的整体相关，就像其他部分和他们的整体相关那样。但是，一个不能过集体生活的人，或由于独立而不需要集体的人，不可能是民族的一部分，因此，他或是野兽或是神。"③ 黑格尔把个人与伦理总体性的关系比作器官与整个身体之间的关系，单个的个人是绝对伦理的"器官"。反过来，绝对伦理是单个个人的本质，只不过"绝对伦理在个体中有它自己的恰当的有机体"④，也就是作为现实的相对伦理性，它有待通过进一步的扬弃而上升到绝对伦理。正是在这个意义上，黑格尔说："个体伦理是整个体系的一种脉动，而且就是整个体系。"⑤ 霍耐特从中提炼出伦理行为者的主体间性共存这一基本情境，并认为黑格尔预设了这一基本情境是人类社会化的自然基础。也就是说，行为主体不可能是孤立的原子化个体，而总是处于与他者、与共同体的伦理关联之中，而古希腊城邦为黑格尔提供了现实的考察模型。

但霍耐特指出，仅仅提出这一预设还不够，关键在于阐明"从一

---

① Vgl. Axel Honneth, *Kampf um Anerkennung. Zur moralischen Grammatik sozialer Konflikte*, S. 23-24.
② Hegel, "On the Scientific Way of Treating Natural Law", p. 140.
③ Ibid., pp. 159-160；另参见亚里士多德：《政治学》，颜一、秦典华译，中国人民大学出版社 2003 年版，第 4—5 页。
④ Hegel, "On the Scientific Way of Treating Natural Law", p. 162.
⑤ Ibid., p. 159.

种'自然伦理'状态向社会组织形式的过渡"① 是如何可能的。换言之，黑格尔必须清楚地阐明从自然伦理向伦理总体性或伦理共同体过渡是如何可能的。既然已经假设"主体间性义务的存在是人的社会化过程的准自然前提条件"，那么，需要加以阐释的，就不是一般而言的共同体的形成机制，而是社会共同体的初级形式如何再组织和发展为更完备的社会共同体形式。霍耐特认为，黑格尔在此再次诉诸亚里士多德的形而上学，这使得社会共同体的发展带有目的论色彩，即一个原始的实体的潜能渐渐地实现出来。并且，黑格尔明确强调这一目的论过程中的消极的、冲突的特征。他把伦理共同体的形成或"伦理的生成"看作"对否定性和主观性的不断扬弃"②。这是一个不断发生的否定过程，伦理自然在这一渐进的过程中不断地摆脱片面性和特殊性，最终从自然的原始阶段过渡到绝对伦理阶段，实现普遍与特殊的统一，或按黑格尔此时运用的同一哲学的原则来说，达到了"无差别的点"。但如霍耐特所说，黑格尔在"自然法论文"中对如下这些问题还没有作出明确的回答：（1）如果这种尚未发挥出来的伦理潜能已经作为一种现存的差异扎根在社会生活实践的初始结构当中，那它究竟是怎样的？（2）伦理潜能借以实现的不断重复的否定过程，应当具有什么样的社会形式？这两个问题由于下述原因更加难以回答，即在描述社会化初始阶段的规范性内容时，他既需要诠释共同体的联系是如何增长的，又需要诠释个体自由是如何增加的。之所以需要回答这双重问题的理由在于："只有当'伦理生成'的世界历史过程能够被设想为一种关于社会化与个体化的彼此融合时，我们才能认为作为其结果的社会形式的有机凝聚力在于对一切个体的特殊性的主体间性

---

① Axel Honneth, *Kampf um Anerkennung. Zur moralischen Grammatik sozialer Konflikte*, S. 27.

② Hegel, "On the Scientific Way of Treating Natural Law", p. 162.

承认。"①

只有在黑格尔《伦理体系》中，这些难题才得到了较为详细的解答。但在重构《伦理体系》中的承认理论之前，霍耐特简要总结了黑格尔提出的新的社会理论模型，即创造性地综合费希特的承认理论与霍布斯的斗争理论而形成一种"为承认而斗争"的理论模型。尽管在"自然法论文"中，黑格尔把费希特当作自然法的形式主义处理路径的代表进行批判，但在《伦理体系》中，他又借鉴其承认理论来描述伦理关系形式的内在结构。

费希特在其《自然法权基础》中最早明确提出了"承认"概念。他论证说，在理性存在者的自由表象之内，"我在一个未加分割的行为中同时设定了其他的自由存在者。因此，我用自己的想象力描述了许多存在者共享的自由范围。我不能把我设定的全部自由都归于我自己，因为我还设定了其他的自由存在者，也必须把一部分自由分配给他们。由于我也给其他人留下自由，所以，我就把自己限制在我拥有的自由范围中。因此，法权概念是关于自由存在者彼此的必然关系的概念"②。自由存在者之间相互的必然关系就是一种承认关系，因为制约着个体相互之间的认识的条件是，把他者作为自由的个体来看待，"如果双方不相互承认，就没有一方会承认对方；如果双方不是这样相互看待，就没有一方会把对方作为自由存在者加以看待"③。但费希特的"承认"理论具有强烈的先验哲学色彩。他是从知识学的三条原理（即"自我设定它自己""自我设定非我"和"自我和非我的相互作用"）出发先验地演绎出法权概念和法权原则。尽管他的演绎指向一种相互承认形式，却未能从内容上阐述这种相互承认的具体存在形

---

① Axel Honneth, *Kampf um Anerkennung. Zur moralischen Grammatik sozialer Konflikte*, S. 28–29.
② 费希特：《自然法权基础》，第 8 页。
③ 同上书，第 45 页。

态，从而也无法对现实的政治和法律提供有效的诠释。但无论如何，他的相互承认理论为后世的思想发展提供了基础。[①]

在霍耐特看来，黑格尔对费希特承认理论的继承与超越分为两个步骤：（1）剔除费希特承认概念的先验含义，然后将其直接运用于个体之间的互动行为。这样一来，伦理中不同的交往形式都可以纳入相互承认的过程之中，并得到一种相互承认的关系结构，即"就如下这一点——即一个主体意识到自身在其能力和品质方面得到另一个主体的承认并由此与他者达成和解——而言，一个主体总是也意识到其自身独特的认同，并由此再次与作为特殊物的他者形成对立"[②]。（2）在这种承认关系的逻辑中，黑格尔又发现了一种隐含的内在动力。由于在已经确立的相互承认关系中，主体永远都会处在了解其特殊认同的过程之中，因为我们需要在一切具体情境中重新确认自我。为了实现对更高要求的个体性的承认，主体必须通过冲突一再地离开已经达到的伦理阶段。因此，作为主体间性伦理关系之基础的承认运动，就总是处于和解与冲突的交替之中。

霍耐特认为，黑格尔在这里，是用一种源于人与人之间特殊关系的道德潜能重新界定亚里士多德的伦理生活方式概念，从而使其政治哲学的坐标"从目的论的自然概念转向了社会概念"[③]。对人类伦理潜能当中所包含的"否定性"的阐述，最初是由霍布斯给出的。而黑格尔对霍布斯的"所有人反对所有人"的冲突模型给予了重新解释。在霍布斯那里，斗争的首要目的是保全自己的生命，而个体之间的契约结束了为生存而斗争的危险状态。然而，按黑格尔的解释，主体之间

---

① 参见黄涛：《走向相互承认的法权——论费希特的自由概念及其基础上的法权演绎学说》，《西南民族大学学报》（人文社会科学版）2018 年第 7 期。

② Axel Honneth, *Kampf um Anerkennung. Zur moralischen Grammatik sozialer Konflikte*, S. 30–31.

③ Ibid., S. 31.

的冲突或斗争从一开始就指向个体的特殊认同未被承认，因而是一个伦理事件。所以，冲突或斗争是发生在社会生活中的伦理的活动环节，是平息道德张力的社会媒介，引导着伦理的不成熟状态趋于成熟。霍耐特指出，黑格尔这一新的理论模型是在《伦理体系》中展现出来的。

三、自然伦理

《伦理体系》是黑格尔生前未发表的手稿，直到 1913 年才公开问世，其标题为编者所加。① 它是黑格尔耶拿早期"哲学体系"计划的一部分。②《伦理体系》包含三个部分：（1）按关系的绝对伦理（自然伦理）；（2）否定或自由或犯罪；（3）伦理（绝对伦理）。与《费希特与谢林哲学体系的差别》一文一样，在《自然法论文》和《伦理体系》中，黑格尔秉持的仍然是同一哲学的基本立场，尽管他已经在许多地方进行了改造，但谢林的哲学方法与立场仍然对他有着深远的影响。如霍耐特所说，由于谢林哲学的方法论影响，黑格尔这里的表述是非常图式化的。在《伦理体系》的开篇，黑格尔就提到绝对理念是直观和概念的同一。③ 根据谢林的《对我的哲学体系的阐述》，绝

---

① 第一个版本是拉松版。在它的另一版本（2002）中，编者加上的副标题"对费希特自然法的批判"引起了较大争议（参见朱渝阳：《批判与重建——论黑格尔的〈伦理体系〉及其对费希特自然法的批判》，载邓安庆主编：《伦理学术》，第 3 卷，上海教育出版社 2017 年版，第 124 页。）

② 根据罗森克兰茨，黑格尔耶拿早期的哲学体系，很可能不像后来成熟时期由逻辑学、自然哲学和精神哲学三部分构成的模式那样，而是包含着四个部分："（1）逻辑学或理念本身的科学；（2）自然哲学或理念的实现，它首先在自然中创造其身体；（3）作为现实精神的伦理自然；（4）作为整体回复到一的宗教，向理念的原初简单性的回归。"《伦理体系》是其中的第三部分。（cf. H. S. Harris, introduction, in Hegel, *System of Ethical Life and First Philosophy of Spirit*, trans. H. S. Harris and T. M. Knox, State University of New York Press, 1979, p. 6.）

③ Vgl. Hegel, *System der Sittlichkeit*, Felix Meiner Verlag, 2002, S. 3.

对同一"只有在一切因次的形式之下才能存在"[①]。绝对理念只有在一切因次的整体中才能显现其真正的同一性和整体性。"因次"（Potenz，又译作"级次"）是谢林自然哲学和先验哲学的基本概念工具，他试图用它来阐述绝对如何存在于事物之中以及事物如何存在于绝对之中，并由此而展现绝对本身的结构。谢林把整个世界（包括自然界和人类社会）都看作由"绝对"分化和发展出来的，但他在这一斯宾诺莎式的泛神论中加入了目的论因素，因而整个世界就具有了某种内在的目的性，成为一个有机的生命整体。而只有在理智直观中，才有可能真正地认识这一有机的生命整体，真正地达到完全具体的主客观同一或"无差别的点"。绝对自身分化或发展的不同阶段或层面，被谢林称作"因次"。"因次"与亚里士多德的"潜能"有很大的不同，因为前者表示的是一种现实性。[②]黑格尔在其《伦理体系》中借鉴谢林的这一方法论工具来阐述其社会哲学，将绝对伦理的发展划分成不同的因次。在绝对伦理的每一因次中，都存在着直观和概念的相互归摄（Subsumtion），但最终在"民族"这一"伦理实体"中达到对绝对伦理理念本身的整体性直观。[③]

所谓自然伦理或伦理的本性，不是指形成社会或共同体之前的"自然状态"，而是指绝对伦理的本性。[④]因为自然是人作为生命有机体的构成性部分，我们每一特殊的个体作为自然秩序的一部分必须屈从于自然必然性，并且对自然的控制也是我们作为自由的理性存在者

---

① cf. H. S. Harris, introduction, p. 13.

② cf. Hegel, *System of Ethical Life and First Philosophy of Spirit*, p. 91, fn.38.

③ 在"差别"一文中，黑格尔把"实体性关系"（Substantialitätsverhältnis）称作"真正的思辨关系"。（Hegel, *Jenaer Schriften 1801—1807*, Suhrkamp Verlag, 1970, S. 49.）而《伦理体系》所强调的正是民族这一自我意识的、自我运动的伦理实体。

④ 参见邓安庆：《从"自然伦理"的解体到伦理共同体的重建——对黑格尔〈伦理体系〉的解读》，《复旦学报》（社会科学版）2011 年第 3 期。

的内在要求，所以自然伦理是伦理发展的必经阶段。黑格尔把自然伦理分为两个因次：（1）情感；（2）形式或关系中的无限性和理想性。霍耐特认为，来自谢林的方法论步骤（例如，直观归摄到概念之下，概念归摄到直观之下，或直观与概念的相互归摄）对社会哲学内容而言，是"外在的"（äußerlich）东西。[①] 的确，我们可以看到，哪怕在耶拿时期，黑格尔就已经尝试了多种不同的表述方式，因为其思想此时正处于形成期。霍耐特所关注的是，从这种思辨的论证形式中分离出实质性的内容，即一种主体间性的社会理论模型。[②]

自然伦理的两个发展阶段（因次）描述了主体与其自然规定性相分离而逐渐社会化过程，并且这两个阶段对应于实践中被认同的不同个人身份。首先，在情感因次中，霍耐特尤其提到父母与子女的相互承认关系，它是"普遍的相互作用和人的教化"。一方面，父母与子女相互承认为有情感需要的存在者，另一方面，父母抚养子女的结果则是子女逐渐获得内在的否定性以及更高的个体性，进而扬弃这种"自然的一"（Einssein der Natur）或"情感同一"（Vereinigung des Gefühls）的关系。[③] 其次，在"形式或关系中的无限性与理想性"中，个体的社会化不再依赖家庭中的情感联结，个体主体不仅仅是其劳动产品的占有者，同时也与其他个体产生关联，即被他人承认为财产占有者。而对财产的普遍性的抽象就是法权。由于劳动剩余物与其生产主体的需要之间没有直接的关联，而是与其他主体的需要相关联，于

---

① Vgl. Axel Honneth, *Kampf um Anerkennung. Zur moralischen Grammatik sozialer Konflikte*, S. 33.

② 这里需要强调的是，关于从方法论形式中剥离出来的社会理论到底是什么，是有争议的。霍耐特所提炼出的有关主体间性承认与冲突的社会理论，是否可以涵盖黑格尔社会理论的全部内容，或者，霍耐特的重构是否有意忽略其余部分，而只抽取他所需要的部分（当然这也是他认为的黑格尔论证内容的核心部分），这个问题涉及后哈贝马斯批判理论的基本范式转型问题。限于篇幅，这里不作进一步展开。

③ Hegel, *System der Sittlichkeit*, S. 13.

是就出现了以承认他者的法权（财产权）为基础的交换。在法律关系中，个体被承认为具有抽象的形式统一性的"人格"。但因为法律关系确立的社会情境仍然没有摆脱个体的"特殊性"或任意性，社会整合仅仅是通过否定的自由权来实现，所以这种社会普遍化的代价则是个体主体的空洞化和形式化。总之，黑格尔的自然伦理描述了主体如何在自然规定性的基础之上形成社会化的关系，但无论是情感因次中的承认，还是在无限性和理想性因次中的承认，都只是涉及"个别性原则"。①

四、"犯罪"的主体间性意蕴

根据黑格尔的说法，只有绝对伦理才能从自然伦理的特殊性束缚中摆脱出来，而"否定或自由或犯罪"构成了从自然伦理向绝对伦理的过渡。因为要达到绝对的普遍性，就必须扬弃一切个别的规定性，将它们吸收到绝对普遍性之中。这种扬弃既是肯定的（绝对伦理扬弃了具体规定，但又在更高的层面与对立面统一起来，与其达到完全的同一性），同时也是纯粹否定的或纯粹自由的（在观念或形式上保持一种持续的否定意义）。②

霍耐特认为，与黑格尔的其他文本相比，《伦理体系》的特殊之处在于把斗争与"自然的承认形式"完全对立起来，让论述各种不同斗争的内容独自成章。但无论是从社会历史的角度还是从理论本身的发展逻辑来看，这一表述形式都不太合理。霍耐特推测，黑格尔这样

---

① Vgl. Axel Honneth, *Kampf um Anerkennung. Zur moralischen Grammatik sozialer Konflikte*, S. 33-35. 另见 L. 希普：《"为承认而斗争"：从黑格尔到霍耐特》，罗亚玲译，《马克思主义与现实》2010 年第 6 期。在《伦理体系》中，黑格尔还没有像后来那样对"个别性"（Einzelnheit）与"特殊性"（Besonderheit）作出区分。（参见黑格尔：《哲学全书·第一部分·逻辑学》，梁志学译，人民出版社 2002 年版，第 297 页。）

② Vgl. Hegel, *System der Sittlichkeit*, S. 33-34.

做的原因有二。其一，就方法论而言，这是由于谢林认识论的图示化应用所带来的限制。谢林的概念建筑术确立了自然与思维、现实与观念、主体与客体之间的斯宾诺莎式平行关系。任何事物都包含着对上述两极的肯定，同时，处于这两极之间的绝对中点（absolute midpoint）又包含着对一切有限事物的否定。① 其二，就理论目标而言，黑格尔可能想针对霍布斯的自然状态，强调一种免于冲突的伦理"自然"状态。

在《伦理体系》的第二部分中，黑格尔区分了三种类型的破坏行为：（1）无目的的破坏，（2）偷窃和抢劫等犯罪行为，（3）为了荣誉而斗争。黑格尔把无目的的破坏又称作"自然的消除"。② 他指出，文明与破坏在人类历史上总是交替出现。每当文明中止无机自然并赋予其每一方面以规定性时，总会有一种崩塌的不确定性与之相伴随。蛮族的破坏（如同无意识的自然力那样）使社会倒退到蛮荒状态。这种破坏呈现出完全的不确定性和无形式。但这种无目的的否定还不是"犯罪"（Verbrechen），因为"它们缺少法权上所承认的自由的社会性前提"。③

在早期神学著作中黑格尔就已谈到犯罪与法律的关系。在他看来，"犯罪是对本性的破坏"，由于"本性"（Natur）意味着人与其周遭环境的同一性（"本性是一"），所以犯罪也就意味着罪犯对自身的破坏，因而"在破坏中，能破坏者所遭受的破坏与被破坏者遭受的破坏同样地多"。④ 因此，犯罪不是对法律本身的违背，相反，正是犯罪使得法律本身成为必要的，或说，犯罪活动构成了法律关系的社会前

---

① cf. H. S. Harris, introduction, p. 20.
② Hegel, *System der Sittlichkeit*, S. 37.
③ Axel Honneth, *Kampf um Anerkennung. Zur moralischen Grammatik sozialer Konflikte*, Suhrkamp, 2003, S. 38.
④ 《黑格尔早期神学著作》，贺麟译，上海人民出版社 2012 年版，第 310 页。

提。在犯罪中，尽管法律的内容受到罪犯的破坏，但"应受惩罚"这一法律的普遍性形式仍然保留着。因此，惩罚并非为了威慑或报应，而是使罪犯重新整合到共同体中来。在这个意义上，惩罚是罪犯与自身的和解。霍耐特指出，既然犯罪活动是与纯粹法律的个体自由的不确定性相关联的，那么这里其实隐含了对犯罪动机的考虑，即犯罪活动是对法律关系的抽象性和单维度的反应。进一步而言，犯罪的内在动机源自不完整的承认体验，"在已确立的相互承认的阶段上，没有以一种满意的方式得到承认"[1]。但在《伦理体系》中，黑格尔几乎完全没有从犯罪动机这一线索来思考。

在《伦理体系》中，黑格尔以"抢劫"和"偷窃"为例阐述了犯罪与法律的关系。与无目的的破坏不同，抢劫和偷窃是有目的的，只有理解并意识到法律承认关系的人才会进行抢劫或偷窃。所以，抢劫或偷窃是个体对承认关系的"现实的消除"（reale Vernichtung）。[2] 在这类犯罪活动中，虽然被侵占的直接对象是客体，但由于财产就是原占有者的人格性的体现，因而也就间接地否定了主体人格的完整性。犯罪所引起的个体之间的斗争，并不是对等的。这是因为冲突双方所要求的权利主张并不相同。引起冲突的一方要求的是主观性的无限制的发展，而作出反应的另一方要求的则是对财产权的尊重。前者仅仅依据个人的特殊利益实施侵害，而后者则会为了其人格的完整性而进行斗争。霍耐特指出，黑格尔在这里缺乏对犯罪动机的清晰阐述。

但这里的冲突或斗争还没有上升到完整的人格之间的冲突，而只有在否定的第三种类型即"为荣誉而斗争"中，才产生两个有着相同目标的个人之间的生死斗争。"荣誉"包含一种肯定性的自我关系，

---

[1] Axel Honneth, *Kampf um Anerkennung. Zur moralischen Grammatik sozialer Konflikte*, S. 37.

[2] Hegel, *System der Sittlichkeit*, S. 39. 黑格尔在同一页还提到了对承认的"现实的扬弃"（reale Aufhebung）。

这种自我关系的结构预设了个体的个性与特征得到主体间性的承认。这里的斗争分为三个层面：谋杀、复仇和战争。谋杀是对整个的生命的否定，由此而带来被害者家庭其他成员的复仇，进而引起家庭或家族之间的战争。其结果要么由于其中一方完败，而确立起征服或奴役关系，要么由于势均力敌而放弃斗争达成和平。

　　如上所述，黑格尔对三种不同类型的破坏行为的阐述并非只包含纯粹否定的意义。因为这些破坏行为不仅表明自然伦理阶段所形成的社会承认结构是如何由于自由的消极使用而被摧毁，同时也表明只有通过这些破坏活动，伦理上更为成熟的承认关系（"自由公民的共同体"）才能形成。由此，霍耐特指出，黑格尔赋予了社会冲突以一种实践——道德方面的学习潜能。这体现在如下两个维度：一方面，通过不同的犯罪所带来的挑衅，主体对自身独特的认同有了更多的认识，形成了从"个人"到"整体个人"的过渡；另一方面，尽管黑格尔并没有明确地指出为荣誉而斗争到底是单个主体之间的冲突，还是共同体之间的冲突，[1]但他却"不自觉地"使得"单个个体之间的冲突转化为社会共同体之间的对抗……个体不再作为'自我指涉的行为者'（selbstbezogen Handelnde），而是作为'一个整体的成员'相互对立"[2]。这样一来，主体更加认识到他们之间的相互依赖关系。进而可以说，社会冲突体现了主体作为彼此依赖同时又彻底个性化的个人而相互承认，并且为自然伦理向绝对伦理的过渡做好了准备。

　　在之前的所有因次中，绝对理念都没有以精神的形态出现，而只有到了绝对伦理阶段，它才实现了对特殊性和相对同一性的完全消除，达到了理智的绝对同一性。绝对伦理理念或伦理精神的直观体现在民族中，在这里个体伦理与绝对伦理完全合一，作为有机整体的民

---

[1]　cf. H. S. Harris, introduction, pp. 51–54.

[2]　Axel Honneth, *Kampf um Anerkennung. Zur moralischen Grammatik sozialer Konflikte*, S. 43.

族是一切伦理具体规定的绝对同一性。①霍耐特指出，到了这一阶段，黑格尔仍然把包含"质性承认"的社会互动（它不仅仅是对形式法权的承认）当作隐含的前提，他借用谢林的哲学术语"直观"来表达主体间性的这种相互关系，即个体"在每一另外个体那里把自身直观为自身"②，霍耐特总结为"相互直观"。这种相互关系超越了单纯的认知性承认模型，而进展到了伦理共同体的理性情感领域（"团结"）。沿着这一分析思路，霍耐特提炼出《伦理体系》中所包含的承认关系的发展线索。承认的对象分别是，有着具体需要的"个体"、寻求形式自主的"个人"以及保存个体特殊性的"主体"，承认的方式分别是家庭中的"爱"、市民社会中的"法权"以及国家中"团结"。③

但《伦理体系》并没有依循这一线索继续下去，而把重点放在了阐述"绝对伦理"的政治关系中的组织要素——德性（Tugend）与政府（Regierung）——上面。因而，即便有可能清楚地区分承认的三种模型，但我们最终仍缺乏"主体性理论的补充性概念"来对得到承认的个人对象做进一步区分。这是霍耐特所指认的《伦理体系》的两个难题之一。而另一个难题则是关于伦理历史中犯罪的地位问题。如上所述，犯罪活动在黑格尔关于伦理形成过程的阐述中起到了一种建构性的作用，即它所引起的冲突使得主体意识到潜在的承认关系。因此，承认运动中的"斗争"环节，将会构成向着更为普遍的承认关系模型的过渡条件。但如霍耐特一再指出的那样，由于黑格尔对犯罪动机的阐述付之阙如，因而无法清晰展现承认运动的内部结构，进而无法清晰地阐述一种关于伦理历史之形成的社会哲学。所以，《伦理体

---

① Vgl. Hegel, *System der Sittlichkeit*, S. 47-50.

② Hegel, *System der Sittlichkeit*, S. 49.[schaut das Individuum sich in jedem als sich selbst an]

③ Vgl. Axel Honneth, *Kampf um Anerkennung. Zur moralischen Grammatik sozialer Konflikte*, S. 46.

系》中的黑格尔缺乏关键的概念工具来真正完成其理论目标，即创造性地中介费希特与霍布斯的社会哲学。

但在霍耐特看来，黑格尔的"精神哲学"则开启了完成这一目标的新的可能性。因为该文本"极大地提升了为承认而斗争之推衍的理论清晰性"①。《伦理体系》参照的是亚里士多德的自然目的论，人们之间的各种伦理关系被放置在"潜在自然"（zugrundeliegende Natur）的各等级之中，而它们的认知——道德性质却并不确定。但在"精神哲学"中，自然概念失去了这种本体论的含义，而仅仅用来指谓与人类的社会生活世界相对应的物理自然界。黑格尔在此从意识或精神的反思过程出发来重新界定伦理领域及其特征。

作为过渡性文本，《精神哲学》在如下两个方面保留了原初路径的形式结构：（1）国家的伦理关系依然是重构性分析的核心参照点；（2）意识范畴仅用于解释伦理的诸形式。但在霍耐特看来，意识哲学转向已经足以改变为承认而斗争的叙述模型。通过一系列中介过程（如语言、工具、家庭益品等），意识逐渐把自身理解为普遍性与特殊性直接统一的"总体性"。而承认指涉的是意识所采取的认知性步骤。也就是说，在相互承认中，意识在另外一个作为总体性的意识之中感知自身作为一种总体性。而要实现"在他者之中感知自身"，必然要求冲突或斗争，这是因为只有通过违背彼此的主观权利主张，个体才能认识到他者是否也把自身认定为总体性。因而我们可以说，引发冲突的动机就在于人类精神内部，进一步而言，精神的完整实现预设了被他人所承认，而对他人承认的认识又必须通过斗争来完成。与《伦理体系》相比，斗争在这一新的语境中所具有的社会功能大体上没有变化，它代表着伦理共同体的社会整合机制，通过这一机制个体意识

---

① Axel Honneth, *Kampf um Anerkennung. Zur moralischen Grammatik sozialer Konflikte*, S. 50.

逐渐普遍化。总之，以相互承认作为社会普遍化的中介，意识最终为未来的理想共同体提供了理智基础。

霍耐特指出，尽管从结论来看，《伦理体系》和"精神哲学"都把为承认而斗争构想为一种趋向共同体的社会整合过程，但二者之间的重大差别依然十分清晰。具体而言，只有《伦理体系》赋予了为承认而斗争以双重意义：一是作为个体化的中介，二是作为社会化交往的"自我能力"（Ichfähigkeit）增长的中介。由于《伦理体系》以亚里士多德为参照框架，所以它是依据具有规范性实质的交往关系来重构人类互动关系的变化，并且对个体的划分也以这种主体间性的交往关系为基础。因此，为承认而斗争既使得单个主体意识到自己的权利，同时也使他们产生一种关于主体间性相似性的理性情感。单个主体的解放及其相互之间增长的"共同体化"（Vergemeinschaftung）是由为承认而斗争来发起和推动。但由于用意识理论取代了亚里士多德的参照框架，黑格尔重构性分析的主要对象就不再是社会互动关系，而是个体意识的自我中介过程，主体间性的交往关系在原则上也不再优先于个体。①

"精神哲学"的出发点是个体与其环境的对抗，从这种对抗中产生了理智的形成过程，这一过程的进一步发展形式是"精神对已在直观上实现的中介活动的反思"②。首先是一种总体性意识出现在个体主体的自我反思之中，其次是"自我视角"（Ichperspektiv）的普遍化和去中心化。只有后一阶段才伴随着为承认而斗争，因此，《伦理体系》曾赋予主体间性冲突的双重意义，现在也只剩下了作为共同体整合的中介这一功能，而作为个体意识形成之中介的功能则消失了。所以在霍耐特看来，意识哲学转向，一方面，能够让我们在个体意识形成的

---

① Vgl. Axel Honneth, *Kampf um Anerkennung. Zur moralischen Grammatik sozialer Konflikte*, S. 51.
② Ibid., S. 52.

各个阶段之间进行更为精确的概念区分，同时使得《伦理体系》的原初路径当中所缺乏的各种个人概念能够差别化；另一方面，它所付出的代价是牺牲一种强的主体间性理论，使得黑格尔关于伦理的政治理论失去了"社会历史"（Gesellschaftsgeschichte）的品格，它不再是一种关于社会关系的方向性变化的分析，而是成为对个体的社会化的分析。

最后，霍耐特断言，就"为承认而斗争"这一认知步骤而言，意识哲学转向所产生的"范畴优势和理论损失"只有在"耶拿实在哲学"中才充分显现出来。因为相比之前或之后的文本，"为承认而斗争"在这里获得了最厚实和最系统的表达。但霍耐特在晚近著作中修正了他早年的一些看法。例如，他曾坚持的这一观念——只有在黑格尔耶拿早期文本中才包含一贯的主体间性承认理论——现在被认为是错误的。通过对后耶拿时期黑格尔著作（如《精神现象学》和《法哲学原理》）的研究，他转而认为："在形成一种独白式的精神概念过程中，黑格尔并没有牺牲其原初的主体间性；毋宁说，他终其一生都力图将客观精神，即社会实在，解释为一种具有层级结构的承认关系。"①

---

① Axel Honneth, *The I in We: Studies in the theory of Recognition*, trans. Joseph Ganahl, Polity, 2012, preface, viii.

第三章
为承认而斗争
——黑格尔"耶拿实在哲学"的社会理论

在霍耐特看来，相对《伦理体系》中承认主线的晦暗不明，黑格尔的"耶拿实在哲学"在论证承认作为精神发展的逻辑主线上则显得十分清晰。那么，在"耶拿实在哲学"中，黑格尔提出的"承认"到底具有何种内涵？它又表现为何种状态？同时，承认问题在黑格尔耶拿早期的精神哲学中扮演着什么样的角色，在整个黑格尔哲学体系中又占据着什么样的地位？为了回答上述问题，霍耐特在本章中主要通过回顾黑格尔耶拿早期的"耶拿实在哲学"，以主体间性的承认关系为视角，勾勒出黑格尔精神哲学中内隐的承认形式及其演进线索，并由此提炼出以"为承认而斗争"为标志的"耶拿方案"。值得注意的是，该方案的提出为霍耐特此后构建自身的承认理论体系奠定了坚实的理论基础。

一、"耶拿实在哲学"中"伦理的弱化"

第一，意识哲学转向。

在《伦理体系》中，黑格尔更多的是以亚里士多德为参照，来观察人类互动关系，进而将自己的重构建立在规范的交往关系上，并通过对客观领域人类社会的冲突进行分析，借助争取承认的斗争来驱动主体间性关系向共同体方向整合。按这一思路，人类生活的交往互动（即社会属性）是论证人类个体性存在的前提，所以在霍耐特看来，此时黑格尔的思路侧重于从自然伦理关系的角度来建构起承认理论的模型。但是，从1803—1804年的著作残篇，即后来被广泛称为的《耶拿实在哲学 I》来看，黑格尔似乎逐步放弃了亚里士多德的框架，同时也放弃了人类生活中的原始主体间性概念这个立足点。所以，他不会从既有的人类社会的交往现实中来论证主体如何获得自由，而改为从个体的角度来分析主体如何构成社会的方式，也就是突出了个体先于社会整体而存在的霍布斯立场。虽然霍耐特略带遗憾地宣称，这其实是牺牲了原先社会交往方案所具有的"强主体间性主义"（strong intersubjectivism），① 但通过转向个体，进而在个体基础上建构起有关主体的意识哲学框架，提供了另一套理解"为承认而斗争"的方案。

在本章开头，霍耐特提出黑格尔在"耶拿实在哲学"② 中力图建构起一种意识哲学的框架来论证其精神哲学体系的规划，并认为意识哲学此时扮演着"界定整个体系构架和方法论的角色"③。在费希特的影响下，黑格尔将他者融入对自我意识的理解中，也就是将精神的特质规定为一种自我分化的能力。具体来说，精神首先把自我置于自身的对立面，而外在事物现在不是它的对象，而是它自己的直观。就好比我现在看某样东西的时候，我看到的不是东西，而是我的内在本质。所以，黑格尔指出："客体是一个与我分离的存在，但对我们来说，客体是两者的统一。"由此，对精神而言，就是以自为的存在作为否定性，"与自在的存在相分离，并返回自在的存在本身，来补充

---

① Axel Honneth, *The Struggle for Recognition: The Moral Grammar of Social Conflicts*, trans. Joel Anderson, The MIT Press, 1995, p. 30.
② 此处以及本章稍后提到的"耶拿实在哲学"特指《耶拿实在哲学 II》，不再包括《耶拿实在哲学 I》。——本书作者注
③ Axel Honneth, *The Struggle for Recognition*, p. 31.

这种（自在的存在）"①。因此，精神是通过直觉来感受客体，并从客体身上返回自身。经过客体的中介，精神能够在自我的外化中把自我作为一个他者来看待，然后又从他者那里回归到自我。在此基础上，霍耐特认为黑格尔获得了理解现实的一种普遍性法则，这就是精神的外化和返回自身的双向运动，正是在这种永恒的"外化—复归"的运动中，精神逐步走向自我实现。但霍耐特提醒我们，这一过程始终是以思想分化的形式来展现的，也就是说黑格尔对精神的运动及其自我实现的描述仍然停留在反思的抽象阶段，而没有得到社会经验现实的佐证，因此它亟需将自身现实化。

第二，精神哲学的基本结构。

在按意识哲学来展开整个精神哲学的体系时，霍耐特认为黑格尔是以精神的自我实现为基本指向来论证的。因而，在"耶拿实在哲学"中，我们已经能够清晰地看到黑格尔后来在《哲学全书》中的基本架构，包含了逻辑学、自然哲学和精神哲学三大部分，而这三部分在逻辑上又体现了精神从内在结构出发、到本质客观性的外化再到向主体性领域的复归这一运动的全过程。总体来看，从《伦理体系》到"耶拿实在哲学"，耶拿时期黑格尔的草稿见证了他的精神哲学体系逐步成长和丰富的过程。如果从整个"耶拿实在哲学"的框架来看，可以发现黑格尔是借助"主观精神、现实精神和结构"三个板块来呈现精神的形成过程。在篇章划分上，黑格尔基本表达了精神的三个阶段，初步具备了成熟时期《哲学全书》的"主观精神、客观精神与绝对精神"三阶段的雏形。霍耐特认为这三大部分的标题已经展现出黑格尔构建精神哲学的基本意图，即精神的实现过程表现为一种人类意识领域的自我表现，"首先是个体主体的自我关系，然后是主体间性

---

① Hegel, *Hegel and the Human Spirit: A Translation of the Jena Lectures on the Philosophy of Spirit(1805—1806) with Commentary*, trans. Leo Rauch, Wayne State University Press, 1983, p. 86.

的制度关系，最后是社会化主体对整体世界的反思关系"①。其中，整个"耶拿实在哲学"框架的第一部分主要讨论"理智"与"意志"，第二部分则主要讨论"承认"与"强制法"，第三部分主要由"阶级""政府"以及"艺术、宗教和科学"三节构成。

与《伦理体系》比较而言，霍耐特认为"耶拿实在哲学"最大的不同就体现在"伦理的弱化"上。因为在《伦理体系》中，伦理尤其是自然伦理始终作为精神哲学的参照框架而存在，而到了"耶拿实在哲学"这里，伦理已经失去了之前的核心功能，人的意识结构及其运动取而代之，成为精神哲学中新的结构性法则。当然，在黑格尔那里，意识哲学也并没有完全取代伦理的地位，新的法则因而也体现为新的意识哲学和旧的社会理论概念之间的一种调和。但是，黑格尔在"耶拿实在哲学"中坚持在人类意识领域实现对精神发展的重构，以至于在第一部分，他用"主观精神"②替代了《伦理体系》中相应的"自然伦理"，在最后一部分，他选择了以"结构"这个概念来进行总结，在这个新的意味着社会共同体成功形式的层面，他将"阶级""政府"与"艺术、宗教和科学"三者并置。

霍耐特认为，尤其是在对这个"结构"的理解上，我们通过前后文本的对比，就能更深入地理解黑格尔意图的变化。在《伦理体系》

---

① Axel Honneth, *The Struggle for Recognition*, p. 33.
② 关于"主观精神"的用法，霍耐特认为黑格尔原稿这章本没有标题，它是耶拿讲演手稿的编者根据《哲学全书》的名称而加上的标题。经查，《耶拿实在哲学 II》德文原文标题实为"Der Geist nach seinem Begriffe"，而非霍耐特所说的"主观精神"，英文版标题相应地直译为"Spirit According to Its Concept"。结合来看，此处应直译为"依据其概念的精神"，体现了此阶段的精神处于抽象概念阶段，尚未现实化，与此后的现实精神相对，似更能体现编者原意。这也佐证了此时的黑格尔尚未使用"主观精神"概念来概括精神在该阶段的运动。本书之所以采纳霍耐特的用法，是因为本书是其《为承认而斗争》一书的解读文本，为准确把握和阐释其思想，故以霍耐特为准。——本书作者注

中，"结构"是指政治制度的配置方式，但到了"耶拿实在哲学"，"结构"已不仅用来指称国家伦理关系的构建，而且用来展现精神的实现过程，并且精神只有在伴随着"艺术、宗教和科学"这些认识形式的中介，才能达到真正的自我直观。所以，在霍耐特看来，"结构"这个概念已经获得一种完全不同于早期文本的意义，因为它在内涵上已经涵盖后来《哲学全书》里"绝对精神"的一切，只不过此时的黑格尔尚未想到用"绝对精神"这个名称来置换"结构"。同时，黑格尔在这一相当于"国家"的最高层面上意在表明，这里已不复是国家的伦理关系，而是在"艺术、宗教和科学"作为认识的三种媒介的中介下，"为精神在人类意识中的型构过程提供了最高的绝对参照"[1]。于是，人类交往的社会政治形式，就表现为主体意识运动的结构，即精神自我在认识的媒介下发展为意识的不同阶段。

第三，意识哲学框架中主观精神演进。

尽管"耶拿实在哲学"展现了黑格尔后来在《哲学全书》等文本中提出的许多要素，但我们不能将它与后来的文本混淆起来，而应当认真把握这一文本在黑格尔耶拿早期所具有的特殊性。在霍耐特看来，这一文本最值得关注的地方就在于将"为承认而斗争"的模型在意识哲学的框架中明确地予以展开。为承认而斗争，可能不是黑格尔后来提出的产生绝对精神的驱动力，但在此阶段，它的确是朝向伦理共同体发展的驱动力。

在"耶拿实在哲学"的第一部分"主观精神"中，黑格尔采取的方式是"不断扩展主观精神，以使它能容纳越来越多的个体意识对自我的经验，进而重构主观精神的形成过程"[2]。这一过程将显示出"主观精神"作为个体的自我在进入下一阶段"现实精神"之前必须具备

---

[1]　Axel Honneth, *The Struggle for Recognition*, p. 32.
[2]　Ibid., pp. 33–34.

的关键经验。

1. 主观精神的"理智"（Intelligenz）阶段

为了揭示主观精神的演进过程，黑格尔层层递进地采取了"直观—形象—语言"的论证方式来展示主观精神在理智阶段的运动。首先，黑格尔指出主观精神是直接的。它是通过直觉，即直观的想象，将自我置于自身的对立面，从而实现了对自我的扬弃，并且将这个外在的自我作为精神认识的第一个对象。当然，精神的直观自身毕竟是借助自身的想象，想象的力量只能提供空洞的形式，这对主观精神不断扩展经验认识的需求来说，显然是远远不够的。

然后，精神开始在经验上占有形象，此时的"自我是形式，它不仅仅是简单的自我，而且是运动，是形象的各部分的联系"①，通过对客体形象的分解，精神能将客体形象重新连接，从而将客体的形象确定成"为我"的存在。于是，当精神再次看到客体的存在时，"它的存在就不再有这种纯粹存在的意义了，而是有我的存在的意义"②。在直观客体的同时，精神还通过记忆增加了自我存在的元素，于是"我不仅仅是看到或听到客体，而且因此进入我的内在自我"③。在这个意义上，外在客体本身在精神对客体自我的认识综合中被否定了，因为"它受到了自我的支配，失去了直接和独立的意义"④。但是，黑格尔认为形象的认知标志着精神仍然停留在一个任意性的阶段，它还需要进一步地拓展。

最终，精神将客体事物仅仅看作是一种符号，而把它的本质视为精神自我的反映，通过这种符号的命名，精神展示了语言的力量。我给事物进行命名，例如，把动物叫作一头狮子、一头驴，等等。由此，狮子作为我的客体，就不仅仅是一种黄色的、有脚的、独立存在的东西，相反，它是一个名字，一个由我的声音所发出的声音，一个

---

① ② Hegel, *Hegel and the Human Spirit*, p. 87.
③ ④ Ibid., p. 88.

完全不同于它被观看的形象那样。狮子这个名字就成为它的真实存在。于是，"通过名字，客体从'自我'中诞生出来，并以'存在'的形式而出现，这就是精神锻造出来的原始创造力。就好比亚当为万物起了名字，这是（精神的）至高无上的权利"①。在这个意义上，世界开始作为名字的普遍性领域而觉醒，精神借此创造了世界的秩序，展现了自身的普遍性，并意识到自身"否定"的力量，从而证明了主观精神已进入理智的阶段。

但需要强调的是，黑格尔在另一方面也指出，精神所取得的经验并不完全充分，因为无论是形象直观还是语言命名，理智阶段本身是没有经验内容的，它们都只是在理论层面而非实践层面创造世界，所以主观精神还须进一步拓展到实践的经验层面。只有这样，理智才能实现"不是通过被动地吸收，而是通过创造一种内容。进而在这种内容中，理智具有了自身活动的意识或使自己成为自身的内容"②。

2. 主观精神的"意志"（Wille）阶段

借此，主观精神就试图摆脱理智阶段，进入到下一个新阶段——"意志"中。意志概念，是黑格尔经由费希特，从"狂飙突进运动"（Sturm und Drang）③中吸收过来的。霍耐特认为，在"耶拿实在哲学"中，意志概念是"理解主体与整个世界之间的实践关系领域的锁钥"。④在黑格尔那里，意志作为自在的存在，首先具有三个方面的特征：普遍性，这是目的；特殊性，这是现实性；前两者的中介，这是动力。

---

① Hegel, *Hegel and the Human Spirit*, p. 89.

② Ibid., p. 99.

③ "狂飙突进运动"，是指 18 世纪晚期德国新兴资产阶级出身的城市青年发动的一次文学解放运动，它是德国启蒙运动的第一次高潮，也标志着从古典主义向浪漫主义过渡时。"狂飙突进"名称源于德国剧作家克林格的同名戏剧，但运动的代表人物是歌德和席勒，歌德的《少年维特之烦恼》是运动的典型作品，表达的是人类内心感情的冲突和奋进的精神。

④ Axel Honneth, *The Struggle for Recognition*, p. 34.

按霍耐特的观点，在这三者当中，作为中介的动力最为重要。这是由于意志是否定性和排他性的存在。意志在成为自为的存在之时，消灭了自身之内的一切外来的内容，但这样就会导致它也失去了自身的内容，因而意志感到了匮乏。在黑格尔看来，恰恰是这种匮乏对意志产生了一种积极的效应，那就是它意识到自己只是作为目的的形式，是一个不完整的存在，因而就会产生向外的现实意识。在此意义上，黑格尔得出了两个结论：一个是匮乏感将作为目的的普遍性和作为活动的特殊性统一起来；另一个则是动力的满足，因为意志的对象具有现实存在的抽象形式——外在性，这就促使意志从自身中分离出来，形成自己的对象，克服了普遍性与特殊性的对立，成为一个被满足的存在，即自为的存在。

值得一提的是，霍耐特尤其关注黑格尔对意志形成过程的解释。在黑格尔那里，主观精神虽然始于纯粹理论经验，但意志不满足于此，而意在通过实践来把握世界，因此他把意志的发展过程阐释为与自我经验形式的相互关系，即"意志的形成过程由自我经验形式构成，反之，自我经验形式则来自从实践和客观上来实现自身目标的那个决定性意图"①。进而，霍耐特将意志的各个阶段的划分定位为对将来法人自我意识的完整性预期上，这样，主观精神就能顺理成章地向实践的现实世界继续推进。在霍耐特看来，黑格尔主观精神的实践之旅，首先是从自我的工具经验开始的。自我的欲望满足是体现在劳动行为之中。不同于动物直接消耗对象来满足欲望，人类的劳动是利用工具来创造未来的消费对象。在主观精神作用于客体对象的劳动活动中，工具就充当了将对象打造为劳动产品的中介。正是在与产品的关系中，自我开始发现他不仅从理论上来设想现实，而且能从实践层面以产品的形式来获得现实的内容，产品就是他创造的内容。于是，自我就获

---

① Axel Honneth, *The Struggle for Recognition*, pp. 34-35.

得了行为的意识，他意识到自身能够在实践中来创造产品和对象。但是，这种劳动产品依然是受到限制的。因为只有在精神自我训诫的强制下，它才能产生相关的劳动经验。所以，"主观精神在面对劳动结果时，它把自我视为一种因自我限制而具有劳动能力的存在"①。

需要指出的是，这个经过工具中介的劳动经验阶段仍然是不完善的。因为在这一过程中，主观精神只是把自己作为一种"物"来看，尽管这种物是作为一个主动的存在，并适应了自然规律来获得劳动能力，进而获得自我认识，但这种经验还远远不能把意志作为后来市民社会中的法人来对待。因为这里缺少了关键的一环，那就是主观精神能够将自己视为一个与他人共存的主体间性存在。这一环的缺失恰恰是因为黑格尔的意识哲学转向，主动抛弃了此前《伦理体系》中的社会交往基础，直接导致主观精神成为一种意识哲学的独白。霍耐特认为主观精神借由产品而获得的劳动经验就始终处于一种未完成的状态。

二、黑格尔对承认形式的区分

在主观精神继续扩大现实化的进程中，霍耐特创造性地发掘出黑格尔精神哲学中内含的三种承认形式，即"爱"的承认形式、"法律"的承认形式与"团结"的承认形式。其中，"法律"的承认形式是对"爱"的有限性的扬弃，而"团结"的承认形式则体现为前两种承认形式的合题。在霍耐特看来，三种承认形式的区分及其演进，清晰地展现出主观精神不断现实化并最终趋向绝对精神的过程。

第一，"爱"的承认形式。

在霍耐特看来，主观精神的发展受制于主体间性的缺乏，无法实质性地进入下一个现实化的阶段。因此，黑格尔在其意识哲学的框架中加入了"狡计"（List）作为过渡，并将狡计处理为女性的特征，从

---

① Axel Honneth, *The Struggle for Recognition*, p. 35.

而将主体意志分化为男女两极，引入男女性别关系，借此来解决在意识哲学框架中主观精神现实化所遭遇的难题。因此，霍耐特指出："男女之间的性别关系是为了法人自我意识的构成而作为一种附加条件来引入。"①

需要强调的是，正是在主观精神继续扩大现实化的讨论中，霍耐特发掘了黑格尔精神哲学中的第一种承认关系——爱。在霍耐特看来，男女性别关系显然要优于此前的工具和劳动关系。因为相对工具中介下的劳动活动而言，自我只能通过外化的劳动产品将自身理解为一种物化的行为主体。而在男女性别互动关系中，自我能够在对方主体身上体验到自身的渴望。为了命名这种在他人身上认识到自我的经验，黑格尔第一次使用了"承认"概念。

那么，这种"爱"的承认关系在黑格尔那里究竟意味着什么？又起到了什么样的作用？这可以从两个层面来理解：一方面，爱的承认关系表达了一种相互认识的互惠性。在性别主体的互动过程中，由于彼此都有被爱的渴望，所以，双方都能在对方身上认出自我，同时能够意识到他人跟自我一样，也是一个希望在我身上渴望认出自己的主体。在爱的互动关系中，"他们彼此接近，都带着不确定性和胆怯，但又带着信任，因为他们彼此都能直接在对方身上认识自己，而这种运动其实也是一种颠倒，正是在这种颠倒中，他们都认识到对方也在对方中认识到自己"②，换言之，对方的存在其实是一种为我的存在，我的存在也是一种为他的存在。于是，我与他人之间的交往，因爱而结成了一种互利互惠的关系。但是，这一过程在黑格尔看来并不那么简单，因为每一个人在通过对方了解自己的同时，他们也都放弃了原先的自己，放弃了自身的独立性。在此意义上，这是主观精神不满足

---

① Axel Honneth, *The Struggle for Recognition*, p. 36.
② Hegel, *Hegel and the Human Spirit*, p. 107.

于自身的状态，因而期望在另一种状态中寻找自我，去拥有自己的本质，而这需要对此前自我是为己的存在进行否定。"这种自我否定是一个人对另一个人的存在，一个人的直接存在被转化为他人的存在。每个人的自我否定，对每个人来说，都变成了他人对他人的存在。"① 通过自我否定，自我不仅给自己，而且给了他人一个机会，让每一方从自身的角度出发，彼此给予承认。不仅如此，霍耐特认为，"如果个体不承认互动伙伴也是一个特定类型的人，那么他也就不能完全地、无限制地把自己明确为那种类型的人。"② 可见，黑格尔通过爱的承认发展出了一种主体间性互惠的义务关系。

另一方面，黑格尔将爱的承认关系作为一种能够推动主体间性关系现实化的经验基础。对每一个体而言，被爱的经验构成了参与共同体生活的前提条件。霍耐特认为，由爱发展出来的情感为主体提供了一种参与主体间性公共生活的基本自信。如果没有爱的这种情感经验基础，个体无法获得参与公共生活的可能性。同时，这种主体间性一体化的可能性对精神发展出法人意义上的自我意识也具有着特殊的推动效应。而当爱的关系稳定之后，主体之间通过组建婚姻这一制度化关系来增进主体的经验潜能。如同劳动将工具作为扩大主体现实化的中介，夫妻之爱也存在着相应的现实化中介——家产。当然，家产和工具一样，作为主体的物化和外化的表达，是无生命、无情感的，因而是不充分的。所以，黑格尔认为，为了在外部中介中充分地见证夫妻之爱，夫妻之间就需要进一步地相互对象化。这一结果就是子女的降生，这使得夫妻之爱有了一个现实的确证。在黑格尔看来，子女是夫妻之爱的最高体现。"在孩子身上，两个人把他们的爱——他们的自我意识的统一看作是自我意识。"③

---

① Hegel, *Hegel and the Human Spirit*, p. 107.

② Axel Honneth, *The Struggle for Recognition*, p. 37.

③ Hegel, *Hegel and the Human Spirit*, p. 109.

但霍耐特认为，爱的承认关系仍然是一种原始的承认关系，它依然存在着很大的局限性。首先，黑格尔将爱作为伦理的要素，而非伦理本身。那么，对主体而言，被爱的经验固然是参与共同体生活的经验前提，一旦主体进入共同体的一体化生活后，爱的经验就会被更加抽象、也更为合理的团结情感代替。其次，黑格尔将爱描述为一种现实中的理想预期，如果现实没有达到预期，例如，说爱没有以一种真实的方式将内心情感表达出来，那么，就会造成它与伦理共同体相联系的观念将很难达成共识。最后，爱的局限性还表现在，它可以给家庭成员带来基本的自信，却无法在家庭这一有限的互动框架中带来任何具有法人意义的权利意识。因此，家庭领域中的爱注定是一个未完成的经验领域。一旦主观精神走出家庭，就迫使它必须去寻找一种普遍化的交往规范，否则它就无法将自己视为一个具有权利意识的现实个体。

第二，"法律"承认形式。

1. "自然状态"与"生死斗争"的阐发

由于主体在爱的承认关系中还不能将自己视为有权利意识的个体，黑格尔就必须重新考虑主观精神现实化的发展过程。霍耐特认为，为了解决上述问题，黑格尔在这里再次引进了霍布斯的"自然状态"概念，回到《伦理体系》阶段提出的"为承认而斗争"的理论模型中。在霍耐特看来，黑格尔此时的论证显然要比之前更具优越性，因为他将主体的运动完全展现为一种方法论层面的操作，而不再是像此前论证爱的承认关系阶段那样，纯粹根据精神教化内容本身来介绍，而没有按方法论的内在要求而展开。在这里，之所以要重提自然状态，是由于自然状态的假设为黑格尔提供了一种以个人主体为出发点的原始社会状态的描绘，进而可以推进到现实社会的拓展中。尽管黑格尔并不完全赞同霍布斯，在"耶拿实在哲学"的边注中，他写道："自然状态：那里，权利作为绝对的、纯粹的承认，包含了纯粹的人（的概念）。尽管人并不处在（理论的）自然状态之中，但他却会沉浸在（现实的）存在之中，一个处在其自身概念的人类。但是，在自然状态中，他并不（生活）在他的概念中，而是作为一个自然的实体处在他的存在之中。但问题自相矛盾的地方就在于，从他的概念出发来看待一个人就意味着不是从自然状态出发来看待他。"① 可见，黑格尔认为自然状态所存在的矛盾说明了它不能在抽象概念中来推演，而要在作为自然实体的经验趋向中去考虑。那么，处于自然状态中作为自然实体的个人，首先面临的问题就是：个人如何在"所有人对所有人的战争"，即人与人相互竞争的前提下，发展出有关权利义务的观念？按黑格尔的观点，无论是自然法传统，还是霍布斯、康德、费希特等人，权利义务的观念往往是由外而内地灌输进来的，例如，社会契约的达成就是道德公设或是明智的要求，这体现的是理论的必然性，而不是经验形成的结果。那么，从经验的社会生活角度出发，黑格尔认为人们首先是通过现实中的相互承认才能相互共存，正是在相互承认的关系中人与人之间预设了一种最低限度的规范性共识，这就为接下来由社会事实中的承认关系上升到主体间性共有的权利义务关系提供了原始的法律意识形式。因此，黑格尔始终坚持人的权利义务关系都是建立在主体间性的社会交往基础上。霍耐特认为黑格尔在这里将自然状态的理论焦点转向主体间性的交往关系，这就为下一阶段探讨法律承认关系的达成奠定了理论基础。

在霍耐特看来，黑格尔其实不仅仅是从主体间性承认的角度来揭示自然状态下隐蔽的原始法律意识形式，而且还采取了一种不同于前人对自然状态的描述：他不是把抢夺财产而引起的冲突解释为"为自我肯定而斗争"，而是解释为"为承认而斗争"。具体而言，黑格尔的相关论证可以从主动和被动两个不同的视角来观察。首先，从主动的角度来看，掠夺者最初在对他人的财产进行侵占时，只关注如何更多

---

① Hegel, *Hegel and the Human Spirit*, p. 110, foot note 27.

地掠夺和占有财产，这体现的是其自我中心式意识模型的扩张。在其掠夺的过程中，他的对手的反应使掠夺者开始意识到他已不再是那个自我中心的个体，相反，他通过将他的对手排除在对财产的占有之外。在这个意义上，他的对手无形中便成为其掠夺行为中的一个要素，于是，掠夺者也间接地被消解了那种自我中心地看待事物的方式，进而与他人以及他的社会环境产生了关联。

从被动的角度来看，当黑格尔眼中的个体遭遇自己的财产被强占时，他并没有产生霍布斯意义上的那种生存受到威胁的恐惧，而是自己未被对方所承认即被漠视而激起的愤怒。被侵犯者决定通过以牙还牙的方式抢夺或毁坏他人的财产，出现这种行为并不是他想满足自己的欲望，而是想以此来激起他人对自己的关注。换言之，他毁坏财产的目的就是要给自己树立一种自我意识，这不是一种空洞的自我意识，而是在与他人的具体社会关系中重建自我。出现这种情况的一个关键原因就在于，财产已不仅仅是一个物，而是代表了主体的人格，包括了他的荣誉、生命和其他的一切。所以，掠夺者打击的目标已经从财产本身转移到了作为精神的自我身上。在此过程中，双方就构成了一种事实上的不平等形式："一个人（即受辱者）失去了他的存在，另一个人则恢复了他自身的存在，但这种恢复是以牺牲另一个人为代价的，因此这是有条件的：这不是一种直接的、自由的获得。"[1]于是，被掠夺的一方彻底被激怒了，双方就此对立起来。"对作为意识的自我而言，他的意图就表现为必须他人死亡，尽管这也是要他自己死亡——自杀，这是由于他将自己暴露在危险之中。"[2]在霍耐特看来，这种不平等的形式其实进一步转化为这样一种不对成的关系：一方面，主体通过摧毁财产的方式来引起他人的关注，进而在他人的意

---

[1] Hegel, *Hegel and the Human Spirit*, p. 116.

[2] Ibid., p. 117.

识中重建一种强化的自我意识；另一方面，他人在被迫地关注和肯定对方的过程中，感到完全被剥夺了原有的自我认识，因为不仅他自我认识并没有得到主体间性的认同，而且他也缺乏通过承认另一个人来维护其个人意志的可能性。总之，不对称结构的必然后果就是双方卷入一场事关生死的斗争中。

值得注意的是，"生死斗争"在黑格尔的理论体系中始终具有重要的地位。在《精神现象学》中，黑格尔正是在自我意识的形成过程中提出了著名的"主奴辩证法"①，即"承认辩证法"。而这一理论模型显然在"耶拿实在哲学"中已经初具雏形。但是，霍耐特认为这里的"生死斗争"标志着个体意志形成过程中获得特殊经验的阶段。正是经历了这一阶段，主体才会知道要将自己作为一个享有权利的个人。尤其是通过生命有限性（即死亡）的考验，个体意志已经在生死之争中将对方视为纯粹的自我，于是双方都拥有了一种对意志的认识，从而将对方作为享有权利的个人而纳入到上述认识之中。在这里，借助死亡经验，主体能够从本体论角度来理解和认识他人的有限性，进而以此为参照，引出主体间性合法的个体权利意识。但霍耐特并不满意黑格尔将生死之争与主体间性法律关系的出现进行简单的勾连，他在本章中回顾了法国思想家科耶夫（Alexandre Kojève）②与德国学者维尔特（Andreas Wildt）对"生死斗争"的阐释，但他认为这些解释依然无法说明为什么自我或他人的死会导致承认，尤其是如何

---

① 黑格尔的"主奴辩证法"对现代西方影响巨大，并催生了不同版本的解读。据哈贝马斯考证，关于"主奴辩证法"的解读存在三个版本：（1）描述的理性辩证法（卡西勒）；（2）劳动的历史辩证法（卢卡奇）；（3）欲望的辩证法（里特）。此外，科耶夫主要遵循马克思的路径，采取了贬低《法哲学原理》、抬高《精神现象学》的方式，来推崇和强调奴隶地位的"主奴辩证法"。（参见王凤才：《蔑视与反抗——霍耐特承认理论与法兰克福学派批判理论的"政治伦理转向"》，重庆人民出版社2008年版，第24页。）
② 科耶夫（Alexandre Kojève, 1902—1968），俄裔法国哲学家、外交家。

会出现对个体权利的承认追求。霍耐特认为，用生死斗争来阐述向权利意识的过渡根本"没有必要"，因为从个体道德经验的脆弱性出发就能获得解释，而黑格尔将死亡经验作为主体间性法律承认关系的前提条件，完全超出了解释对象的界限。当然，在黑格尔那里，主观精神的任务至此已经完成，个体的发展即将告一段落。精神将从个体的静态模型转向社会生活的动态模型，这就是精神发展的第二个重要阶段——现实精神。

2. 法律承认形式的提出

当精神从主观精神阶段进入到现实精神阶段之后，"精神既不是作为理智，也不是作为意志，而是作为理智的意志"①，也就是说，现实精神是对此前主观精神的两个阶段——理智和意志的双重超越，同时也意味着精神进一步将自身展现为现实化的存在，而现实化的一个重要标志就是获得承认。黑格尔指出："被承认就是直接的现实性。"对主体而言，"必须在这种精神的现实性里，在普遍的承认里产生它自己"②。在这里，黑格尔显然受到了古典政治经济学的影响，将劳动与交换引入直接承认关系的论证中，并将两者作为直接承认关系的两个关键环节。相对家庭，夫妻双方是通过家庭财产来了解自身，而进入社会的个体则是通过财产和交换来获得财产的承认，进而建立对自我的认知。

黑格尔认为，在社会生活的自然状态下，"人在总体上最初是为己的存在，劳动并享受着（劳动的成果）"③。霍耐特借此提出，正是这种劳动和享受并行的双重特征为法律承认形式的普遍化构筑了一种制度化基础。首先，个体通过"欲望"来表达需要为基础的诉求，由此来对其需要的满足产生合法的期待。按黑格尔的观点，"只有在这里，欲望才有权利出现欲望，因为（这里）它是现实的，即欲望本身具有普遍的精神存在"④。其次，欲望转化为现实的过程，同样意味着

---

① Hegel, *Hegel and the Human Spirit*, p. 119.
②③④ Ibid., p. 120.

个体需要通过劳动才能满足欲望。由此，个体可以合法地占有自己的劳动产品，劳动产品于是作为自我意识的直接承认，最终转化为财产。但个体的劳动产品始终是有限的，而劳动在黑格尔那里本来就是"属于所有人的，也是为了所有人的，享受劳动的果实就是所有人的享受"①。于是，个体同样可以通过劳动共同享受他人的劳动产品来更好地满足自身的欲望。正是在共同享受的过程中，个体才意识到自身的存在是现实的，而不是此前某种抽象或不真实的概念。在霍耐特看来，这一环节其实就隐含着个体劳动转化为社会劳动的过程。当个体在享受他人的劳动产品时，就产生了无差别地满足个体需求的社会劳动产品，由此，"主体必须相互承认他们通过劳动生产的财产的合法性，从而成为彼此的财产所有者，以便他们合法财富的适当部分能够交换他们所选择的产品"②。正是在劳动产品的互惠交换中，黑格尔看到了主体之间以相互承认为内核的共识精神。黑格尔借此提出："在交换中，这种被承认的东西变成了客体；我的意志和另一方的意志都是存在的。被承认的直接性（现在）已经瓦解了。自我的意志被呈现为更有效的存在，它不仅是为我的，而且是为他的——它等同于存在本身。"③物品的交换之所以能够实现，是由于交换对象作为自我的外化，同时也成全了他人的意志。在交换过程中，自我与他人达成了一致。借此，个体的意志就上升为一种共同的意志。而交换对象作为中介，就体现了双方在承认对方作为意志是现实的存在。

在共同意志的基础上，黑格尔进而阐述了契约（法律）承认形式。他提出："（a）契约包括确定的特殊意志作为普遍意志；（b）因此，它的内容，即关系的中介物，是一种特殊的东西，一种自我可以

① Hegel, *Hegel and the Human Spirit*, p. 120.
② Axel Honneth, *The Struggle for Recognition*, p. 51.
③ Hegel, *Hegel and the Human Spirit*, p. 124.

从中抽象出来的特殊存在。"① 根据这个概念，在契约中，个体特殊的存在是融合在普遍的意志之中。这就展现了契约的强制效力。契约中的强制要件虽然不涉及人格，而只涉及个体确定性和特殊性中的存在。但在履行契约的时候，自我作为特殊意志就会被普遍意志所否定。唯其如此，特殊意志才能上升为普遍意志。在此基础上，黑格尔指出："法律是活的，是完整而自觉的生命。作为普遍的意志，即一切现实的实质，它是认识自己作为普遍的力量，支配着一切有生命的东西，支配着概念的每一个规定，支配着一切本质的存在。"② 至此，霍耐特认为，黑格尔是以承认作为中介和线索，揭示了主体如何从"自然状态"过渡到主体间性的社会契约关系，进而实现了在对"自然状态"传统批判的基础上，构建新的个体意志（即法人）的经验阶段。

如果说契约的履行展现的是特殊意志与普遍意志的统一，那么契约的违背就是特殊意志与普遍意志的背离与分裂。黑格尔对主体以自我为中心而退出契约关系的行为，提出了采取法律强制手段的对策，通过强制力量来使那些违约的人继续履行社会契约所规定的义务。黑格尔认为，如果主体出现违约，就直接破坏了赋予主体以法人权利的承认前提。因此，法律的惩罚就成为保障社会交往的正常运行以及维护法律承认形式的底线策略。但是，在采取法律强制惩罚的同时，也随之产生了法律与违约者之间的冲突。这种冲突在霍耐特看来，同样会引发法律阶段的为承认而进行的斗争。霍耐特指出，法律的强制运用反过来必然会在违约者身上造成一种被蔑视感。于是，黑格尔就在法律强制与犯罪之间找到了一种动机上的关联。他认为："犯罪的内在（主观）根源是法律的强制力。紧急事件等只是属于动物需要的（外在）原因。但是，犯罪本身是针对这样的人的，而且他知道这

---

① Hegel, *Hegel and the Human Spirit*, p. 126.

② Ibid., p. 145.

一点，因为罪犯是理智的：他的内在正当性是这种强制，他的个人权力意志的恢复，（他的愿望）是有价值的，是得到承认的。……完成的犯罪是一种意志的功能，这种意志知道自己是个人的，是为自己而存在的。"①之所以说犯罪的动力是来自法律强制，是因为违约者感到在法律强制的惩罚中，他自身意志的独特性没有得到承认。不难看出，黑格尔在这里将法律承认关系的正常运行，与保障法律而使用强制手段却引发犯罪的动机联系起来，直接导致其法律承认形式的解释模型存在着许多的内在张力。对此，霍耐特显然不满意于黑格尔对犯罪动机的回答，进而沿着黑格尔的构架提出两种可能的解释路径来阐释犯罪者的内在诉求。具体而言，第一种解释是，法律规范以及契约关系的实施抛开了具体情境，以一种抽象的形式来对违约主体（犯罪者）采取强制措施，这就导致违约主体感到个体意志完全没有得到社会的承认。可见，法律的强制所导致的伤害本质上是一种形式主义的产物；而第二种解释则是从法律规范的内容出发来回溯犯罪的起因。在这里，法律规范以及契约关系的内容根本就没有注意或考虑保障个体权利的可能性。因而不是法律实施上的强制，而是法律内容本身的形式主义导致了个体意志未受到社会的承认。于是个体意志的犯罪行为就会表现为针对法律的挑战，其意图很明显，就是要克服法律形式主义的问题，激发法律规范的变革。虽然黑格尔事实上有多种可能（例如，上述两种解释路径）以犯罪的道德挑衅为中介进行创新，但霍耐特却不无遗憾地发现黑格尔最终的论证却只是选择了"从正式组织到国家组织关系，即从自然法向实在法过渡，对法律进行制度性重构"②，而对那些影响法律承认的因素却始终只字未提。而且对两种解释路径而言，黑格尔既没有指出这两种更为合适地解释犯罪的动机，也没有达到自

---

① Hegel, *Hegel and the Human Spirit*, pp. 130–131.
② Axel Honneth, *The Struggle for Recognition*, p. 55.

己的标准。那么，黑格尔为什么不去深入解答上述问题，并且也不去探索法律关系具体化等问题，霍耐特认为个中原因可能在于法律承认关系的阶段其实是为下文的展开提供一种论证上的铺垫。在此意义上，就容易发现黑格尔原先以市民社会为基础的法律承认开始向以国家和共同体为基础的法律体系进行过渡，从而引出了他那独特的国家观。因此，霍耐特相信，"这一论点可能使黑格尔没有完全忽略这个问题，而是认为这个问题只能在其研究的另一方面得到合适地解决"①。

第三，"团结"的承认形式。

在法律承认关系中，犯罪行为的挑衅其实已经将作为普遍意志的法律再次分裂为特殊意志。因此，黑格尔力图在更高的国家和共同体领域对法律体系进行重构，而这种重构在霍耐特看来是非常重要的，因为它的背后其实隐含了一个全新的"团结"概念。霍耐特认为，团结虽仅仅是黑格尔以"相互直观"（Wechselseitigen Anschauung）概念为基础，在理想的共同体层面对主体间性关系的一种可能的命名，但团结的真正作用则体现在作为"爱"与"法权"前两种承认形式的合题中。他指出："对黑格尔来说，团结就代表了它之前两种承认类型的综合，因为它与'法律'共享的是普遍平等对待的认知观点，而它与'爱情'共享的则是情感依附和关怀。一直到他提出一种关于团结的实体论概念，黑格尔总是把'伦理'理解为一种社会关系，当爱情在法律的认知印象中变成共同体成员之间的普遍团结时，就会出现这种社会关系。由于每一个具有这种立场的人都会在其个体特殊性中承认他人。最高级的相互承认形式也正是在其中获得了实现。"②

提出"团结"的承认形式，本质上是对此前法律领域中现实的自我反思。在黑格尔的《伦理体系》中，主体要求其个体特殊性获得尊

---

① Axel Honneth, *The Struggle for Recognition*, p. 57.
② Ibid., p. 91.

重，但在法律领域中同样没有获得满足。一直到国家所代表的"民族精神"（Volksgeist）出现后，才对主体的要求予以确认。那么，到了"耶拿实在哲学"中，黑格尔的解决思路仍然是类似的做法，即力图在国家（理想共同体）层面来解决犯罪行为所触发的法律强制性伤害。在黑格尔的构想中，精神在经历了"主观精神"和"客观精神"阶段之后，在其结构发展中将把承认关系推进到一个全新的状态。因为在这一阶段，社会成员要结成一个理想共同体，就必须在承认相互独特性的基础上来构建社会生活，这就体现为共同体层面上的社会一体化，即社会风俗或文化习惯。此时，共同体将具有特殊性的自我集合成一个整体，并以单一的权力机关来展现普遍意志，于是就产生了超越法律的国家权威形态。当然，高度的相互承认关系是国家形态产生的基础和前提。

但需要注意的是，当黑格尔进入国家层面的论证后，霍耐特发现他似乎放弃了承认理论化的论证方式。具体而言，一方面，在《实在哲学》中，黑格尔并没有采取社会交往的承认理论来构筑他的伦理理论。在这里，社会成员间的交往关系更多的是指向社会成员与国家统治机构之间的关联。于是，社会生活中的成员及其关系都成为国家的构成要素。霍耐特指出，这就导致国家高高在上，国家与社会成员形成了一种不对等的权威关系。显然，这并不是承认理论所构想的伦理生活，主体与作为精神体现的国家之间不再是特定而严格的相互承认的关系，而是国家普遍意志主导下的权威式文化。另一方面，黑格尔以意识哲学来建构一种实体论的国家模型，他并没有将国家的起源追溯至自然状态下的主体间性冲突，而是直接回溯到了卡里斯玛 ① 型的

---

① 卡里斯玛（Charisma），即魅力型统治，特指社会组织或共同体以领袖的魅力为凝聚的统治方式，它是德国社会学家马克斯·韦伯在《经济与社会》中提出的三种权威统治类型之一，其他两种分别是传统型统治和法理型统治。——作者注

权威统治那里。他认为："通过伟人的崇高力量，所有的国家都建立起来了。……伟人身上有某种东西，别人可以称他为他们的主。……他的意志就是他们的意志。他们直接纯粹的意志是他的，但他们意识到的意志是不同的。伟人有前者（例如，他们的纯粹意志）站在他这边，即使他们不愿意也必须服从。这就是伟人的卓越之处——知道绝对的意志并表达出来——使所有的人都聚集到他的旗帜下，他就是他们的上帝。……这种状态就是单纯的绝对精神。"① 显然，黑格尔在这里是要确立君主立宪制下君主的绝对权威地位，并用来说明精神的绝对意志和绝对力量。在君主的统治下，人们开始从"市民"转变为"公民"。在黑格尔眼中，市民意味着在法律体系下的市场中追求个人的利益，而公民则不是以个体私利为目的，而是以普遍性为目的，来参与国家政治。相对市民而言，公民之所以不再被视为自我意识的个体，是因为他在经历了普遍的教化之后，已经成为彻底服从君主的共同体成员。

对此，霍耐特不无遗憾地指出，黑格尔最后显然没有把国家变成实现主体间性承认的核心领域。因此，承认关系从家庭、市民社会，发展到国家这里就中断了。这是由于黑格尔在意识哲学的构架下，将整个伦理领域视为精神自我反思的现实化场所，导致主体间性的关系并没有成为他的精神哲学关注的焦点命题。因此，"伦理成为一种独白式、自我发展的精神形式，而不再构成具有特殊要求的主体间性形式"②。当然，这并不妨碍黑格尔以意识哲学的方式来把交往世界描绘成一种精神通过外化并回归自身的过程。但霍耐特认为，抛开意识哲学的框架，我们依然能够将黑格尔所隐藏的主体间性承认逻辑贯彻到国家（共同体）这一层面，从而使每一个共同体成员都发展出一种以

---

① Hegel, *Hegel and the Human Spirit*, p. 155.
② Axel Honneth, *The Struggle for Recognition*, p. 61.

团结为基础的承认情感。毫无疑问，这就为霍耐特在后续部分引入米德的心理学对黑格尔承认学说进行规范性重构提供了一条可行的论证思路。

三、黑格尔体系中承认模型的演进

第一，承认理论模型在《精神现象学》中的拓展。

霍耐特认为，在"耶拿实在哲学"中，黑格尔的意识哲学方案取得了压倒性的优势，以至于在精神发展的最后阶段，主体间性关系的探讨也是围绕着精神的自我关系来规划的。遗憾的是，由于缺乏一个伦理的主体间性概念作为前提，黑格尔对"耶拿实在哲学"中法律领域和共同体领域提出的两大难题——"一个是黑格尔自己在解释'犯罪'时提出的'个体意志'的命运，另一个是'真正自由共同体'的未来前景"①仍未获得解决。此后，黑格尔就结束了《伦理体系》、"耶拿实在哲学"共同开辟的"耶拿方案"，开启了新的《精神现象学》的创作。霍耐特曾断言："《精神现象学》中那一崭新的、在方法论上具有优势的概念实际上表明，黑格尔思想发生了彻底的转型。结果就是向他早期的直觉观念回归，而一直都不完善的'为承认而斗争'模型却被堵死了。"②但是，随着后续研究的推进，霍耐特不得不修正自己的看法。在《我们中的我》一书中霍耐特坦承："在对他（黑格尔——本书注）的成熟著作进行了更深入的研究之后，我逐渐意识到了自己的错误。我不再相信黑格尔在发展一元论精神概念的过程中牺牲了他最初的主体间性。相反，黑格尔终其一生都在试图将客观精神，即社会现实，解释为一套层次化的承认关系。"③

于是，霍耐特惊喜地发现，承认的理论模型在《精神现象学》中

---

① Axel Honneth, *The Struggle for Recognition*, p. 62.
② Ibid., p. 63.
③ Axel Honneth, *The I in We*, pp. VII–VIII.

就具有了全新的意义。在《精神现象学》中的"自我意识"章，霍耐特试图重构黑格尔论证线索中的关键环节——从"欲望"向"承认"的转变。他首先通过澄清黑格尔的欲望概念，当然他的主要目的是为了勾勒主体如何从欲望向承认的转变，以此来说明为什么主体间性的相互承认构成了主体获取自我意识的必然前提。在霍耐特看来，黑格尔的欲望是一种肉身性的表达形式。其中，主体通过欲望来确定自身，并将自己确定为有意识的、拥有生命的独特存在。因此，"自我意识只有通过扬弃它的对方（这对方对它被表明是一个独立的生命）才能确信它自己的存在；自我意识就是欲望"①。欲望的满足为自我的确定性提供了一种直接的确证，并伴随其精神活动在其自然本性的运动中获得确证。但是，黑格尔强调欲望阶段始终是不充分阶段。对主体来说，为了完善其自我意识，需要另一个自己来对自身进行否定，"由于对象的独立性，因此只有当对象自己否定了自己时，自我意识才能获得满足；对象必须自己否定自己，因为它潜在地是否定性的东西，并且它必须作为一个否定性的东西为对方而存在"②。

通过上述否定环节，自我意识开始从另一个自己身上学习到了生命的观念，同时最关键的是了解到自己是一种为他的存在，这对"欲望"阶段产生了至关重要的作用。于是，在主体通过道德相互性的经验获得自我意识之后，个体能够将自己理解为一种人类种属中的成员，即"种属中自为的自我"。③由此，霍耐特提出，按这种理解，正是在他人的自我限制中，主体才能真正理解自身作为种属一员的原因，而种属的生存正是通过这种主体间性的相互性来维持的。于是，对成熟时期的黑格尔来说，承认是一种道德上的自我约束行为，如果

---

① 黑格尔：《精神现象学》上卷，贺麟、王玖兴译，商务印书馆 1979 年版，第120 页。
② 同上书，第 121 页。
③ Axel Honneth, *The I in We*, p. 8.

我们要达到自我意识，我们必须能够在他人面前对自己进行自我约束，也就是为了他人来限制自我中心的欲望。这就构成了自我意识运动下承认的核心内涵，这也是区别于黑格尔耶拿早期承认理论模型的地方。

第二，承认理论模型在《法哲学原理》中的延伸。

相对《精神现象学》，霍耐特认为黑格尔在《法哲学原理》的构建中试图回答一个难题，即我们如何认识承认与人类自由之间的内在联系。根据霍耐特的解释，黑格尔的回答可以用来向当代自由主义者表明，只有通过参加个人自我约束的制度化实践，我们才能体验到作为完全自由的意志。因此，黑格尔在《法哲学原理》中比他的早期著作更有力地表达了一个具有开创性的观念，即社会正义将根据相互承认的要求来定义，并且我们必须在历史发展和已经制度化的承认关系中走出自己的起点。① 在此基础上，霍耐特在《自由的权利》中进一步对黑格尔的《法哲学原理》进行规范性重构，力图建构起一种"社会分析的正义论"。他指出，相互承认不仅是我们理解黑格尔自由理念的起点，而且是实现自由的关键所在。在这里，"霍耐特创造性地将'机制'引入自由的实现过程。这是他借鉴帕森斯的'结构功能论'的一种创设，他试图把社会的基本领域都视为一定价值的机制体现，其机制的核心是主体之间的相互承认"②。

霍耐特认为，黑格尔对自由的阐释同样是从家庭、市民社会、国家三个层面来展开。首先，黑格尔是从男女之间的爱情模型出发来证明，道德主体对自由的获得是建立在主体间性的承认机制基础上。在现代爱情构想中，男女双方并不是单纯的欲望，而是由于相互之间的情感依恋而产生的自由。因此，现代浪漫主义的爱情自由不再奉行以

---

① Axel Honneth, *The I in We*, p. VIII.
② 陈良斌：《霍耐特的自由观及其批判》，载《马克思主义与现实》2015 年第 5 期。

互惠性为标志的性爱自由。接下来，黑格尔开始转入市民社会，借用政治经济学的主张来阐释独立的市场经济领域的自由特征。由于市场中的道德主义不再是单一的爱情承认关系，于是，主体之间呈现为复杂的交往关系。但在这种复杂交往过程中，市场在无形之中促成了承认关系机制的运行。因为在市场中，商品不能仅仅作为纯粹保障自我的需要，而要使他人都能感受到需要的满足。这就需要交易双方依靠市场中介来相互承认，因为只有通过主体之间相互依赖的互惠承认，他们才能实现各自的自由目标。所以，人们"将市场理解为一种'在他人那里守在自己身边'的间接形式，这就意味着学会理解这种机制创造了一种为个体扩展自由的全新承认关系"①。除了市场，霍耐特认为黑格尔同样也在共同体层面，借助相互承认的规范化机制来实现自由。因为在一个共同体之中，只有借助主体间性的承认机制，人们才能共同实现各自的目标。在这里，霍耐特指出，承认机制不是单纯的外在想象，而是一种对自由实现的现实化保障，这是由于人们正是通过承认机制来理解主体间性的相互依赖性与互惠性。只有在实现共同目标的过程中，个体才能对他人对自身的互补性有更深的理解，才能学会将自身作为一个具有自我意识的共同体成员。因此，黑格尔认为只有参与到相互承认的社会机制中，个体在共同体中才能真正经历和实现他的自由。至此，霍耐特便"再次使用黑格尔的意图，在当代社会结构的前提条件下构思一种正义论"②，具体表现为，借助承认理论模型重构了《法哲学原理》中自由的理解及其实现机制，同时对应上述三个层面，提出"法定自由—道德自由—社会自由"的自由谱系。在此演进过程中，主体只有通过扬弃法定自由和道德自由，最后进入社会自由的状态中才能达到真正的自由。

---

① Axel Honneth, *Freedom's Right: The Social Foundations of Democratic Life*, trans. Joseph Ganahl, Polity Press, 2014, p. 46.

② Ibid., p. 3.

结　语

从黑格尔的《伦理体系》到"耶拿实在哲学"，霍耐特揭示了一直隐没在黑格尔耶拿早期手稿中的承认理论线索，尤其是在本章中，霍耐特在黑格尔的意识哲学框架下发掘出承认的三种形式（爱、法律与团结）及其三个相应的社会领域（家庭、市民社会与国家/共同体）。结合前一章在自然伦理视域下对社会冲突动机的阐发和"为承认而斗争"模型的构建，这就为他下一步在嫁接米德社会心理学之后，提出自身独特的承认理论构架提供了充分的理论铺垫。霍耐特的理论尝试无疑使他成为20世纪晚期以来黑格尔早期理论重新发掘者中最具影响力的学者之一。尤其是他开创了对贯穿黑格尔哲学体系之承认线索的阐释路径，为学界重新认识和理解黑格尔的实践哲学开拓了一个全新的理论视角，并为法兰克福学派批判理论的"承认理论转向""政治伦理转向"[①] 乃至整个当代西方实践哲学的再度兴起奠定了坚实的基础。本章中霍耐特对"耶拿实在哲学"的解读在篇幅上明显偏重于黑格尔手稿的前两部分，而对最后的"结构"部分较少涉及，例如，对"结构"部分的"阶级""政府"以及"艺术、宗教和科学"所扮演的重要角色避而不谈。毫无疑问，这些问题都是在解读《为承认而斗争》的过程中值得进一步反思与探讨的。

---

① 　王凤才：《承认·正义·伦理——实践哲学语境中的霍耐特政治伦理学》，第30、144 页。

第二篇

体系的再现实化
——社会承认关系结构

在这一篇，霍耐特认为黑格尔原本可以从具有唯物主义色彩的主体间性理论来对霍布斯的自然状态学说进行重新解释，但黑格尔却因建立意识哲学的形而上学体系牺牲了人类生活中主体间性思想，使得依靠自然伦理关系建构起承认理论模型的计划遭遇失败。虽然黑格尔早期的具有唯物主义色彩的承认理论构想没有得以发展，但霍耐特认为这并不能阻碍我们将这一体系再现实化。而要使得黑格尔早期承认体系能够再现实化，就需要解决黑格尔体系内核中所具有的形而上学前提，毕竟这一前提与现在思想的理论条件不再切合。因此如何使得黑格尔早期承认理论摒除形而上学色彩，对其体系的再现实化，成为霍耐特在这一部分所要解决的重要内容。

一、重构青年黑格尔承认学说的必要性

霍耐特在上篇中阐释了，青年黑格尔在耶拿时期著作中构思了一种基于人类互动关系的伦理共同体。黑格尔在亚里士多德意义上，把被描述为人类伦理不同形态的生活交往形式表述为主体之间的承认过程，但他认为这一发展过程并不是偶然发生的，而是以冲突斗争为中介的承认运动，使得社会主体相互辨认，以致个体的总体意识与所有他者的一般意识交织在一起，使得不能够对社会历史中人的交往活动进行有力说明，使得"为承认而斗争"的主题被限制在自我意识形成

条件这个问题上。随着经验科学的逐渐兴起，德国观念论的形而上学色彩被后来的学者加以批判，如费尔巴哈、马克思、克尔凯郭尔等人都是在吸收黑格尔思想的合理内核而试图摆脱其理性观念论。每一个尝试复兴黑格尔哲学思想的学者都需要处理好黑格尔形而上学的色彩与经验科学的关系。哈贝马斯曾指出 [1] 依赖形而上学真理这种 19 世纪的表演方式已经过时，在现代社会所达到的系统分化功能高度复杂的境况下，需要把握行为主体与周边可操作的客体世界之间的关系，从参与者的日常视角来重构理性。这就是霍耐特提到的后形而上学 [2] 的方法：探究黑格尔伦理学说如何从自身普遍实在化的精神本体论前提下解放出来，才能赋予黑格尔道德哲学以社会规范意义。

二、L. 希普和 A. 维尔特对青年黑格尔承认概念的重构

在霍耐特重构黑格尔"为承认而斗争"模型之前，有两位学者也试图在后形而上学的框架中对黑格尔的"为承认而斗争"结构进行重新阐释。

L. 希普（Ludwig Siep）从规范的制度理论对黑格尔承认思想进行重构。在希普看来，黑格尔的承认原则存在着不对称性。希普发现黑格尔承认原则试图实现人与人之间互惠的关系，在涉及国家与个人关系时就并不再反映彼此互惠的关系。"这不是个人与共同体间的完全互惠，国家制度最终成为普遍性的首要地位，国家成为个人行为的最高目的。"[3] 这种不再表现互惠关系的承认原则不是在黑格尔的现象学或逻辑学中发现，而是基于黑格尔作为目的论过程中的承认理解过

---

① 哈贝马斯：《现代性的哲学话语》，曹卫东译，译林出版社 2011 年，第68 页。

② 霍耐特：《伦理的规范性——黑格尔学说作为康德伦理学的替代选择》，王凤才译，载《学习与探索》2014 年第 9 期。

③ Siep, *Anerkennung als Prinzip der praktischen philosophie*, Freiburg/Munchen, 1974, p. 23.

程。目的论包含着较低形式的承认被更高一层的形式所概括与决定，与原本的互惠原则相冲突，因此希普认为需要对黑格尔目的论意义上的承认原则进行重构。希普相信，承认的终极目的并不是在于国家，而是取决于人们如何理解对国家普遍性认可或如何达成统一目的的过程，我们可以充分利用完整性承认的标准，来设计出一种社会制度的"规范来源"，即要想获得个体对共同体的承认，就需要形成一套评价制度的规范标准。

维尔特则从哲学心理意义上重建青年黑格尔承认学说的道德目标。维尔特 [①] 比较感兴趣的是"质的自我认同的规范条件"。同一性是本质阶段对立双方间最简单、尚未展开的关系，采取反思的形式。为了更好地说明主体间性的实践特征，就需要考虑主体间性相互承认的具体阶段。维尔特重建的立足点在于"非法律形式的道德"，即人与人之间的承认关系如恩惠、关怀和友谊不是以法律关系为基础的，这些具有自我反思性的态度构成质的同一性发展的必要条件。维尔特侧重于从哲学心理学分析青年黑格尔承认学说，因此他将黑格尔"为承认而斗争"主张理解为个体在进入社会进程中道德心理动机与周边环境之间的冲突。

三、霍耐特重构青年黑格尔承认学说要解决的问题与任务

霍耐特同希普、维尔特一样，都注重黑格尔伦理体系中的实践形式；但霍耐特认为希普将黑格尔承认学说与人类社会化联系起来，但据此就推导出关于评价制度的规范标准，在理论上比较难成立。而霍耐特则想以承认关系的规范前提为参照点，从历史—经验层面来阐释社会的变革过程，他的这一重建所面临的压力要比希普大得多。另外维尔特侧重于从哲学心理动机去阐发黑格尔的承认，将斗争理解为心

[①]　Wildt, *Autonomie und Anerkennung*, Stuttgart, 1982, p. 173.

理的内在冲突，反而忽视了黑格尔社会哲学方面，而霍耐特要从社会冲突的层面去论述斗争的社会意义。因此霍耐特对黑格尔思想的重构不同于希普的规范理论意图，也不同于维尔特的广泛意义上的道德概念，他要从具有规范内涵的社会理论来重构黑格尔的承认思想。这就需要解决三个任务：

第一，以社会心理学来重构黑格尔主体间性的形而上学传统。黑格尔认为实践自我主体的确立来自主体间性的相互承认，但黑格尔的承认关系依然是形而上学的建构，是将个体承认过程固化为单个理智间的教化过程，并没有把主体间性关系视为是现实世界中的经验事件。要重新利用黑格尔承认学说来探索规范的社会理论，仅仅依靠黑格尔自身体系还远远不够，这就为霍耐特改造黑格尔思想提出一个要求：根据经验的社会心理学来重构黑格尔的主体间性命题。

第二，以主体自主程度的差异来排序不同形式的承认关系。霍耐特认为从主体间性理论前提出发，必然会存在着不同形式的相互承认。黑格尔《伦理体系》和《实在哲学》都描述了在"爱""权利""伦理"三个阶段，存在着三种承认关系。黑格尔认为对不同的承认形式进行系统区分是有必要的，因为可以借助区分，将伦理形成过程描述为主体间性关系的发展阶段。但黑格尔的区分仍然是立足于"概念下的精神"谈论个体意志问题，是对经验现实关系的抽象。在霍耐特看来，重构黑格尔哲学需要一种关于承认形式经验现象学，能够在必要时候对黑格尔理论模型进行修正。

第三，如何理解承认形式中的主体间性冲突模型。黑格尔所描述的爱、权利和伦理语境中的三种承认形式都遵循着以道德冲突为中介的教化逻辑。在霍耐特看来，主体认同的过程中以及向共同体整合的阶段中，主体先验上介入主体间性冲突，其结果是承认了之前在交往中没有被肯定的自主权。这样，黑格尔关于承认理论命题中就有了仍然在草稿中的两个强论断：第一，完整性的自我发展是以一系列的相互承认为前提；第二，主体有了被蔑视的经验而产生了没有被承认的意识，才投入到"为承认而斗争"中。这两个假设都服务于承认理论的目的论框架，使个体身份的发生学过程在理性的推动下，直接进入社会结构中，因此还受到形而上学传统预设的束缚。

因此，霍耐特指出，在当前情况下重新利用黑格尔理论模型，就需要剥离这些具有高度思辨性、高度复杂性的断言中蕴含的形而上学特征。要想应对这种挑战，就需要对这些固化的理论预设进行检验与追问：（1）黑格尔基于绝对精神发展的承认阶段是否在经验社会中就是这样表现。（2）道德冲突的主体相互承认形式，是否在现实社会中反映对应的社会蔑视体验。（3）是否有历史的、社会学的证据表明，这些社会蔑视形式实际上就是社会冲突的原始动机。要解决上面的问题，就需要从社会冲突的道德逻辑进行说明。鉴于黑格尔将社会斗争经验都归到理性观念论理论的视野中，我们需要沿着本书第一部分的线索，即黑格尔将人与人冲突根源从自我保护动机追溯到道德冲动，才能在社会历史现实中充分阐释社会斗争的经验。

在《为承认而斗争》第二篇，霍耐特试图回答前两个问题；第三个问题将在《为承认而斗争》第三篇结合着社会哲学的相关内容来解决。霍耐特认为，要在后形而上学的语境中，重建黑格尔思想，需要借助米德社会心理学。因为米德的理论能够将黑格尔的主体间性理论转化为后形而上学的语言。在接下来的第四章，霍耐特将利用米德社会心理学重构黑格尔的主体间性理论，在历史或社会学等经验科学领域探究主体蔑视的原初动机。

第四章
承认与社会化
——米德黑格尔观念的自然主义转型

在这一章中，霍耐特从米德社会心理学的维度，为黑格尔承认学说寻找到一个切入点，并试图通过米德对自我与社会关系的探究，来重构黑格尔承认学说。可以说，米德社会心理学从社会性角度阐发的主体间性承认关系为黑格尔观念论的承认理论提供了一种唯物主义的解释。霍耐特利用米德社会心理学对黑格尔进行重建，从内容上体现在米德从认识论角度合理阐释自我意识的形成，并进一步对社会化自我作"主我—客我"的区分，然后从自我实现的角度论述个体独特性如何得以在共同体中得到承认，这代表着一种对黑格尔伦理思想的后习俗回答。在研究方法上，米德社会学的经验研究可以更好地与批判理论中的规范研究相结合，为其承认理论的伦理构想奠定基本方法论特征。在本章中，霍耐特大量引用米德关于自我实践同一性的相关论述，表明自我的形成是通过社会他人之间的互动承认而得以确认，米德相互承认的构思能够为黑格尔的形式伦理提供一些补充，但依然存在不足。那么如何看待米德承认关系的不足以及如何理解霍耐特对米德思想的改造，成为本章的重点与难点。

一、运用米德社会心理学重构青年黑格尔承认学说的可能性

米德①的社会心理学的特点是从经验自然主义的角度论述心灵与自我的社会生成过程以及个体与社会的辩证互动。在霍耐特看来，米德社会心理学中也包含着人类主体认同来自主体间性的承认经验，能够为在后形而上学的框架中重构黑格尔主体间性理论提供有效手段。

在米德之前的社会心理学领域内，没有人完善地解释过心灵及自我如何从行为中产生，人们只是把心灵自我的实存作为社会过程发生的先决条件，而且未能对心灵及自我的机制作出分析②。米德反对那种认为个体自我生来就具有实体性灵魂的观念，他认为经验心理学能够帮助我们进一步地了解人类的认识能力。米德致力于探究个体自我发展以及他的自我意识在其经验范围内的发展，用非思辨的方法来解决德国观念论的难题，科学地阐释人类的主体性。

1. 功能主义方法论的启示

为了解决这些难题，米德一开始借助实用主义思想说明人的主观经验如何形成，但实用主义的工具行为理论主要是从行为者角度出发来进行解释，只阐释了主体心理意识的冲动。米德认为工具行为的解释并没有合理阐释受到困扰时的主体对其行为的反思，这就需要功能主义原则③来加以补充。米德开始将有关环境的达尔文主义机体论④

---

① 米德（George Herbert Mead, 1863—1931），美国实用主义哲学家、社会心理学家。
② 米德：《心灵、自我与社会》，赵月瑟译，上海译文出版社 1992 年，序言第 3 页。
③ 功能主义心理学认为有机体的发展进程是对环境的一种顺应，主体各种复杂心理条件的生长和发展，与环境的社会和物理现象相联系，因而，它强调外界与心理相互作用存在因果关系，外部事件存在着刺激输入和行为输出的关系，外部的行为事件要求主体的主观意识时刻反思他们的反应行为。
④ 环境的达尔文主义机体论是指达尔文主义在环境中的应用，强调的是生物对外界环境的反应与适应的过程，这里米德将环境的达尔文主义机体论拓展到社会领域，意在结合功能主义的学说，阐明人的行为在受到外界环境刺激时，不仅有应对外界刺激做出的反应，也有对反应的反思意识。

拓展到社会领域中。参与行为事件中的所有参与者在危机时刻都在反思自己的反应行为。一个人对天气情况的反应不会对天气有什么影响，主体的行为方式真正有意义的地方在于，不是在于对天气反应的习惯，而是意识到下雨的迹象或好天气的迹象。天气的好坏是人们在日常生活经验到的而总结出来的共性。人们通过科学规律得到的陈述术语来陈述这个世界，使得这些普遍性经验得以出现的条件与个体所经历的经验发生相互联系，个体自然而然地通过本能反应来陈述其行为举止，因为他可以根据他所了解的某些情境，将这种陈述系统表述出来。这就意味着有意义的社会行为使主体能够意识到自己的态度有助于控制他者的行为。

2. 认知意义上的"主我—客我"的社会心理学区分

在米德看来，功能主义原则提供了一个方法论框架，即主体间性交往活动发生摩擦时，可以从心理学分析主体性意识的发生机制。这就需要解决一个问题……例如，挥舞拳头向对方示威，可能会对其他生物产生防卫或逃走的刺激，但也使得我们自己产生了一种关于紧握拳头的进行攻击的想法。因此，米德指出心理学中主体性意识行为并不仅仅是一种主观行为，而是具有一种指向客观对象刺激的行为。这样米德从个体交往理论中探讨了人类意识的产生过程，当自我是通过反思他人身上的反应时，才意识到自我认同。

据此，米德在认知层面将自我区分为作为宾格的"客我（me/Mich）"和作为主格的"主我（I/Ich）"。"客我"反映了社会个体从他人的态度和视角出发观察和评价自己的自我。"主我"是正在进行社会互动的主体，是社会个体的自发性、创造性活动及自由感的源泉。在个体与他人互动活动中，"主我"不仅先于自我意识而存在，而且也会根据"客我"形成的行为反应发生联系。"主我"与"客我"的关系类似于对话之间的关系。

这样，米德就揭示出人类自我意识的主体间性概念：社会个体无论在其参与社会互动过程的当时还是以后，他都无法直接观察作为当时实际活动主体而存在的"主我"；只有在以经验为基础而进行的回忆中，个体才能观察和反思这个主体——不过，个体这时观察和反思的，已经是变成"客我"的主体了。"主我"只有以"客我"的形式并且根据客我，才能出现在个体的自我意识之中并得到相应的评价和调节。米德揭示了自我意识的发展依赖于第二人称存在的心理机制。这就从自然主义角度为黑格尔承认学说提供佐证：如果没有使互动伙伴作出反应的经验，个人就不能借助他人的反映来理解自我认识。在霍耐特看来，米德同黑格尔一样，以经验科学方式，颠倒了自我与社会世界的关系，但将认识他人（社会意识）先于自我意识的发展。

3. 推动"主我—客我"的道德实践转向

霍耐特指出，耶拿时期黑格尔更看重主体如何在规范意义上将个体理解为一种实践的肯定形式，因此黑格尔在"为承认而斗争"中关心的是实践的自我关系的主体间性条件，认识的自我关系并非是一种必要而充分的条件。相互承认关系需要从道德实践中阐明社会个体的完整意义。在霍耐特看来，米德理论在阐明主体间性自我意识发展之后，也趋向于研究人的实践自我关系。为了更好阐释"主我—客我"在个体发展的理论区别，就需要探讨二者在社会规范意义上的差异。

然而，当个体将道德规范方面纳入交往互动关系的规则中，就面临着社会心理学的新问题：如果个体对行为的认识陈述与互动伙伴的反应有关，那么个体不仅需要认识这种行为，而且还要应付他人在受到行为刺激时对主体行为规范的期待。米德用儿童学习道德判断形式为例，指出儿童只有根据父母对自己行为作出的反应，才能对自己的行为作出道德判断。这样在他人眼中的"客我"就不能代表认识论上的中立机制，而是体现为主体间性解决冲突的道德机制。例如，球赛中球员因为其他球员要求而知道自己该怎样行为，这就是他当下意识中存在的主我，他也包含着其他人的态度，这一有组织的态度构成他作为"主我"对之作出反应的"客我"。这就使得"客我"从个人特有的认识自我形象转型为实践自我形象。互动双方具有了道德规范视角，并将道德价值关系运用在实践的自我关系中。米德使认知意义的"主我—客我"关系转向道德实践关系，并在道德实践关系中引出承认问题。

二、米德社会心理学中的承认问题

米德从道德实践角度来探究"主我"是如何根据"客我"作出符合"客我"期待的反应，这就意味着"客我"的规范意义须进一步扩大化，成为一种社会化的规范。

第一，在"普遍化的他人"视角中凸显法律意义上的承认关系。

1. "普遍化的他人"

米德通过阐释个人自我是如何通过个体社会化的互动实践来解释人的认同的形成。在《心灵、社会与自我》中米德以儿童活动的两个阶段，初步描述了个体在其社会环境影响下的社会化过程。

米德认为儿童社会化过程包含着玩（Play）和游戏（game）两个阶段①。在承担玩耍角色阶段（role-taking play），儿童通过仿照伙伴的行为来与自己交流，目的是自己能够在相互依存的关系中作出相应的反应；第二阶段是具有竞争性的游戏阶段，儿童需要遵守游戏中的各种严格规则，协调游戏中各种角色才能完成，蕴含着对游戏伙伴行为的期待。儿童在参加游戏的行为语境中确立自己的角色，而成为社会的有机成员。

从玩耍到游戏活动行为的变化中，儿童需要根据游戏规则和情景作出反应，儿童意识中凸显了米德所谓的"普遍化的他人"（the generalized other）。这一概念包含两层范围大小不同，却密切相连的

---

① 米德：《心灵、自我与社会》，第 169 页。

维度："狭隘是指儿童进行游戏活动所涉及的游戏队伍之所有个人的有组织的态度；在经过一定发展时期的更高层次上，它是指儿童和成年社会个体参与社会互动所涉及的整个社会共同体乃至整个社会系统之有组织的观点和态度。"① 从玩耍到游戏，儿童从单纯的主观内心对话，向更加客观地考虑和对待他人以及社会转变，这使得个体意识向社会意识转化，运用具象思考向抽象思考转化。

米德认为"普遍化的他人"具有一种行为导向的规则能力。"社会化的本质过程包含着行为规范的内在化，而这些内在于社会的行为规范又普遍地形成全体社会成员的行为期待。"② 当个体学会适应"普遍化的他人"的社会行为规范成为共同体的一员，主体间性"承认"概念才凸显出来。这里蕴含着社会合作语境中的相互承认关系：个体自我只有通过社会及其中不断进行的互动过程才能产生和存在，反映个体所处的社会世界结构，个体只有将规范内化于其中，才能意识到自己是社会合作中的一员。在这一语境中，米德与黑格尔观点类似，从"普遍化的他人"的角度来认识个体，这时的自我是法权意义上的自我理解。个体不仅意识到他们在调节共同体合作关系中遵守社会规范时，要承担的社会成员的义务，同时也意识到在承担义务时能够合法地要求自身被尊重的权利。米德以财产权为例，指出个体在共同体中财产权得到承认，来自个体对所在共同体规范的维护，即采取跟共同体其他成员一致的态度尊重彼此的财产权。这就使得个体感受到"他作为共同体一员所具有的尊严。这是个体对他作为这个共同体的一员具有的价值观作出情绪性反应的源泉。"③

2. 个体在共同体中被承认的权利构成实践自我认同

米德在分析个体财产权时提到，个体通过被承认权利而成为共

① 米德：《心灵、自我与社会》，第 41 页。
② Axel Honneth, *The Struggle for Recognition*, p. 78.
③ 米德：《心灵、自我与社会》，第 220 页。

同体的一员，进而感受到了尊严，这意味着个体在主体间性相互承认的关系中确认主体认同的社会价值。这里，霍耐特认为米德使用"尊严"不是偶然，而是精心命名的个体自我价值意识的一般概念，用"自尊"表达了主体在被承认为共同体一员情景作用的积极态度。

在霍耐特看来，米德从社会心理学角度重建的实践的自我认同，形成了青年黑格尔承认学说的翻版。虽然米德并没有提到黑格尔描述"爱"的相互承认关系。但米德的"普遍化的他人"是对黑格尔"法权"阶段形成的承认关系的一种深化。在黑格尔那里，法律阶段的主体的相互承认关系，是通过彼此签订契约约束自己的行为，使个体意志上升为共同体意志，这就类似于米德所理解的主体间性承认的社会规范。一旦互动伙伴都采取"普遍化的他人"的规范立场，共同体的每个人都互相认识到各自所要承担的义务，个人意识到共同体的每个人都有义务尊重主体的权利，就能够赋予主体以承担道德责任的动力。

然而，主体与其他社会成员都具有共同承担共同体义务的能力，但个体还不能将自己与他人交往中使自身的独特性得以肯定，法律承认形式依然是不完善的，需要向更好的承认形式发展。那么这种承认运动的内在动力又是什么呢？

第二，个体社会化过程中的内在动力。

黑格尔从主观精神的"意志"阐释自我意识发展的动力，而米德则通过剖析"自我"的创造性潜能为承认运动注入了心理力量，使得这一内在动力能够得以理解。米德要探究的是当主体与日益不断扩大的社会化圈子交往时，这个过程中"主我"内部发生了怎样的变化。道德主体意识发生过程，既有来自共同体规范对社会成员的行为控制，也有主体自身在面对社会义务时作出创造性偏离的反应事实。

1. 法权意义上的"主我"冲动

米德强调个体不仅是公民，也是共同体的一员，需要对共同体作出反应的人，"客我"包含着个体控制自己行为来符合社会期待的社会规范。"主我"则表现为对社会挑战作出随意反应的一切内在冲动的集合。但米德的"主我"概念依然比较模糊，并不能说明是来自人的本能性冲动抑或是创造性想象，还是个人自我的道德感。

霍耐特认为主体的"主我"冲动是一种内在本能，促使主体对"客我"这一共同规范不断反思。这样必然会形成主体与社会环境之间的道德张力。为了使得自身需求能够实现，个体原则上需要得到社会其他成员的认可，毕竟集体中形成的内部规范控制着个体行为。"客我"的存在，使得"主我"为新的社会承认形式而进行斗争。米德最初从个体内部需求来阐明这些道德冲突结构，进而指出个体要满足这些需求就需要延伸到对自己权利的诉求。但霍耐特指出米德从内部需求到个体权利外延的区分，并不能明确解释个体同一性构成的阶段或维度。因此霍耐特将米德的"主我"区分为两个方面：（a）个体自主是否能够得到贯彻，涉及法律自由问题；（b）个体能够自我实现，涉及自我实现问题。

在米德那里，仅仅考虑了第一种个体自主的事实。他认为主体行为冲动会受到严格的社会规范约束。个体坚持自己权利的特殊性，能够通过一种理想化的实践形式来化解个体与社会规范的道德冲突。毕竟个体自主意义上的"主我"冲动实际是对现存共同体的社会规范的一种质疑。这种质疑诉求一种未来社会的"普遍化的他人"的规范。在这个意义上，个体为了追求自己更大的行为自由实践目标，提出了要扩大现存共同体中个体法律承认关系。主体在不断捍卫自身需求时，促使着现存的共同体对主体间性已形成的社会规范进行调整，这也保证了主体在既定的承认关系下有更多的自由权利。在米德看来，正是由于社会生活过程中所包含的理想化规范的道德偏离运动，构成了社会发展过程。

2."主我"持久冲动与社会变革的联系

米德将多种多样的道德偏差归纳为一个单一的历史动力，将"主我"持久冲动与社会生活过程之间找到了一种系统的联系，从而为黑格尔"为承认而斗争"提供了社会心理学基础。这种联系意味着，每个时代随着承认关系的不断扩大，个体期望逐渐积累成具有规范性需求的体系，迫使社会整体发展也要适应个体化进步的过程。就算在已经实现社会变革之后，主体可以通过期待一个更大的共同体来捍卫"主我"的要求，保证个人自主性的不断增长，社会文明化的过程体现在"个体性解放"的趋势中。

因此霍耐特指出，米德和黑格尔都是从法律范围能提供个体的自由程度，来理解法律意义上的承认过程，两者都认为，引起社会变革的动力是主体为扩大自身权利范围而不断进行的斗争，个体性的历史解放存在于为承认而斗争的长期进程中。不同于黑格尔观念论的解释，米德阐释了"为承认而斗争"的基本动机是来自"主我"冲动。因为主体在"主我"不断冲动下需要对"普遍化的他人"所体现的社会规范进行反思与审视，并不断突破。因此在米德社会心理学中，主体基于自身心理意义诉求，而不断扩大法律承认关系，并推动社会共同体的不断发展的实践过程，也称之为"为承认而斗争"。

米德以超凡魅力型的个体，影响扩大社会环境中"普遍化的他人"所形成的社会规范为例，展现了个体为承认扩大的权利要求而进行的斗争。米德列举了历史上宗教人物的影响，指出这些人物通过他们在共同体所具有的成员身份，扩大了共同体本身所可能具有的规模。这些杰出人物的个体观念极大地拓展了共同体的社会环境，也使得其他成员形成新秩序的认同。"耶稣以一种诸如道德语言（parables）中的邻居陈述那样的陈述，以家庭为依据而使共同体的观念一般化了。而这样一来，即使不属于这个共同体的人，也可以针对它而采取这种一般化的家庭态度，而且，他使那些如此与他形成联系的人，都变成了他所从属的这个共同体、这种世界性宗教共同体的成员。"①

但霍耐特认为，米德将两个不同的扩大过程与法律意义上的承认关系联系起来。一方面，从个体内部意义上，共同体的扩大是以社会成员的个体自由度提高来衡量的；另一方面，以前面耶稣的这个例子，说明共同体的扩大也意味着将共同体中所形成的"一般化"规范扩展到与此相联系的成员中，从社会意义上，共同体是在扩大的，因为通过赋予更多权利，而整合越来越多的成员。这样，米德就没有具体区分出社会规范的普遍化与个体自由的扩大化。这使得米德有关社会法律意义上形成的承认理论，并不具有很强的适用范围。

第三，自我实现意义上的承认关系。

在霍耐特看来，早期黑格尔同米德的不同之处，在于黑格尔不仅研究了法律关系以前的承认阶段——爱的阶段，并从法律关系中进一步区分出"团结"的承认形式，并在这个阶段肯定了主体的个体特殊性。米德社会心理学中也有跟黑格尔的类似地方，即试图从个体自我实现角度来理解"主我"的本能是如何被整合在共同体之中。霍耐特指出，虽然米德并没有明确从自我实现这个方面来分析主体认同实践过程的某个阶段，但米德已经似乎肯定：只有主体作为共同体成员获得承认，才能突出自身的独特性。

这样从内在冲动能否得以满足，来阐释"主我"的要求，已经不再是与法律承认关系有关的阶段了，而是自己作为共同体一员获得承认的自我实现的阶段。法律关系中的个体对"普遍化的他人"的道德期待来理解自身，只能是将自己视为同其他社会成员具有同样道德责任主体的特征。而自我实现中的"客我"则要求个人将自身理解为独一无二不可取代的个体。在这个意义上，米德阐释了伦理意义上的主

---

① 米德:《心灵、自我与社会》，第 240 页。

体认同，即从共同体的价值理念出发来看主体如何理解自身独特性所具有的社会意义。

1. 运用功能性分工模型考察共同体中个体的特殊性

米德认为个体自我实现依赖于评价性的"客我"。为了使"客我"能够提供这样伦理性的支持，每个个体都需要学会充分概括所有互动伙伴的价值信念，以形成普遍性的集体目标。只有在社会共同体所共有的价值范围内，个人才能把自己理解为一个与众不同的人，正是由于个体对社会生活作出独特贡献，才能区别于其他社会成员。

霍耐特认为如果米德朝着这个方向研究下去，就会遇到黑格尔试图用伦理概念来解决社会哲学的难题。米德指出，黑格尔伦理阶段的承认关系是为了回答以下问题：如果主体的特殊性没有在主体间性所确立的共同的社会价值中得到承认，那么个体要如何满足自身主体的期待①。米德对此的回答是仅从社会分工模型下探讨个体独特性的确认，并没有系统地解释"独特性"是如何出现的。

米德将自我实现与有益于社会的工作联系起来。在社会分工的背景下，个体能够履行"好"职责所获得的承认程度，能够帮助他发展独特性。共同体的再生产依赖于个体发挥自身的职责，他就能够得到充分的自我尊重。个体确认自己选择的生活方式要来自社会承认时，依赖于"普遍化的他人"的伦理目标，而这个伦理目标体现在社会共同体中的分工功能规则。在社会分工领域中，主体可以降低"普遍化的他人"的集体价值对个人自我实现所设定的限度。因为主体知道自

---

① 霍耐特试图利用米德的关于个体自我实现意义上的社会心理学维度进一步解释黑格尔伦理意义的相互承认关系，旨在形成一种不同于目前学术界流行的观点，即黑格尔是借助浪漫主义观点来阐发自己的伦理概念。在查尔斯·拉莫尔的《道德的复杂性形式》中就指出黑格尔无法脱离浪漫主义的影响，认为国家作为普遍道德的体现是个体完整生活形式的最后归宿，但这是具有浪漫主义解释国家与社会观点的表现主义。（Charles E. Larmore, *Patterns of Moral Complexity*, Cambridge University Press, 1987, pp. 93-107.）

己认真履行工作任务，就能够形成个体独特性。这样主体就摆脱了任何自我实现的标准化模型，例如，在传统社会中是以荣誉概念制约着自我实现模型。霍耐特认为这样米德思想体现了一种对黑格尔伦理思想的后习俗回答，即从功能性分工中可以进一步阐明相互承认的伦理关系中，主体不仅可以通过道德的共性中确认自己，也可以从个体特殊性中得以确认。

2. 运用功能性分工模型阐释共同体伦理中承认关系所面临的问题

霍耐特认为米德从劳动分工中解释自我实现的主体认同，依然会遇到一些不可避免的问题。社会成员能够较为成功地完成劳动分工体系中所规定的个体使命，并确立自身的独特性。然而我们却并不能以此说明共同体的伦理目标具有独立性，因为美好生活的共同构想也体现在对个体劳动价值的确定。换言之，什么是有用的劳动，总是打上了共同体的价值观，所以劳动分工体系并非是价值中立的系统，个体对共同体的特殊贡献并不能得到客观的反映。

米德关于个体独特性的确认来自社会共同体成员对其所作出的贡献的相互承认，有其合理性之处。但米德将后习俗社会的伦理目标与功能性分工的客观要求等同起来，并不能合理解释如何规定一个"普遍化的他人"的伦理信念。我们看到，一方面，伦理信念具有较强的正当性，能够实质地使每个人通过对社会生活的贡献而意识到自身独特性，另一方面，伦理信念又要足够规范，不会限制个人自我实现的范围。后习俗社会和高度个体化的社会能够为道德文化提供再生产的条件，同时也能够为伦理价值与目标作出规范限制。主体间性关于美好生活的必要构想，尽管可能成为个体的一种道德习惯，但只能用来解释为共同体所有成员提供有权选择自己的生活方式。因此米德忽略的是，以"普遍化的他人"形成的"共同善"，将每个个体置于同一位置来理解自身对共同体的价值，并无须限制他们自主的自我实现。通过民主化的伦理生活方式，使得具有平等权利的主体能够以自己的方式为共同体同一性的再生产①作出贡献，在相互承认中确认自身的独特性。因此米德从功能性分工模型并不能解释现代社会的伦理整合问题。因为对功能不同的工作评价本身就取决于共同体的整体目标，这样就不能保证制度的价值中立。

　　尽管米德具有客观主义还原论的思想，但他的理论依然能够为克服前面第一部分黑格尔承认模型的失败提供一种合理解释。米德和黑格尔都意识到"为承认而斗争"都朝着个体特殊性如何被确定的最高阶段发展。米德为这种承认形式引进了功能性分工，而黑格尔早期则注重发现团结关系的概念。"团结"是黑格尔概念在理想的共同体层面以"相互直观"的内涵对一种可能的主体间性关系的命名。但在黑格尔那里，"团结"真正的作用则体现为前两种承认形式——"爱"与"法权"——的合题，是最高级的承认形式。

　　同米德的方案相比，我们可以看到，黑格尔的伦理并不能解释个体为什么基于"团结"承认形式就能感受到相互尊重。如果不能像米德以客观劳动分工思想去探究共同的目标与价值取向时，"团结"概念就缺乏一种经验性的动机解释。霍耐特指出，为了能够更好地解释个体是如何基于"团结"建立起与生活方式相联系的承认形式，就需要从生存意义上分析所有个体共同面临一些危险时所受到的刺激。这些危险反过来又构成了我们关于什么是美好生活共同体的共同想法。这是自由主义与社群主义争论的焦点②。在《为承认而斗争》第九章中，

①　泰勒在《黑格尔与现代社会》一书中提到，现代社会团结的重要依据是人的生产者身份，即将人界定为能够改造社会符合自身目的，并从事与时俱进的改造行为的存有者。人之所以要确认自己，是倾向于将社会视为共同努力的事业。霍耐特也是从这个意义上认定，共同体成员只有为共同体的整体价值目标作出贡献，才能在相互承认关系中确定个体独特性。

②　自由主义认为个体的"善"服从于正义原则，社会规范体现按正义原则建构的合理的社会制度；社群主义则从共同体的"善"是共同体成员所共同追求的目标出发，强调道德共同体的价值高于道德个体的价值。

霍耐特将尝试结合康德与黑格尔的思想来阐发一种形式伦理构想。

三、米德社会心理学对霍耐特的影响

在霍耐特看来，米德从对心理学认识论的分析出发，探究了个体自我发展与社会关系，形成了社会心理学视域下的主体间性模型，这对霍耐特剥离黑格尔绝对精神内核有着重要的影响，主要体现在：

第一，从研究方法看，体现出米德的规范研究与经验研究相结合的特质。

米德社会心理学将自我意识的问题从内省反思的模型转向实践的自我决定模型，形成"实践的主体间性理论"，"以意义理解的语言沟通结构为基础说明人类的理性人格与人类社会的合理化建制如何能从个人的社会化与社会整合过程中产生"[1]，这开启了一条重新思考意识哲学的思路。而霍耐特继承了批判理论一贯的规范传统，同时希望更深入地将经验研究与规范研究结合起来，即"想以更加社会学的方式抓住交往理性的轮廓，寻求把它们作为相互承认的原则直接植入社会再生产中"[2]。米德社会心理学所蕴含的经验与规范的结合，与霍耐特的想法不谋而合。

第二，从内容上看，发掘米德社会心理学为重构黑格尔承认学说奠定基础。

1. 以经验科学方式合理地解释自我与社会世界的关系

米德社会心理学与黑格尔承认学说都是基于主体间性概念来探讨自我认同的社会发生机制，即个性化是如何从一个个体发展直至他能够确信自己被越来越大的交流圈接纳承认的过程。主体的独特性来自

---

[1] 林远泽：《姿态、符号与角色互动——论米德社会心理学的沟通行为理论重构》，载《哲学分析》2017 年第 1 期。

[2] 霍耐特：《承认的哲学：一种社会批判——阿克塞尔·霍耐特访谈》，胡云峰译，载《世界哲学》2012 年第 5 期。

于他人的肯定。二者一致同意的命题是，社会生活再生产是在承认命题下实现的，并且个体发生史与社会承认关系拓展的前提相联系。

米德从认知层面区分了个体意识形成中的"主我—客我"关系，并认为自我意识的形成依赖于其他视角审视主体的行为，这种从第二人称的视角理解的个体同一性与黑格尔关于自我意识形成的思路具有相似性，这使得霍耐特充分利用米德的经验科学方式来解释黑格尔纯粹思辨的精神活动成为可能。

2. 米德关于实践认同的重构是青年黑格尔承认学说的翻版

米德考察了"主我—客我"关系的形成机制以后，进一步探究二者在道德实践规范中的关系，从而引出承认问题。这就为黑格尔承认学说进行自然主义转向提供了有效工具。就承认形式而言，米德并未讨论个体承认形式中"爱"的阶段，但从个体社会化进程中探讨法律阶段、伦理阶段中的实践个体认同的承认关系，却是从社会心理学角度对青年黑格尔承认学说的阐发。法律阶段，米德从"普遍化的他人"角度理解个体，是对黑格尔法权意义上自我理解的一种深化。从法律阶段到伦理阶段，探究主体的动力，又以"主我"的能动性和创造性来克服黑格尔意识哲学的抽象思辨性，使"主我"的持久冲动与社会生活变化形成一种系统联系。因为主体在"主我"不断冲动下需要对"普遍化的他人"体现的社会规范进行反思与审视，并不断突破。因此在米德那里，主体基于自身心理意义诉求，而不断扩大法律承认关系，并推动社会共同体不断发展的实践过程，也称之为"为承认而斗争"。

霍耐特又进一步将米德的"主我"区分为两个方面，进而从自我实现角度去发掘米德的承认思想。在霍耐特看来，米德关于自我实现的理解主要是从主体如何以互动伙伴的承认关系为基础，确定自身能力和特性。米德认为自我实现中的"客我"是要求个人将自身理解为独一无二不可取代的个体。在这个意义上，个体自身独特性来自对共同体价值理念的认可。米德从个体功能性分工角度论述了个体实现自己职责与社会共同体的伦理目标的关系，这就为黑格尔思想提供了一种后习俗伦理解释：相互承认的伦理关系中，主体不仅可以通过道德的共性中确认自己，也可以从个体特殊性中得以确认。

在霍耐特看来，米德的功能性分工的解释，能够从经验行为补充黑格尔伦理阶段中"团结"的承认关系，但还需解释个体是如何基于"团结"建立起与生活方式相联系的承认形式。米德从功能性分工解释个体特殊性，并不能使共同体的伦理价值目标具有价值中立，因此霍耐特将在后面部分补充个体在社会生活中所可能遇到的蔑视体验，而这种经验又会构成对共同体幸福生活的依赖。

结　语

在上一篇中，霍耐特区分了社会冲突的两种模型，试图从"为自己保护而斗争"走向"为承认而斗争"。霍耐特选择了米德社会心理学来重构黑格尔承认学说，试图克服黑格尔意识哲学的缺陷。而利用米德社会心理学存在以下几个问题：（1）米德区分"主我"与"客我"主要是为了强调社会规范对个体自我意识的刺激作用，但米德是从动物的互动中推演到人与人之间的交流反应，以经验主义的刺激—反应机制来说明预测人的行为。但自我具有的反思性不足以能够观察得到，因而来自共同体的承认可以促使个体形成自尊的自我意识，这样的推断不免具有经验叙述的粗糙性。（2）霍耐特过高估计了米德社会心理学对黑格尔承认学说的重构作用，米德的理论其主要目的是为了探讨人类如何能从抽象的自我迈向社会性的自我，因此米德更多探讨的是个体行为只有在他作为社会群体行为的意义上才能被理解、被承认，可以说霍耐特正是抓住了这一层含义才重视米德的理论，但就其承认形式来说，米德自身理论更多侧重法权的相互承认，较少涉及相互承认爱的阶段，只是轻描淡写地提到"爱的意识""友谊之手""团结""独特性承认"等。而霍耐特为了能够更好地提炼米德的承认思想与黑格尔的承认形式相对应，就难免会对米德理论作出过度引申，存在自我矛盾之处，例如，一方面认为米德没有考虑法权外的相互承认形式，另一方面又认为米德著作中是存在情感关怀。法律承认、团结认同，对黑格尔法权阶段是理论补充。（3）米德社会心理学是否是霍耐特重构黑格尔的必选手段。霍耐特利用米德社会心理学想要解决黑格尔的思辨性，但承认理论的思辨特征并没有因米德社会心理学重构而消失，相反还造成一些承认结构理解上的混乱。

虽然米德社会心理学是对黑格尔承认学说进行经验自然主义改造的手段，在霍耐特那里这个手段也并非是不可替代。霍耐特在2002年的《承认的理由》一文中，还提出最近几年里"用其他的人类学构想代替米德的主我概念"①。这也就意味着如果当初霍耐特不选择米德社会心理学，那么他完全可以选择其他理论来改造黑格尔承认学说；不过，一旦他选择了米德，米德社会心理学就对霍耐特承认理论产生了虽是间接的，但却很重要的影响。正是借助米德社会心理学，才实现了对黑格尔承认学说的重构。

---

① 转引自王凤才：《"为承认而斗争"：霍耐特对黑格尔承认学说的重构》，载《马克思主义与现实》2010年第3期。

第五章
主体间性承认形式
——爱、法权、团结

在本章中，霍耐特正面阐发了三种主体间性承认形式，并表明在承认关系结构问题上，他力图解决的三个问题：（1）相互承认关系三分法的经验依据在哪里？（2）相互承认关系的不同形式是否就是人的实践自我关系的不同阶段？（3）在历史发展过程中产生"为承认而斗争"动力的社会体验是什么？由于只有先阐发三种主体间性承认形式的经验依据，才能再进一步区分社会蔑视形式①，因此在本章，霍耐特重点对前两个问题进行回答：将社会生活划分为三个互动领域具有相当程度的可靠性，即社会整合形式划分是根据情感纽带、法律授权、共同的价值取向来实现的；爱、法权、团结这三种主体间性承认形式，分别对应自信、自尊、自豪三种实践自我关系，即自信存在于爱的体验之中，自尊存在于法律承认体验之中，自豪存在于团结体验之中。霍耐特强调，这两个问题是黑格尔、米德承认学说中固有的，但却没有在经验层面得到阐发。因此，霍耐特试图通过对三种主体间

---

① 社会蔑视形式这个问题在黑格尔和米德那里都没有得到确定。换句话说，无论黑格尔，还是米德，都没有对社会蔑视形式进行系统考察，更谈不上将蔑视体验视为社会反抗的道德动机，这部分内容将放到第六章进行阐述。

性承认形式的阐释，进一步寻找承认关系三分法 ① 的经验依据。

一、爱 / 情感关怀

第一，为什么说爱是承认关系的第一个阶段？在这个问题上，霍耐特和黑格尔有什么不同？

不论黑格尔还是霍耐特，都是在中性意义上使用"爱"（Liebe）这个词，因此，这里的"爱"不同于狭义意义上的男女之间具有性别含义的关系，而是被理解为一种"本源关系"，特别指以友谊关系、父母子女关系和情侣之间的爱欲关系模型所呈现的少数人之间的强烈情感依恋关系。② 在"耶拿实在哲学"中，像在《伦理体系》中一样，"爱"被黑格尔理解为相互承认关系。不过，在《伦理体系》中，爱被当作社会相互作用力，而在"耶拿实在哲学"中，这个规定要比从前主体间性学说的解释更加清楚：欲望着的主体正是在被爱的体验中，才第一次能够被理解为渴望情欲的主体。社会化理论观点认为：主体认同的形成必然与主体间性承认体验联系在一起。黑格尔的思想

① 我们根据霍耐特的论述可以看出，承认关系问题至少应该包括既相互联系又有所区别的三个方面：一是承认领域；二是承认形式；三是承认原则。在《为承认而斗争》中，霍耐特本人并不是很明确：往往是将三者混用，而且直接借用黑格尔的爱、法权、团结三分法。到《再分配或承认？》中，霍耐特才对之进行了详细区分：承认领域（爱、法权、成就）；承认形式（情感关怀、法律承认、社会尊重）；承认原则（需要原则、平等原则、贡献原则）。在这里，他甚至谈到文化承认作为第四种承认形式的可能性。因而，根据霍耐特最新描述模型，承认关系应该是：以爱与关怀（需要原则）为主导观念的私密关系；以平等的权利义务（平等原则）为规范的法律关系；以个人成就（贡献原则）为社会等级规范标准的社会尊重关系。不过，为了尊重霍耐特原来的用法，文中我们还是用"爱、法权、团结"来描述三种承认形式，当然是在情感关怀、法律承认、社会尊重的含义上使用的。（参见王凤才：《承认·正义·伦理——实践哲学语境中的霍耐特政治伦理学》，第126—127 页。）

② Axel Honneth, *The Struggle for Recognition: The Moral Grammar of Social Conflicts*, p. 95.

历程已经超越了这个观点，在他那里，个体主体认同的形成，原则上与其他主体某种方式的承认联系在一起。与工具行为相比，个体之间关系的优势在于：它开辟了主体相互交往的可能性，并把交往伙伴体验为由自己承认的个人。在爱的承认关系中，黑格尔并不感兴趣于承认关系向主体提出的内在相互要求，而是首先关心自我意识形成过程中归属于法权人格的特殊功能，这样，在他那里，爱就有两种表达方式：（1）爱是伦理的基本要素而非伦理本身。这意味着：对每一个主体来说，被爱的体验必须以参与共同体的公共生活为前提。只有情感本能被承认，主体才能够拥有平等参与政治意志形成的自信。（2）爱只能被描述为现实性的理想预期。这意味着：爱是一种原始体验关系，在此，人能够获得相互对立主体的统一。如果被爱的感受没有以某种方式从内心表达出来，那么与伦理共同体概念相联系的观念就根本无法形成。正如霍耐特指出的："在黑格尔看来，由于在爱中主体彼此确认其需要的具体特征，并且作为有需要的存在而互相承认，所以，爱代表了互相承认的第一个阶段。"①

黑格尔没有特别解释伦理共同体的整合形式如何才能足够清楚地与男女之间的情感关系划清界限，霍耐特对此作了进一步的阐发。在霍耐特看来，就承认关系而言，爱就意味着相遇的主体必须以某种方式承认交往伙伴：如果我不以某种方式承认我的交往伙伴是一个人，那么他也不会以同样方式把我承认为一个人。因为我否定了他的个性与能力，但实际上，我只有通过他才能被承认。② 可见，关于爱的看法，霍耐特与黑格尔并没有什么本质不同，当然也存在一定的差异：黑格尔的"爱"主要包括性爱关系和亲情关系，在霍耐特那里，除了

---

① Axel Honneth, *The Struggle for Recognition: The Moral Grammar of Social Conflicts*, p. 95.
② 王凤才：《承认·正义·伦理——实践哲学语境中的霍耐特政治伦理学》，第110 页。

性爱关系和亲情关系之外，爱还包括友谊关系，甚至包括同情关系。不仅如此，在爱的问题上，霍耐特的创造性还在于：一是运用心理分析的对象关系理论对爱的问题佐以经验论证；二是详细阐发了爱与道德的关系。①

霍耐特特别强调了黑格尔对爱的表述，即"在他人中他的自我存在"（being oneself in another/Seinselbstsein in einen Fremden）②，因为正是这一表述为在具体科学研究语境中谈论爱的关系提供了指引，也正是根据对这句话的理解（在独立与依存之间保持艰难的平衡），霍耐特才转向对对象关系理论的讨论，之后的全部讨论也是围绕这种理解而展开。

第二，什么是心理分析的对象关系理论？

心理分析的对象关系理论（theory of object-relations）范围极广，路径众多。在广义意义上，甚至可以说心理分析本身本质上就是一种对象关系理论，因为一定程度上，当前所有的心理分析理论处理的都是早期对象关系对无意识冲突之起源、心理结构之发展的影响，以及对过去致病性的内在化对象关系在移情发展中的再现的影响。在狭义意义上，对象关系理论往往被限定到所谓的英国学派，克莱因③、费尔贝恩④、温尼科特⑤是其主要代表。各种对象关系理论在很多重大主题上都有所分歧，最重要的分歧主要体现在这种理论被认为在多

① 王凤才：《承认·正义·伦理——实践哲学语境中的霍耐特政治伦理学》，第127—128页。
② Axel Honneth, *The Struggle for Recognition*, p. 96.
③ 梅拉妮·克莱因（Melanie Klein, 1882—1960），德裔英籍心理分析学家，儿童心理分析研究先驱。
④ 罗纳德·费尔贝恩（Ronald Fairbairn, 1889—1964），英国心理学家，心理分析学派主要代表人物。
⑤ 唐纳德·温尼科特（Donald Woods Winnicott, 1896—1971），英国儿科医生、心理分析学家。

大程度上与弗洛伊德 ① 的传统驱力理论和谐或对立，也就是说，对象关系是被视为人类行为之动机系统的补充性驱力还是替代性驱力。②抛开各种具体路径之间的分歧，总的来说，作为心理分析的一个分支，对象关系理论强调的是"心理动力的无意识"（psychodynamic unconscious）的关系性和主体间性特征。"心理动力的无意识"相关于驱力、希望、幻想、情感以及人们没有意识到的观念，这些观念从早期儿童时代以前就形塑着他们的行为。此外，对象关系理论因其关注点在对象上而不是驱力本身而与以安娜·弗洛伊德 ③、哈特曼 ④、埃里克森 ⑤ 为代表的自我心理学形成反差。对对象的关注意味着对象关系理论将更多的注意力放在了心理的主体间性结构上，早期的亲子关系及其对儿童的内部世界和后来的成人关系的影响得到较为充分的研究和揭示。⑥

根据霍耐特的论述，黑格尔关于爱的分析与心理分析的"对象关系理论"是一致的，对象关系理论的研究传统，特别适合于把爱理解为以相互承认的特殊形式奠定基础的互动关系。霍耐特要做的，正是运用心理分析的对象关系理论对爱的问题佐以经验论证。在霍耐特看来，心理分析的对象关系理论产生于对有关儿童心理发展之正统观念所遭受挑战的回应。伴随有关儿童本能的生活发展方式的正

① 西格蒙德·弗洛伊德（Sigmund Freud, 1856—1939），奥地利精神病医师、心理学家、心理分析学派创始人。

② Otto F. Kernberg, *Contemporary Controversies in Psychoanalytic Theory, Techniques, and Their Appli*, Yale University Press, 2004, pp. 26-27.

③ 安娜·弗洛伊德（Anna Freud, 1895—1982），奥地利心理学家，西格蒙德·弗洛伊德的女儿，运用心理分析方法研究儿童发展的先驱之一。

④ 海因兹·哈特曼（Heinz Hartmann, 1894—1970），德国心理分析学家，被誉为"自我心理学之父"。

⑤ 埃里克森（Eric Homburger Erikson, 1902—1994），美国精神病学家，发展心理学家，心理分析学家。

⑥ Dylan Evans, *An introductory dictionary of Lacanian psychoanalysis*, Taylor & Francis e-Library, 2006, p. 127.

统观念遭受质疑，心理分析开始集中探讨人类行为的人际内涵，而心理分析的对象关系理论无疑是其中的典型代表，这种理论以关系病态心理的治疗分析为基础，得出了可能导致在情感上依赖他人的条件。① 霍耐特指出，与正统观念相反，心理分析的概念框架沿着社会互动的不同维度而展开，在这些社会互动维度上，儿童通过与他人建立情感关系，学会自视为独立的主体。心理疾病成因的发现也进一步支持了这一理论结论。人们发现，越来越多的病人受到心理疾病的困扰，但这些心理疾病又不能归结为自我与本我之间的内心冲突，只能归结为儿童依恋过程中人际关系的错乱。② 简言之，作为对正统理论遭遇挑战的一种理论回应，心理分析的对象关系理论通过在力比多冲动之上补充了与他人的情感关系，并把这种关系作为走向成熟过程的第二个构成要素，进而系统地考虑到了对儿童早期互动经验的心理学洞察。但是，使心理分析的对象关系理论特别适合于承认关系现象学意图的，却不是这种解释的心理分析框架的主体间性理论的扩展，而只是因为，它使成功的情感依恋依赖于共生状态和自我肯定之间的平衡能力，这是在早期儿童时代所获得的，正是在此特殊意义上，这种心理分析的对象关系理论才能够令人信服地把爱描述为承认的一种特殊形式。通往这一核心观点的道路是英国心理分析学家温尼科特所开辟的，在其中，青年黑格尔的直觉认识也在令人惊奇的程度上得到了确认。在温尼科特之后，本雅明③也利用他的学说作出了最初的努力，从心理分析的角度把爱的关系解释为相互承认的过程。④

---

① Axel Honneth, *The Struggle for Recognition: The Moral Grammar of Social Conflicts*, p. 96.
② Ibid., p. 97.
③ 杰茜卡·本杰明（Jessica Benjamin, 1946—　）美国女性主义心理分析学家。
④ Axel Honneth, *The Struggle for Recognition: The Moral Grammar of Social Conflicts*, pp. 97-98.

第三，霍耐特如何根据温尼科特的自我心理学，将爱重构为特殊的承认形式？

根据霍耐特的分析，温尼科特在治疗心理行为紊乱的情境中，从一个主张心理分析的儿科大夫的角度，致力于理解早期儿童社会化"足够好"（good-enough）的条件。与心理分析正统观念的方法相比，温尼科特的研究方法更适合黑格尔和米德所建构的理论框架。

在温尼科特看来，儿童的成长过程是一个只能通过母子之间的主体间性互动来集体完成的使命。由于两个主体最初都包含在未分化的共生一体状态中，因此，他们在一定意义上必须互相学习如何把自己作为独立的"实体"（entities）区分出来。也就是说，温尼科特用来刻画个体成熟发展过程的诸种概念，不仅是对单一参与者即儿童心理状态的描述，也是对母子之间关系不同状态的把握。通过"绝对依赖"和"相对依赖"这两个概念，温尼科特勾勒了母子之间不同的互动阶段。依照霍耐特的论述，温尼科特首先引入"绝对依赖"范畴以规定儿童出生之后马上就开始的母子之间的共生一体关系，并且只有其中的一方获得新的独立性时，他们才能结束这一阶段。伴随母亲的"逐步解除适应"以及与之相对应的婴儿在智力上的发展，孩子第一次经验到母亲是在他们全能控制之外的世界上的某种存在，同时也开始意识到自己的依赖性。由于对母亲的依赖性进入了孩子的视野，以致他逐渐学会将个人冲动指向母亲的关怀，由此，婴儿离开了"绝对依赖"阶段，进入温尼科特称之为"相对依赖"的新的互动阶段，它涵盖了儿童形成依恋关系之能力发展的一切决定性步骤。此外，温尼科特还对这些步骤进行了深入而具有启发意义的分析，这些分析描绘了母子关系中"在他人身上的自我存在"的出现，这代表着更加成熟的爱的模型。①

---

① Axel Honneth, *The Struggle for Recognition*, pp. 98-100.

在孩子方面，只要母亲再次获得独立，儿童也必须开始逐渐地"承认'对象'是具有其自身权利的实体"①。温尼科特以儿童的两种心理应对机制来揭示儿童如何在情感上顺利度过新的经验阶段，第一种心理机制是"摧毁"，第二种心理机制则通过"过渡现象"的概念予以呈现。②霍耐特对温尼科特第一种心理机制的阐发，意在引进黑格尔"为承认而斗争"的理论，并把它作为一个有启发性的解释模型；至于"过渡现象"的概念，霍耐特则把它理解为温尼科特根据承认理论解释爱的直接延伸。借这一概念，霍耐特阐明游戏互动这种应对机制越能正常发展，儿童就能越早地养成平衡独立性与共生性的能力。③

在这里，霍耐特感兴趣的是，之所以能够把爱当作特殊的承认关系来加以重构，正是因为温尼科特断定了独立存在的能力依赖于儿童对母亲持续关怀的信赖。当主体认识到自己为一个独立的个人所爱、而那个人也感受到爱时，他就可能发展出一种自我关系。④在霍耐特看来，温尼科特显然正在接近这一观念：即人与人之间任何一种强大的情感维系，都敞开了一种可能性，就像婴儿依赖于母亲的情感关怀，人们也能不顾忌其特殊境况，以轻松自由的方式实现与他们自己的联系。这个观点可以理解为通过成功的母子关系辨识出一种互动模型，这种互动模型以成人生活中的成熟再现，表明他们与他人之间成功的情感维系。霍耐特指出，正因如此，我们在方法论上就可以从早期儿童走向成熟的过程中得出结论，认为正是交往结构使爱成为一种特殊的相互承认关系。⑤

接下来，霍耐特沿着温尼科特的思路，进一步论证：这种交往结

---

① ② Axel Honneth, *The Struggle for Recognition*, p. 100.

③ Ibid., pp. 102–103.

④ Ibid., pp. 103–104.

⑤ Ibid., pp. 104–105.

构悬置在两种经验之间，一边是能够独立存在的经验，另一边是被融合的经验。独立存在的能力构成主体间性张力中与主体相关的一极，与它对立的一极是消融界限融入他人的能力。消融界限，主体自我经验到彼此之间的协调，这种行为取决于情感维系的类型，可能采取各种各样的形式，但是，在每一种情况下，融合过程仅仅是从一种对立的经验中获得其特有的可能性条件，这种经验就是遭遇到那个不断重建他的界限的他人，而且只有当融合的渴望在某种程度上遭到挫败，以至于不得不承认他人是独立的个人，它才能变为一种爱的情感。换句话说，只有被打破的共生状态才能在两个人之间形成一种确立界限和消融界限的积极平衡关系。在这个意义上，在爱之中所发现的，正是被黑格尔描述为"在他人身上的自我存在"的承认形式。这里的"自我相关性"与共生状态就代表了互相要求的平衡力量，它们共同作用，促使一个寓于另一个之中。①

第四，杰茜卡·J. 本杰明以对象关系为基础的经验研究，如何有助于爱的关系分析？

霍耐特认为，杰茜卡·本杰明的心理分析为温尼科特的某些带有思辨性质的结论提供了经验支持。据霍耐特的论述，本杰明在她的心理分析理论中研究了爱的关系的病态学失调问题。为了以母子成功分离过程为基础，得出对成年人之间成功的情感纽带最为本质的互动结构，她也利用了对象关系理论。但是，在这种联系中最让她关注的，是造成爱的关系出现失调的动力，在临床医学上称之为"受虐狂"和"虐待狂"。在病理学上，悬置在主体间性的充满张力的拱形（kommunikative Spannungsbogen）的互相对称性被如下事实摧毁：参与主体之一既不能从自我中心状态，也不能从共生依赖状态中独立出来。一个互动伙伴在共生状态中的依赖性，最终恰好是另一个互动伙

---

① Axel Honneth, *The Struggle for Recognition*, p. 105.

伴具有进攻意味的全能幻想的补充。这种承认之平衡关系的扭曲无疑可以归因于心理紊乱，其原因在于母子分离过程的失败。杰茜卡·本杰明的这一判断能够得到如奥托·克恩贝格 ① 对"爱的病理"进行心理分析时所提供的治疗成果的支撑。②

当然，在此令人感兴趣的不是这类起源上的推论细节，而是这样一个事实：即这里研究的基本对象是可以用互相承认范畴加以评价的关系失调。如果说，我们实际上可以从某些紧张平衡状态失败的对称性观念中得出一个标准，来判别情感维系中的失调，那么，这反过来也恰恰证明按承认理论所构想的爱的概念具有经验意义上的适用性。③

霍耐特总结道，从治疗学角度看，在承认平衡结构发生片面化的意义上重新解释关系病理学的临床案例，证实了这样一种观念，即爱的关系完美地描述了一种被承认所打破的共生状态。而且，由于这种承认关系为主体互相获得基本自信的那种自我关系提供了根据，所以，它不论在逻辑上还是在发生学上都优先于相互承认的其他任何形式。主体间性爱的经验有助于产生情感信赖的基本层面，这种情感信赖的基本层面不仅在需要与情感的经验中，而且在这种经验的表达中，构成了自尊态度进一步发展的心理学的前提条件。④

第五，为什么说"爱"优于其他两种承认形式？

霍耐特指出，因为爱的承认关系具有双重过程的特征，他人得到自由的同时，也在情感上维系于爱的主体。因此，说承认是爱的构成要素时，不仅意味着对他人的独立性予以认知意义上的接受，更是意

---

① 奥托·克恩贝格（Otto F. Kernberg, 1928— ）美国心理分析学家，对象关系理论最具影响力的提倡者。
② Axel Honneth, *The Struggle for Recognition*, pp. 105-106.
③ Ibid., p. 106.
④ Ibid., pp. 106-107.

味着肯定这种独立性是由关怀所引导和支持。因为只有在情感上信赖共同关怀的连续性，才能使向独立性的过渡成为现实，也就是说，在爱的关系中，这种承认体验必须是相互的。由此，在朋友之间、情侣之间、父母子女之间，一切爱的关系都假设了不受个体控制的好感和吸引。由于对他人的积极情感是一种不由自主的行为，爱的关系在超越基本的社会关系领域时，就不能随意转移到更多的互动伙伴身上。根据霍耐特的分析，尽管这意味着爱永远有一种"道德特殊主义"（moral particularism）的要素，但黑格尔仍然正确地指出，一切伦理生活的结构内核都存在于爱中：仅仅是通过相互渴望划界而凸显出来的由共生所滋养的纽带，才产生了自主地参与公共生活所必需的基本的个体自信。① 也正是在这个意义上，可以说"爱"优先于其他两种承认形式。

二、法权 / 法律承认

第一，在法律承认关系结构问题上，霍耐特与米德的异同何在？

根据霍耐特的论述，黑格尔在晚年再次清晰揭示了承认关系与一个人之为法人（享有权利同时承担义务的主体）之间的关联，正是这种关联使黑格尔和米德都把法律关系理解为一种相互承认形式。不过，在法律承认的关系结构上，米德和霍耐特又有所区别。黑格尔的法律承认形式往往指涉现代法律关系的特殊结构，对黑格尔而言，重要的是证明个体的人格自主归因于体现在实证法中的特殊模型的相互承认。相反，米德的"普遍化的他人"概念最初只是感兴趣于法律承认的逻辑本身。②

在米德社会心理学中，法律承认概念首先仅仅是指自我和他人

---

① Axel Honneth, *The Struggle for Recognition*, p. 107.

② Ibid., p. 108.

之所以相互尊重对方为法律主体，是因为自我和他人都意识到在共同体中正当分配权利和义务的社会规范。但在霍耐特看来，这一极其温和的法律秩序概念非常适合于揭示传统社会法律承认的一般特征。也就是说，只要个体的合法要求还没有与后习俗的道德普遍主义原则融为一体，那么这些个体的合法要求原则上就只不过是一些权能，这些权能是根据他作为具体共同体成员的地位才分配给他的。由于米德"普遍化的他人"的概念首先涉及这种合作的权利与义务的基本体系，所以，他只给予了法律承认以有限的规范意义。也就是说，单个主体在主体间性获得承认，仅仅因为他是基于劳动分工而社会性地、集体性地组织起来的合法成员。这样一来，尽管这种传统的法律承认形式为人的"尊严"提供了社会保护，但是，这种尊严仍然与主体的社会角色完全融为一体。但问题是，传统社会中主体的社会角色恰恰是在权利和义务普遍不平等分配的背景中所获得的，因此，这样的定义尚未能够使社会法律秩序从伦理传统的自明权威中分离出来。①

根据霍耐特的观点，黑格尔对社会法律秩序的定义不同于米德。对黑格尔而言，只有使得社会法律秩序能够从伦理传统的自明权威中分离出来，并重新依靠一种普遍主义的论证原则，他的法人定义才适用于社会法律秩序，而这一要求也是伴随从传统社会向现代社会的转变所出现的。随着向现代性的过渡，已在哲学和政治理论中发展起来的后习俗的基本原则渗透到了已确立起来的法律中，并面临着为其正当性进行辩护的压力，这些压力与就存在争议的规范达成理性共识的观念联系在一起。由此，法律体系可以被理解为全体社会成员普遍利益的表达，按它的内在要求，不允许有任何的例外与特权。因为在这样的联系中，只有当互动伙伴在原则上已经作为自由和

---

① Axel Honneth, *The Struggle for Recognition*, pp. 108-109.

平等的存在者就规范达成一致，才有可能期待对方具有一种服从法律规范的自觉意志。如此，一种新的、更加严格的互惠形式就进入了基于法律承认的关系之中：在法律遵守上，法律主体彼此承认能够对道德规范作出合理决断的自主的个人。就是说，只要依赖于普遍主义道德概念的前提，黑格尔借以得出法人定义的结构就只能采取法律承认形式。①

按霍耐特分析，黑格尔和米德之间的这种区别引出了有关法律承认在现代法律关系条件下获得的结构特征的两个问题：（1）彰显公民共同体全部成员个体自主之相同品质的承认形式的必要结构是什么？（2）在现代法律关系条件下，主体互相承认他们具有道德责任能力意味着什么？② 接下来，霍耐特运用经验的概念分析来回答这两个问题。霍耐特根据的是这样一种经验事实，即个体享有的权利与个体具体的角色期待无关。随着向现代性的过渡，个体权利与具体的角色期待分离开来，因为个体权利在原则上必须归属于作为自由存在者的每一个人类个体。如果这种描述正确的话，这就已经给出了法律承认之新特征的间接标志。我们可以明确认为，对受传统约束的法律关系，承认某个人是一个法人，在某种程度上仍然是在根据他们的社会地位而赋予他们社会尊重。共同体的习俗伦理构成了一种规范性的境域，个体的多种权利与义务在这一境域之中仍然联系着社会合作体系中价值各有不同的使命。所以，法律承认仍然是按每一个作为角色承担者的主体所享有的尊重而被等级化，这种关系只是在使法律关系服从于后习俗道德要求的历史过程中才渐渐被打破。就这一点而言，把某人作为一个法人来承认，就逐渐与赋予某人的社会尊重充分地分离，并由此出现了两种不同的尊重形式，只有将它们分别对待，才能对它们

① Axel Honneth, *The Struggle for Recognition*, pp. 109–110.
② Ibid., p. 110.

发挥作用的方式进行分析。霍耐特指出，自康德和席勒以来，人们一直在讨论尊重他人或重视他人的观念，而上述主题就反复出现在这些讨论中。在这些讨论中，一个突出的倾向就是：随着法律承认从社会尊重中分离，在"尊重"的两种语义之间首次出现明确的划界。在"法权"关系中，我们关心"尊重"概念的第一种用法，即法律承认，"尊重"的第二种语义即社会尊重，则对解释"价值共同体"中的承认形式具有重要意义。①

第二，法律承认与社会尊重的关系是怎样的？

根据霍耐特的论述，大约 19 世纪末，耶林 ② 对"尊重"概念作出了进一步区分。在《法律的目的》第 2 卷中，耶林揭示了可能有助于社会"伦理"整合的各种不同行为之间在范畴、概念上的关联。在他看来，这些行为模型在原始意义上由相互承认和相互尊重的表达而构成，因此，必须系统地区分社会尊重的不同类型，而这取决于对"什么原因使得另一个人受到尊重"之类问题作出的回答。耶林对此作出两种基本的划分，一种他称之为法律承认，另一种他称之为"社会尊重"。法律承认这一概念表述为：必须把每一个人类主体看作是"在其自身的目的"，而"社会尊重"这一概念则是在可能以社会相关标准来衡量个体的范围内强调个体的"价值"。霍耐特指出，如果借用康德的表述方式，法律承认所处理的是对"个人意志自由"的普遍尊重，"社会尊重"所处理的则是对个体成就的承认，其价值依据是社会对他们重要程度的判定。因此，法律承认即在法律上把一个人当作人来承认，它内在地排除了对等级、阶层等其他任何标准的认可；"社会尊重"由于蕴含着对个体特性与能力的重视，因而至少隐约地借助了据以判定个体重要与否或重要性程度如何的其他标准尺度。在

---

① Axel Honneth, *The Struggle for Recognition*, pp. 110–111.
② 鲁道夫·冯·耶林（Rudolph von Jhering, 1818—1892），德国法学家，新功利主义法学派创始人。

霍耐特看来，耶林的如上观察仍然囿于现存的框架之内，没有回答如何精确地规定法律承认的具体结构这一问题。霍耐特认为近来的分析哲学家更清楚地区分了不同形式的主体间性的尊重，而这种努力无疑有助于对这一问题的回答。①

按霍耐特的论述，我们能够承认人们的个体人格，而不必尊重他们的成就或特性，这种理论论证在耶林的研究与当代讨论之间架起了一座彼此沟通的桥梁。我们必须通过运用如下标准来区别尊重的两种形式，即它们是预设了评价等级还是恰恰取消了评价等级？对尊重的两种形式进行如此区分的信念也同样引导着达沃尔②。达沃尔一开始就把对个体人格的敬重追溯到一种"承认尊重"，在他看来，"承认尊重"形式中原始地包含着对如下事实的认识上的承认，即个人面对的他人是拥有个人特性的存在者。就此而言，"承认尊重"形式中原始地包含着对他人认知意义上的承认，在这种认知意义上，普遍化的尊重永远保留着某种在语义学上呈现在"承认"一词中的"被某人认识"的含义。但只有当情境解释辅以对限制的实践认知时，即个体在实践方面懂得限制自己针对他人人格的行为时，个体对他人在认识方面的尊重就会转变成康德意义上的"道德尊重"：要把每一个人都当作个人来承认，就意味着所有的人都必须以一种在道德上受人的特征所强制的方式来行为。尽管这并不意味着我们更接近对"如何精确地规定法律承认的具体结构"这一问题的解决——因为现在一切都取决于一个人的规范性义务这一特性将如何被定义——但法律承认的结构总算是变得明朗了一点。在法律承认中，两种意识的运作汇流在一起：一方面，法律承认预设了我们必须保持对自主个体的法律义务的道德认知，另一方面，只有经验性的情景解释才能告诉我们具体的他

---

① Axel Honneth, *The Struggle for Recognition*, pp. 111-112.
② 斯蒂芬.L.达沃尔（Stephen L. Darwall, 1946—2021），美国哲学家、伦理学家。

人是否具备那些使得义务得到应用的特性。因此，具体情境的应用是法律承认结构内在的构成因素，这恰恰是因为在现代条件下，具体情境的应用具有普遍主义的构成意义。按对情境的经验描述，常常还必须追问一种普遍有效的权利是什么，即人类主体的范围是什么，在这一范围内，因人类主体归属于道德上负有责任的个人，这些权利才现实可行。霍耐特指出，正如我们将会看到的，这种应用和情境解释代表了现代法律关系的脉络之一，"为承认而斗争"就可能出现在这种脉络之中。①

下面，霍耐特主要分析社会尊重，并比较它与法律承认的差异。霍耐特认为，从根本上将尊重某人与承认作为个人的某人区别开来的，主要是这个事实：即尊重所指涉的不是对普遍直觉认知规范的经验上的应用，而是对具体特性和能力的渐进性的、累积性的认可。达沃尔宣称，尊重常常假设了一种评价的参照系，在多或少、好或坏的数值范围或数值比例上指示出人格特性的价值。霍耐特指出，就这点而言，达沃尔与耶林是一致的。不过，与耶林不同，达沃尔的兴趣只在于那种指向主体道德品质的狭义认可。当我们考虑价值共同体中的承认形式时，必须突出强调这种特殊形式的道德尊重在整个社会尊重的情境或脉络中的作用问题。在此，重要的是从法律承认和社会尊重之比较中所暂时得出的结论。在这两种形式中，人都是因某些特性而受到尊重。不过，在法律承认之中，它就是使人们成为人的一般特性；而在社会尊重之中，它就是将人们互相区分开来的特殊性。因此，法律承认的中心问题是如何规定人格的构成性特征，社会尊重的中心问题则是借以衡量特殊个性之"价值"的评价参照系的构成性。②

---

①　Axel Honneth, *The Struggle for Recognition*, pp. 112–113.
②　Ibid., p. 113.

霍耐特继续论证，上面初步结论的表述，也一并提及了第二个问题（即一种普遍有效的权利是什么），在考虑法律承认的结构性特征时它是必定会出现的：必须有一种确定能力的方式，主体在承认彼此为法人时又彼此相互尊重。霍耐特认为解决这个难题更加重要，因为它提供了分析"在后习俗条件下授权"这一功能的关键。授权功能在传统社会中就在于根据地位授予相应权利，在后习俗社会中，其任务则首先在于保护和使得人们不仅拥有，而且能够运用那种标志人之为人格的普遍能力。但是，应该被保护的究竟是具有合法能力的主体的何种普遍特征？这个问题取决于同现代法律在结构上相关的新合法化形式。如果一种法律秩序可以被认为是有效的，更进一步说，如果一种法律秩序，因其原则本身就获得全部个体的自由认可，并且只是通过依靠个体遵守法律的自觉意志就可以达成，那么，我们就一定可以假设，这些法律主体至少都具有就道德问题作出合理的、自主决定的能力。如果法律主体不具备这样一种道德能力，主体对法律秩序的一致认同就是绝对不可想象的。在这个意义上，法律秩序的合法性依赖于拥有平等权利的个体之间的一种理性共识，每一个基于现代法律的共同体都至少要假定共同体成员拥有道德责任能力。①

这样，问题就转变为：法律主体的这种道德责任能力从何而来？在霍耐特看来，这种道德能力并非先天给定，永恒不变，它只能从构成性意义上通过主体参与合理意志形成的历史过程来理解。一种法律秩序的合法性程序（即合理意志形成过程）要求越高，共同构成道德能力主体地位的特征也就越广泛。霍耐特从现代社会正在面对的个体权利要求的累积扩张与道德能力个人的普遍特征范围的逐步扩大这样

---

① Axel Honneth, *The Struggle for Recognition*, pp. 113-114. 霍耐特在这里所说的至少要假定法律主体有道德责任能力，在学术界是有争议的。

两种历史过程的正相关性中，引出这种历史过程背后的动力，即"为承认而斗争"。他指出，我们必须考虑法律主体是如何在"为承认而斗争"的压力下参与合理意志的形成的，这种法律主体参与合理意志形成的日益更新的先决条件必须纳入我们的考虑之中。

为了进一步阐释如何将参与合理意志形成的日益更新的先决条件纳入我们的考虑之中，霍耐特引用了托马斯·马歇尔①的公民身份与社会阶级理论，尤其是引用了马歇尔通过历史重构的方式对"个体权利不断扩大这一历史过程之中蕴含着现代法律按照承认而逐步扩展"这一命题的论证。按照历史发展的脉络，马歇尔在传统的和现代的法律构成之间作出了基本区分。如果说，传统的法律构成可以不触动前政治的、经济的不平等，那么，伴随现代民权运动的扩展，现代法权理论已经无法继续对前政治的、经济的不平等存而不论了。随着个人权利要求与社会地位归因的断裂，首次出现了一种普遍的平等原则。从此以后，每个法律秩序都假定，原则上不允许有特例与特权的存在。在《公民身份与社会阶级》（1950）中，马歇尔根据历史发展的脉络，将个体权利要求系统地分为三类。粗略来讲，人权发展于18世纪，政治权利在19世纪得以确立，而社会权利则于20世纪产生。这一历史分期的意义在于：它历史地显示了每一种新的基本权利的建立都无不受到一种论证的强力推动，这种论证涉及个体作为公民的角色，隐含着政治共同体中成熟的成员资格的要求。根据马歇尔的理论不难看出，基本个体权利的连续扩展以某种方式与规范性原则相联，这种规范性原则从一开始就作为其引导观念。因为，个体合法要求的每一次丰富，都可以理解为如下道德观念进一步充实、具体化的活生生的体现，这种道德观念就是：如果社会全体成员被期望是遵纪守法的，他们就一定已经能够对基于理性洞察而确立的法律秩序达成一

————————

① 马歇尔（Thomas H. Marshall, 1893—1981），英国社会学家。

致。换句话说，个体公民法律地位的丰富和改进伴随着那些构成意义上赋予人类以"人"的特征的核心能力的持续扩展。特别是那些基于理性洞察而得以自主行为的主体从此逐渐内涵着一种最低限度的文化教育和经济稳定。在这个意义上，在今天，作为法人相互承认，其含义远比现代法律进化过程开始时可能具有的含义丰富。在被从法律上承认中，不仅个人面对道德规范自我导向的抽象能力得到了尊重，而且人作为人应得的必要社会生活水平的具体人性特征也得到了尊重。简言之，平等原则之进入现代法律的结果是，渐渐得到扩大的不仅是法人地位的内容，而且还有法人地位在社会意义上的逐渐扩张。在第一种情况下，法律的实质内容增加了，在第二种情况下，法律关系被普遍化了。①

第三，霍耐特如何运用费恩贝格的思想实验，阐发法律承认与自尊的关系？

在引用马歇尔对"个体权利不断扩大这一历史过程之中蕴含着现代法律按承认而逐步扩展"这一命题所作论证的同时，霍耐特也强调，在看到法人的实质内容和法人的社会范围不断扩展的同时，也要看到这种扩展的过程充满了冲突，这种冲突是由于法人被拒绝承认或遭到蔑视所致，表现为法人主体由于被拒绝承认或被蔑视而作出的反应中所蕴含的种种实际对峙。为进一步描述这些作为社会冲突之基础的蔑视体验，霍耐特首先阐述了法律承认所带来的一种积极的自我关系，把与授权行为相联的主导心理现象看作是道德自我自主性能力的提高，并引入费恩贝格②的思想实验进一步揭示授权行为的道德意义。

按霍耐特的论述，如果说在爱的情况下，儿童通过母亲持续的关

---

① Axel Honneth, *The Struggle for Recognition*, pp. 115-118；参见王凤才：《承认·正义·伦理——实践哲学语境中的霍耐特政治伦理学》，第 131—133 页。

② 费恩伯格（Joel Feinberg, 1926—2004），美国哲学家。

怀而获得基本的自信，以非强制的方式断言他们的需要，那么，在法律关系的情况下，成年主体就可能通过法律承认而把自身行为视为其自主性普遍被尊重的表现。这样一来，自尊之于法律关系，恰如基本自信之于爱的关系。如此，我们就可能把权利看作是去个人化的社会尊重的象征，即把权利上升到普遍"人权"的层面来理解。也就是说，社会尊重作为自我尊重的特殊形式，内在地预设了将道德责任视为个人值得尊重的核心，而这只有伴随普遍人权的确立才成为可能。普遍人权的确立所要求的条件是：个体权利不再分别地赋予具有社会地位的群体成员，而是平等地赋予作为自由存在者的所有人。如此，个体法人才能以作为自由存在者的所有人为客观化的参照点，进而获得对如下观念的认知，即他们由于具有自主地形成判断的道德能力而被承认。在霍耐特看来，费恩贝格为了证明授权行为的道德意义而发展的思想实验所针对的就是这些法律关系，因此，他进一步引入费恩贝格的思想实验来进一步阐发法律承认与自尊之间的关系。

据霍耐特分析，费恩贝格的思想实验首先是提供了一种虚构的社会状态，在其中，尽管社会已确立的权利制度还是完全未知的，但是，在这个社会中存在着不同寻常的高水准的社会善良意志和"相互体谅"（mutual considerateness）。为谨慎起见，费恩贝格还给这个虚构社会附加了一种对道德义务的意识和一个实证法律体系，进而补充了一个他称之为"乌有之乡"（Nowheresville）的社会集体性模型。费恩贝格认为以这种方式构想的共同体，就有充分的理由得出如下推论：这一社会集体性模型将在至少和今日社会中所提供的基本个体权利同样高的层次上保障公民的幸福生活。然而，尽管乌有之乡的人在缺少个体权利意识的情况下，仍然能像现代社会的人生活得很幸福，但与现代社会的人相比，他们会缺少一种很关键的意识，即自尊。借助这种反面的证明，可以说明拥有个体权利对形成一种积极的自我关系的重要性。然而，一旦我们从普遍"人权"的层面来理解"权利"，那么，拥有权利就意味着能够提出已被社会接受的要求，人们已被给予一种合法化的方式来确认自己已经得到了别人的尊重。因此，给予权利以力量来推进自尊发展的，正是权利所具有的公共性。如果权利能够赋予它的承担者以一种权能，使他们投身于可以被互动伙伴所承认的行为，权利就具有了这种公共性。并且，通过投身于可以被互动伙伴所承认的行为，个体进而获得了一种象征性的表达手段，其社会有效性在每一次诉诸权利的行为中都能向自身呈现，以至于他们普遍地作为道德责任个人而相互承认。至此，可以得出结论说，在法律承认体验中，人们可以把自己看作为一个人，与共同体其他成员共享如下品质：使参与对话性的意志形成成为可能。以此种方式肯定地与自我相关的可能性在霍耐特看来就可称之为"自我尊重"（self-respect）。①

不过，霍耐特同时也指出，这一结论暂时还只是概念上的断言，仍然缺乏经验支持。那么，为什么在自尊这一情形中如此难以证明自尊这一现象的现实性呢？这是因为，在某种程度上，尤其是只有当主体明显地遭受缺乏自尊的痛苦，他才能够以一种否定的形式获得对缺乏自尊的感知。自尊的现实存在，每每只能通过经验的比较间接地推导出来，这些经验的比较涉及人所属的群体，从群体的一般行为中我们可以得出有关蔑视的经验象征性地得以再现的形式。在霍耐特看来，摆脱这一困境的出路已经隐含在一些为承认而斗争的偶然情形中，在这些情形中，被蔑视的群体从被抑制的承认如何侵害了个体获得自尊的机会的角度，公开讨论自身基本权利的被拒绝。也正是在这些特殊的历史情境中，如美国 50 年代和 60 年代的人权运动中，对被排挤集体之自尊的法律承认的心理学意义开始凸显于语言学层面。在相关出版物中，我们常常读到这样的讨论：忍受法律上的低权益状态必然导致社会羞耻感的麻木，只有通过主动的反抗和抵制才能从这种

---

① Axel Honneth, *The Struggle for Recognition*, pp. 119-120.

麻木中解放出来。[1]

三、团结 / 社会尊重

第一，霍耐特如何阐发从荣誉到声誉 / 声望的转变？

依霍耐特之见，在对法律承认的分析中，不论米德还是黑格尔，都潜在地预设了还存在另外一种既不同于爱的关系，也不同于法律关系的相互承认形式，尽管米德和黑格尔对这种不同于法律尊重的另一种尊重形式，或说不同于法律承认的另一种承认形式作出了不同的说明，但对这种承认形式的特殊功能却基本达成了一致见解：为了能获得一种未歪曲的自我关系，人类主体除了情感关怀和法律承认体验之外，还需要一种允许他们积极地与其具体特征和能力相关联的社会尊重形式。在霍耐特看来，不论是黑格尔运用"伦理"概念，还是米德运用民主化劳动分工的概念，都是为了挑选出唯一的、在规范意义上具有特殊要求的价值共同体，而每一种给予尊重的承认形式都必然要收纳在这一价值共同体之中。因此，霍耐特认为，只有进一步把主体间性共享的价值视域之存在假设为一个先决条件，才能恰如其分地理解这种承认模型。因为，只有自我和他人共有一种价值和目标取向，彼此显示出他们的品质对他人生活的意义和贡献，他们才作为个体化的人相互尊重。[2]

根据霍耐特的分析，主体间性共享的价值视域通过一种方向性的架构来体现。也就是说，一个社会在文化上的自我理解为引导社会对个人的尊重提供了标准，因为个人的能力和成就是根据他们对实现文化上规定的价值所作贡献的多少来进行主体间性评判的。但问题是，既然社会成员经由共享的目标构想而形成价值共同体，那么如果社会

---

① Axel Honneth, *The Struggle for Recognition*, pp. 120–121.

② Ibid., p. 121.

目标不同，价值共同体的类型也自然有所不同。因此，在这里，按传统向现代过渡中伦理目标的构想所经历的历史结构转型来分析这种特殊的承认形式，也显得极为自然。正如法律关系一样，社会尊重也只有在它逾越了前现代阶段的社会合作组织的框架之后，它才可能呈现我们今天所熟悉的形式。霍耐特明确指出，这种正在进行的结构转型，按概念史来说，是由荣誉概念向社会"地位"或社会"声望"范畴的过渡来标明的。①

"荣誉行为"是每一个体为了现实地在集体意义上获得与他们的社会阶层相一致的社会地位，基于文化上预先给定的价值秩序来完成的行为，它依赖于一个拥有实质性伦理目标、存在垂直分层的内部责任领域、以等级制方式组织相应价值观念的合作性社会。在这种类型的社会中，"荣誉"表示社会地位的相对层级。当个体设法使自己的行为在习惯上合乎"在伦理上"与他们的社会地位相联系的集体期待时，他们就能获得某种社会地位。个人的社会评价所指向的不是依据一种特殊的生活历史而呈现出来的个体化的主体特征，而是文化分类意义上的"地位群体"（Statusgruppe）的特征。在地位群体之内，主体由于其共同的社会立场，能够把彼此作为以社会价值为尺度而被赋予某种基于社会地位的特性和能力的人而互相尊重。在地位群体中，社会成员也能够尊重处于他们这一阶层之外的主体，因为他们的特性与能力在文化预定的程度上对集体共享价值的实现作出贡献。当然，即便是这种相对稳定的承认关系系统也存在这样一种可能，即某些社会群体为了矫正主流社会群体或上层社会群体对其集体特征之"价值"的不公正认可，而可能采取一种可替代的"补偿尊重的反主流文化"的途径。不过，为荣誉而展开的日常斗争，只要不直接动摇一般地标志着传统社会文化自我理解的实质性价值等级制度，它们就仍然

---

① Axel Honneth, *The Struggle for Recognition*, pp. 122–123.

与合作性的承认关系的系统框架相联系。①

依霍耐特之见，伴随后习俗哲学观念和政治理论所发挥的重大文化影响，社会上统一的价值信念的地位受到触动，传统伦理生活逐渐式微，法律承认关系与等级制的社会尊重秩序分裂，秩序本身服从于一种充满冲突的结构性转型过程。也就是说，一旦被剥夺了不证自明的先验基础，社会价值体系就再也不能被视为一种客观的参照体系，为不同阶层的特殊期待提供关于社会荣誉之相关标准的明确指示。价值世界经历了双重失落：它既失落了客观性质，又失落了以一种能够支配行为的方式一劳永逸地决定社会荣誉的能力。因此，在现代性门槛上，资产阶级为高贵的荣誉而进行的斗争，就不仅表现了确立新价值原则的集体努力，而且也代表了这些价值原则之间互相对峙的开端。它首次敞开了一种争论：一个人的社会地位，是否要根据其所从属的整个群体特性之预定价值来衡量。正是自此以后，主体方可作为依据一种特殊生活历史的个体化存在，进入社会尊重的竞争性领域。②

在霍耐特看来，资产阶级为反对以一种与个人的"社会阶层"相应的方式规范个体行为的强制所进行的斗争，有助于实现社会目标的个体化。何种对人们生活方式的引导被认为是伦理上可行的引导，再也不被预先确定，社会尊重开始不以集体特性为取向，而是以个体在生活过程中所发展的能力为鹄的。成就的个体化不可避免地伴随着个人自我实现之多元社会价值观念的开放，虽然是以特殊阶层和特殊性别语汇来规定的形式，但也正是这种价值多元的形式，构成了个体成功程度和个体社会价值得以限定的文化取向框架。在这一语境中，社会荣誉概念渐渐融入了社会声望概念。③

①   Axel Honneth, *The Struggle for Recognition*, pp. 123–124.
②   Ibid., pp. 124–125.
③   Ibid., p. 125.

霍耐特认为，这种概念转型的历史过程包含了"荣誉"范畴从一种客观性的评价尺度向私人领域的主观性尺度的降格。从此，"荣誉"仅仅是表示个人的那些值得无条件地保护的、自我理解方面的、主观上可限定的标准。荣誉概念先前在公共舞台上所占有的地位渐渐地为"地位""声望"等范畴所取代，后者被假设能把握一种衡量尊重的尺度，可衡量个体在社会上因其个人成就和能力而被给予的尊重。简言之，"社会地位"或"社会声望"仅仅是指个体在某种程度上帮助社会抽象目标的实际实现，进而自我实现，并由此赢得社会承认的程度。与这一新的个体化承认关系系统相关，现在一切都依赖于这种普遍价值境域的规定，这种普遍价值既向各种不同的自我实现形式开放，同时又必须能够作为一种具有普遍涵盖力量的尊重体系。[①] 然而，不管社会目标被如何限定，即不论是按表面上中立的成就概念，还是按开放的多元价值境域，在这些社会目标作为评价尊重的标准在社会生活领域发生作用之前，都常常需要一种派生的解释实践。也就是说，现代社会抽象的指导性观念运用于承认领域之前，常常必须通过补充相应的文化解释而使之得到具体化。因此，在现代社会，社会尊重永远从属于永久的文化冲突，不同的群体在冲突中以象征性符号力量为手段，参照普遍社会目标，努力提高与他们的特有生活方式相联系的能力的价值。社会运动越是成功地把公共领域的注意力吸引到由他们集体代表的、被忽视了的特性和能力的意义，他们也就越有机会提高社会价值，提高其成员的社会地位。[②]

霍耐特指出，与这一历史进程相随，社会尊重的发展就形成了一种模型，它为承认形式提供了一种生活历史个体化的主体间性非对称

---

① Axel Honneth, *The Struggle for Recognition*, pp. 125–126.
② Ibid., pp. 126–127.

关系的特征。当然，在任何情况下都必须在生活世界中把抽象社会目标作具体化的文化解释，仍然取决于社会群体在重新评价其特性和能力中的利益，但是，在通过冲突而出现的价值系统中，衡量主体社会地位的根据是：在自我实现的特殊语境中他们对社会可能有什么作为？在霍耐特看来，黑格尔和米德分别以"伦理"概念和"民主化的劳动分工"观念提出的方案，所针对的正是社会尊重的这种组织模型，然而他们最终都殊途同归，公开承认他们都没能最终给出他们共享的核心观念究竟是什么。因此，仍然有待询问的是："团结"这一范畴为什么可以作为这些方案的优先概念？霍耐特指出，唯有伴随社会尊重经验的个体自我关系得到揭示时，才有可能澄清这个问题。[1]

第二，团结概念的谱系学考察。

早期的社会学家已经认识到团结在理解社会凝聚方面（特别是在实质性的社会、经济和政治变革之时）具有的重要性。团结作为一种19世纪法国社会理论中道德和社会凝聚力的概念表达，尤其表现在涂尔干（今译迪尔凯姆）的《社会分工论》中。在这里，涂尔干明确表示，他的研究起点就是要考察个人人格与社会团结的关系问题，就是要回答如下问题：为什么个人越变得自主，他就会越来越依赖社会？为什么在个人不断膨胀的同时，他与社会的联系却越加紧密？在涂尔干看来，要解决这种非常明显的矛盾现象，就要从社会团结的转型过程着眼，而社会团结的转型正是伴随着劳动分工的迅速发展而产生的。[2]

涂尔干区分了两种形式的团结，即机械团结和有机团结，他把由相似性所致的团结称之为机械团结，把由劳动分工所导致的团结称为

---

[1] Axel Honneth, *The Struggle for Recognition*, p. 127.

[2] 埃米尔·涂尔干：《社会分工论》，渠东译，生活·读书·新知三联书店2000年版，第11—12页。

有机团结。依涂尔干之见，社会团结的唯一趋向只能是有机团结。①
通过对两种形式的团结的区分，涂尔干指出，社会生活有两个来源：
一是个人意识的相似性，二是社会劳动分工。在第一种情况下，个人
是社会化的，他不具备自身固有的特性，与其同类共同混杂在集体类
型里。在第二种情况下，他自身具有了与众不同的特征和活动，但他
在与他人互有差异的同时，还在很大程度上依赖他人、依赖社会，因
为社会是所有个人联合而成的。严格说来，任何个人都不能自给自
足，他所需要的一切都来自社会，他也必须为社会而劳动。就社会而
言，社会已经不再把它的成员看作是可以任意摆布的物品，而是把他
们看作不可或缺的合作伙伴，并对其负有一定的责任。② 在这个意义
上，分工不仅能够展现出我们所确定的道德特征，也可以逐渐成为社
会团结的本质条件，分工不仅变成了社会团结的主要源泉，同时也变
成了道德秩序的基础。③

　　在这里，涂尔干所说的团结是功能性社会的团结，旨在促进一致
和凝聚，不管其社会根源如何，团结一直是社会学分析中某种保守的
概念，是对探究如何改变社会体系中的功能不良非常必要和有用的一
个概念。"二战"后，启蒙目标和社会进步不再被视为既定，团结与
功能之间保守的连结与后现代和身份政治的兴起构成反对。例如，从
20 世纪 60 年代开始，已经出现了更加多元化的家庭形式，反映了对
传统家庭之社会功能的拒斥。可以说，在当代社会，团结越来越暧昧
不明、充满争论，特别是在政治和宗教差异、多元文化身份以及"生
活世界"的背景下。聚焦于团结的大多数政治和智识都是基于如下考
虑：一种不构成压迫、强制以及排除的团结如何能够与社会文化的多

---

① 埃米尔·涂尔干：《社会分工论》，第 133—134 页。
② 同上书，第 183—185 页。
③ 同上书，第 358—359 页。

元模型并存。①

在以罗尔斯的思想为代表的自由主义理论中，契约论和个体主义原则，以及与其相伴而生的权利语言、合法利益以及义务一起，主导着对社会团结的理解。在这种理解中，团结主要基于个体支持现存制度的动机和程度来达成，可视为一种利益性的团结。德国柏林-洪堡大学哲学教授拉埃尔·耶给（Rahel Jaeggi）则认为，团结可以被理解为一种"构成性的共同感"（constitutive sense of commonality），以及一种超越自由主义利他或利己话语的合作关系。沿着这种理解，拉埃尔·耶给将团结关联到黑格尔的伦理观念，团结被概念化为一种关系：它指的是支持关系以及从事合作实践的个体彼此之间的理解。这种关系性使得团结成为一个与正义有关然而又截然不同的概念。② 哈贝马斯提供了一种和自由主义相关的对团结的理解，特别是在他的生活世界概念中。在哈贝马斯的理论中，生活世界并不意味着整体的社会和谐或同质性，也不意味着一种普遍的、真正的利他倾向。它意味着充分的连通性，相互承认和相互容忍，以便能够合理地处理利益和观念的差异。团结指维持沟通过程所需要的相互性水平或程度。实质上，它包含最低限度的平等意识、互惠意识以及相互性意识。哈贝马斯将正义和团结视为一枚硬币的两面：正义关注的是自治、自利个体的权利和自由，团结关注的则是在生活世界中彼此关联的社会成员的相互承认和幸福。由此，将团结和正义区分开来的在作为共享生活世界的成员关注互惠承认的实践方面和沟通方面。这也可以被理解为如下要求：即对某种社会安排的规范评价应该追问与角色、

---

① Scott H. Boyd and Mary Ann Walter（eds.），*Cultural Difference and Social Solidarity: Solidarities and Social Function*, Cambridge Scholars Publishing, 2014, pp. 1–4.

② Solidarity, Ruud ter Meulen and Rob Houtepen, in *Encyclopedia of Applied Ethics*（Second Edition）, 2012, Elsevier Inc. pp. 201–202.

身份、责任等有关的问题，因为这些因素是这些安排的参与者所具有的。①

第三，霍耐特如何将"团结"变成社会尊重的内容？

霍耐特的团结与拉埃尔·耶给的团结相类似。在霍耐特这里，团结首先是一种关系性的概念，是经由相互承认的社会机制所达成的社会自由，而并不主要是基于个体支持现存制度进而达成的一种利益性的团结。因此，团结需要一个更为持久和普遍的基础，而不仅仅是暂时结盟的成员所共享的偶然、一致的利益。根据霍耐特的理解，"团结"可以被理解为一种因主体彼此对等尊重而互相同情不同生活方式的互动关系。他认为目前为止，"团结"的概念主要是被运用于在集体抵抗政治压迫的经验中出现的群体关系，这里，占绝对支配地位的对实践目标的共识当即产生了主体间性的价值境域，每一个参与者在这一价值境域中学会在同等程度上承认他人的能力与特性的重要意义。②

随着承认形式的个体化，个体不再必须把他们因取得符合社会标准的成就而受到的尊重归因于整个集体，相反，他们能够肯定地将它们归因于他们自己。在这些变化了的条件下，经验到社会尊重的同时也伴随着一种切实感觉到的自信，即个人的成就或能力将被其他社会成员承认为是"有价值的"。我们可以意味深长地将这种实践的自我关系称之为"自豪"（Selbstschätzung/self-esteem），与"自信"（Selbstvertrauen/self-confidence）、"自尊"（Selbstachtung/self-respect）范畴并列。在每一个体都有能力自豪的程度上，我们才可以谈到社会团结。所以，在现代社会，个体化主体之间对等尊重的社会关系代表着社会团结的必要条件。在这个意义上说，彼此对等尊重就意味着

---

①　Solidarity, Ruud ter Meulen and Rob Houtepen, in *Encyclopedia of Applied Ethics* （Second Edition）, 2012, Elsevier Inc. pp. 202–203.

②　Axel Honneth, *The Struggle for Recognition*, p. 128.

根据价值互相评价，这就使他人的能力和特性也对共同的实践呈显出意义。这种关系之所以可以说是"团结"，原因就在于：它们不仅激起被动的宽容，而且还激发了对他人个体性和特殊性的切实可感的关怀。只有我主动地关怀他人（外在于我自己的）个性特征的发展，我们共同的目标才能实现。"对等"并不意味着我们在同等程度上互相尊重，相反，"对等"只能意味着每一主体免于被集体性地损害，由此他们被给予了机会，使他们能经验到自己是对社会有价值的存在，据其成就和能力，他们能够得到社会的承认。霍耐特指出，也正是基于这个理由，我们根据"团结"概念构想的社会关系第一次开启了一种境域，在其中，个体为社会尊重而进行的竞争获得了一种免于痛苦的形式，即一种不被蔑视体验损毁的形式。①

结　语

在《为承认而斗争》中，霍耐特以"未被扭曲的承认"替换哈贝马斯主张的"未被扭曲的交往"以构成批判理论的核心。在本章中，霍耐特正面阐发了主体间性承认形式，并力图复兴黑格尔的历史哲学，以阐明社会斗争服务于承认关系的扩展。在黑格尔这里，承认关系的扩展采取了一种道德发展理论的形式，这种道德发展通过三个"社会冲突阶段"进行。第一个阶段位于具体特殊的家庭生活领域，第二个阶段位于抽象普遍的法律领域，第三个阶段位于具体普遍的道德团结领域。每个阶段都对应于一种不同形式的承认：在家庭中发现的承认的情感关系中，人类个体被承认为需要的具体生物；在法中发现的承认的认知关系中，他们被承认为抽象的法人；最后，在国家中发现的承认的情感启蒙关系中，他们被承认为具体的普遍性，他们作为主体在其特殊性中社会化。霍耐特重构黑格尔的"道德发展"理

---

① Axel Honneth, *The Struggle for Recognition*, pp. 128-129.

论，以便提出一种历史地演化的"一般的主体间性"（intersubjectivity in general）概念。①

在黑格尔的图式中，"爱"代表互惠承认的第一阶段，在爱中，主体就其需要的具体性质相互承认彼此，并彼此作为需要的生物相互承认。在此意义上，爱被局限于友谊关系、父母子女关系和情侣之间的爱欲关系的"私人领域"，受道德发展的检验。为了给这一阶段赋予具体内容，霍耐特转向温尼科特，因为温尼科特的对象关系路径很适合承认的现象学。霍耐特采用温尼科特关于儿童发展的理论来表现"相互作用的理想"，这种相互作用构成一般而言的"正常"家庭发展的超历史的基础。尽管霍耐特批评黑格尔将"资产阶级家庭关系的父权制模型"普遍化，但他却似乎认可温尼科特将20世纪50年代美国的白人、中产阶级、父权制家庭生活普遍化。依据温尼科特的观点，霍耐特指出，自信的成人角色依赖于儿童与其母亲的关系。这给人以强烈的印象，母亲的角色是家庭生活"不变的基本结构"之一，那些没能符合这一规范的家庭被视为"病态""失序"，被认为是"背离"了家庭生活的"正常"形式。在这里，霍耐特试图赋予所谓"正常"形式的家庭生活以一种植根于主体间性道德语法之中的超历史地位，从而难以避免以一个客观的专家姿态来决定何谓"正常"形式的家庭生活的嫌疑。②

霍耐特指出，与在爱中发现的承认形式相比，法律承认中所发现的特殊的互惠形式只能在历史发展过程中凸显。由此，霍耐特从爱的承认关系过渡到法律承认关系，并对法律承认关系予以揭示。根据霍

---

① Bob Cannon, *Rethinking the normative content of critical theory: Marx, Habermas and Beyond*, Senior Lecturer in Sociology University of East London, Palgrave, 2001, pp. 141-142.

② Bob Cannon, *Rethinking the normative content of critical theory: Marx, Habermas and Beyond*, pp. 142-143.

耐特的论述，个体权利不断扩大这一历史过程之中蕴含着现代法律按承认而实现的逐步扩展。为理论化这一进程，霍耐特转向马歇尔的著作，以支撑他的论断。对霍耐特来说，马歇尔著作的重要性在于其发展着的公民权利概念。这种权利采取了三个阶段的形式，在第一个阶段，市民权利保障个体自由；在第二个阶段，政治权利保障参与法律的形成；在第三个阶段，社会权利保障基本的福利需要。霍耐特指出，作为道德上负责任的人，个体需要的不仅是免于干涉其自由的法律保护，而且还有参与意见形成之公共过程的法律上确定的机会，不过，这是一种如果他们也拥有某种社会生活标准才能实际利用的机会。尽管如此，与其说霍耐特将社会团结分析为一种工人们将现代性规范内涵扩展到经济系统的努力，不如说他似乎更倾向于将其视为一种获得对个体自主实现非常必要之物质条件的手段。作为结果，工人"再道德化"经济的斗争，似乎并没有在充分的意义上蕴含其社会团结的论述。①

根据霍耐特的分析，团结的领域出自评价个体的需要，这种评价是基于他们各自对社群生活的贡献。他并不认同米德将社会价值的决定关联于劳动分工的做法，相反，他试图通过一种"价值—社群"将社会尊重关联到抽象的社会目标，在其中，"声望"表示的仅仅是社会承认的程度，个体为他或她赢得自我实现，通过某种程度上献身于社会抽象定义目标的实际实现。霍耐特对米德路径的拒斥使得文化领域和经济领域之间的关系没有得到理论化的阐释，由此，"价值—共同体"是补充了经济系统，还是与经济系统相冲突，是不够清晰的。霍耐特关心"承认"在激发社会斗争中的作用，这很大程度上是局限于非经济的领域，出于这个理由，霍耐特主要是以文化术语来

---

① Bob Cannon, *Rethinking the normative content of critical theory: Marx, Habermas and Beyond*, p. 145.

界定"价值"，不论是以"文化上的自我理解"的形式，还是强调其功能是"实现文化上被界定的目标"，不论是以群体之间"文化冲突"的形式，还是强调这种冲突利用"象征性的力量"控制"公共关注的风气"，等等。总之，形成哈贝马斯有关生活世界著述之背景的经济系统在霍耐特的分析中有消失的危险，而这似乎又陷入了黑格尔的企图，即企图将物质斗争置于一个更具实质性的"伦理生活"的概念之中。①

①　Bob Cannon, *Rethinking the normative content of critical theory: Marx, Habermas and Beyond*, pp. 145–146.

第六章
人格认同与蔑视
——强暴、剥夺权利、侮辱

霍耐特强调个体人格认同的形成，认为它的实现依赖于承认关系。他认为，浪漫主义的个体精神的遗产之一，就是将人格视为自主的；而个体的人格自主实际上是指一种非强制的、自由的自决能力与特质，它关涉个体对内部自然的关系、对自身整个生命的关系、对社会世界的关系。[①] 人格完整的主体间性结构，能够从承认体验与自我保护体验的关联中产生出来：仅仅从他人承认的视角出发，个人就能够学会把自己视为并构建为具有一定能力和特质的个体。爱、法权、团结这三种承认形式构成保障外部自由与内部自由实现的主体间性条件，主体由此获得一种新的肯定性的自我关系。在主体人格认同的形成过程中，往往会遭遇到三种蔑视形式，破坏着主体人格认同的成功实现。这种主体间性的破坏，就是霍耐特所说的不正义。在本章中，霍耐特考察了历史上和社会学上的蔑视形式和体验，展现了人格完整性和蔑视破坏性的矛盾过程。

---

① 详见王凤才：《承认·正义·伦理——实践哲学语境中的霍耐特政治伦理学》，第 198 页。

一、"蔑视"意味着什么？

霍耐特的"蔑视"概念意味着什么呢？首先看一下霍耐特对"蔑视"概念的研究动机。"我最初对蔑视、污辱或贬损的心理层面感兴趣，目的是为了能够确定社会关系对主体的影响；实际上，我是想揭示主体的个体体验在何种程序上与社会进程是紧密联系的，同时也想指出，不存在我们不用道德感作出回应的社会变化。在此前提下，我觉得我的任务就是揭示人们在感觉到他们对承认的期待受到侵害（作为"错误"而感知）而作出反应时所持的具有道德特性的情感反应的一切真相。"①

个体与伙伴交往互动的日常生活经验体现着人格完整性和尊严范畴。霍耐特从日常语言及其运用中发现个体人格完整性与承认、蔑视三者之间的经验意义上的关联。当然，对这种关联成立的必然性或条件性，也有国外学者提出异议。然而，正如霍耐特所说，如果蔑视的经验果真标识对承认的扣留或撤销，那么蔑视就是拒绝承认，就是承认的否定与剥夺。它是对承认关系的破坏，是对人格完整的否定和实践自我关系的损害；它针对的是人的特殊脆弱性，各个主体和群体认为他们自己在其能力和特性的某些方面被蔑视。主体将这些拒绝承认的蔑视形式描述为道德意义上的不公正，主体自身完整性、荣誉或尊严的被伤害是不公正感的规范内核。在霍耐特看来，蔑视行为不仅伤害或限制了主体自由，而且伤害了个人以主体间性方式获得的肯定性的自我理解。霍耐特开始时侧重于个体之间的承认与蔑视问题，在泰勒影响下进而关注群体之间的承认与蔑视问题（后来又关注人权政治，即人权承认问题）。

---

① 霍耐特：《承认的哲学：一种社会批判——阿克塞尔·霍耐特访谈》，胡云峰译，《世界哲学》2012 年第 5 期。

以承认与蔑视关系、蔑视与反抗关系为核心内容的社会承认关系结构是霍耐特承认理论基本框架的主干。霍耐特把资本主义社会解释为一个制度化的承认秩序，他从人与人之间的社会关系出发研究主体间性的承认与蔑视，以及蔑视与反抗关系等问题。我们知道，霍耐特采取现象学取向的类型学方式描述了承认的三种模型，并利用经验材料对其进行了检验。应该说，在主体间性承认形式问题上，霍耐特与黑格尔和米德具有某些相似性，只是论证得更加精致而已。然而，"无论黑格尔还是米德，都缺乏社会蔑视形式的系统考虑"①，没有重视蔑视形式问题，更谈不上将蔑视体验视为社会反抗的道德动机。霍耐特自以为填补了这一理论空白，即按个人在主体间性遭遇到的实践自我关系的否定层面（侮辱和伤害）的程度不同，创造性地系统阐发了社会蔑视形式。

社会蔑视即被拒绝承认，个体的蔑视体验标记着其在主体间性获得的承认被撤销。霍耐特将社会生活划分为具有相当可靠性的三个互动领域：爱、法权与团结。与道德伤害形式区分相适应的承认形式的多样性产生于人类主体的完整性要求：实践自我关系在通过承认形式被重构的同时，也通过相应的蔑视形式被伤害。爱、法权、团结这三种主体间性承认形式，分别对应自信、自尊、自豪三种实践自我关系；强暴、剥夺权利、侮辱是个体认同所遭遇的三种蔑视形式。这样，个人人格认同的完整性中的肯定现象有三种相互区别的承认模型，作为否定现象的蔑视体验也有以下三种相互区别的模型。蔑视体验（Erfahrung der Mißachtung）的经验现象学显示：

1. 强暴是蔑视体验的第一种形式，也被霍耐特视为蔑视体验的基本形式。在实践自我关系第一阶段，个人被承认为自己的需要与愿

---

① Axel Honneth, *Kampf um Anerkennung. Zur moralischen Grammatik sozialer Konflikte*, S. 150.

望对其他人来说具有独特价值的个体，其承认形式具有情感关怀特征。在道德哲学传统中可以发现诸如关怀、爱这些概念。然而，强暴的蔑视体验破坏了主体肉体完整性，即对自我肉体的控制，剥夺自由支配自己身体的可能性，主要形式有拷打、虐待和强奸等，这伤害了个人（通过爱获得的）基本自信，可概括为"心理死亡"。

2. 剥夺权利，作为蔑视体验的第二种形式，它否定主体在社会中的权利或进行社会排挤。在实践自我关系第二阶段，个体被承认为一个被赋予与其他人同样道德责任能力的人，其承认形式具有普遍平等对待特征。在对康德传统的回归中使用道德尊重概念，就意味着承认所有其他人的道德责任能力。然而，剥夺权利的蔑视体验剥夺了个体在共同体内存在的资格，就是被共同体孤立了，不再拥有与其他共同体成员一样"成熟合格的、平等地赋有道德权利的互动伙伴的地位"，这种蔑视体验导致了自尊的失落，可概括为"社会死亡"。

3. 侮辱是蔑视体验的第三种形式。在实践自我关系第三阶段，个体被承认为一个对具体的共同体来说具有价值的人，其承认形式具有特殊尊重特征。然而，侮辱的蔑视体验消极地联系着主体或群体的社会价值，表现为对主体自我能力、成就、生活方式和信仰范式的贬黜，本质是对主体自我实现模型的贬黜，使主体失去社会意义，可概括为"心灵死亡"。

总之，霍耐特以经验描述与规范阐释相结合的方式，不仅分析了爱、法权、团结三种主体间性承认形式，而且阐述了个体认同所遭遇的强暴、剥夺权利、侮辱三种蔑视形式。其中，强暴植根于虐待体验中，它摧毁了个体的基本自信；剥夺权利植根于贬低体验中，它伤害了个体的道德自尊；侮辱植根于羞辱体验中，它剥夺了个体的自豪感。霍耐特以承认与蔑视的关系、蔑视与反抗的关系为核心的承认理论，已经建成一个比较完整的体系，尽管在许多方面还需要进一步完善①。

二、蔑视的基本形式及其特殊性何在？

第一，强暴被描述为蔑视的最基本形式，原因何在？

1. 每一个违背个体意志而强行剥夺他人身体自由的尝试，不论其意图如何，它对个体造成的羞辱要比其他蔑视形式的破坏性深刻得多。如在虐待和强奸中所看到的，这种身体伤害方式的特殊性在于，它不纯粹是肉体痛苦，而是在其他主体淫威之下的无助感与现实幻灭感，导致丧失自我。"行为的肉体性质与情感性质"之间的内在关联被打破，个体的自信被摧毁。

2. 个体自我在身体层面的自信心被持续地打击，导致自我与他人进行实践交往的自信心以及对世界的信任完全丧失。这样，肉体行为与灵魂行为的统一体在某种程度上就被从外部摧毁了，个体的整个实践自我关系的最基本形式即自信本身，也就崩溃了。

3. 个体心理的自信形式遵守着在融合与划界之间保持主体间性的平衡的不变逻辑，具有伴随人类生存始终的永恒性特征，不会简单地随时代变迁或文化结构而改变。强暴的人类学意义在于它所造成的肉体伤害必然内在地波及情感伤害。个体在社会化互动过程中体验到情感关怀，才获得自主支配自己身体的尊重。这种蔑视形式所剥夺的正是对个体自主支配自己肉体的权力，这与作为历史可变量的另外两种蔑视形式截然不同，因为剥夺权利与侮辱都具有社会历史性。

霍耐特曾经谈到自18—19世纪以来的妇女运动，强调妇女在婚姻和家庭生活的蔑视与反抗中为贯彻平等化原则、实现妇女的社会承

---

① 参见王凤才：《论霍耐特的承认关系结构说》，载《哲学研究》2008年第3期。

认而斗争。① 强暴这种蔑视形式要求我们不断反思和批判传统婚姻家庭关系中的妇女地位，尤其是针对妇女和儿童的家庭暴力等。实际上，霍耐特将承认当作社会冲突的道德语法，因此试图用承认理论整合再分配斗争与承认斗争。无论争取分配正义还是要求社会承认或社会尊重，当代女性主义运动都是反抗各种蔑视形式的"为承认而斗争"。以女性主义为例，当前的女性主义群体已经把各种各样的需要政治化并予以重新理解，创立了新的词汇和言说形式。在这个过程中（特别是第二波女性主义运动时期），整个社会话语领域都被修正了，引入了描述社会现实的新术语，如"性别歧视""性骚扰""婚内强奸、约会强奸、熟人强奸""劳动力性别隔离""双栖"（the double shift）和"妻子虐待"等。这样，"女人"就被重新构建，尽管是在一种非常异质的、破碎的意义上。女性受到的各种不公正对待都可以在承认范式中找到对应点。总之，与被虐待和被强奸的痛苦体验联系在一起的，总是对社会世界可靠性信赖感以及自身安全感的突然崩溃。

我们还可以例举法西斯主义对犹太人的野蛮强暴来帮助理解这种蔑视体验。作为法兰克福学派第一代核心成员的洛文塔尔曾经受到贝特尔海姆（Bruno Bettelheim）的论文《极端情景中的个体和群体行为》（1943）灵感的激发，在 1945 年撰写了《恐怖人的原子化》（1946 年发表在《评论》杂志）一文。该文认为："现代恐怖体系展示了个体被成功地原子化，所有人被一体化为使得人们之间的所有交流陷入瘫痪的一种集体主义，这构成了恐怖所实施的'非人化'（dehumanization）过程。极权主义恐怖条件下集中营里的人们退化到动物阶段，个体之间的传播和个体自我传播都陷入瘫痪状态，每个人与其他人在任何意义上的团结不再存在，受害的个人在道德、行为和

---

① 霍耐特、高宣扬、何乏笔、童世骏：《承认的重要性和为承认的斗争》，载《文汇报》2013 年 5 月 27 日，第 11 版。

精神上都完全分裂了。'从抽象的哲学形而上学到宗教和教育的各种制度，文化的旧体系以下述观念渗透于人类，即只有包括尊重其他人的权利、主张和需要的理性行为能够确保一个人自身的生存。在恐怖之下的这种行为可能等同于自我废止。恐怖主义抹去了社会行为和生存之间的因果关系，并使个人在全能的恐怖主义机器形式中遭遇到自然的赤裸力量——即失去人性的自然。'人成为纯粹的客体，一束束被决定了的条件反射，只能作出诸如期望、无法避免、痛苦等一系列被操控的震惊反应。"①

第二，剥夺权利作为第二种蔑视形式，特殊性何在？

霍耐特通过对道德伤害进行现象学分析，进一步阐发了拒绝承认与道德伤害的内在结构性关系。他认为，道德伤害是一种心理伤害，是主体感受到不公正。因而，不是身体的疼痛，而是参与者在自我理解中不被承认的意识，构成道德伤害的可能性条件。霍耐特断定，道德伤害作为心理伤害，对个体的伤害程度，与诸如杀害、虐待、拷打、强奸等生理伤害程度是一致的，但道德伤害的特征在于：个体道德责任能力被蔑视；个体自尊被伤害；从个体被蒙蔽、被欺骗到整个群体的法律歧视；侮辱、能力不被承认等。当然，所有这些"只是消极地表明了承认与道德的内在关联"。

个体作为共同体完全合格的成员理应平等地、合法地参与制度秩序，从而能够合法地期待社会满足自身的要求。然而，剥夺权利这种蔑视形式的特殊性，从个体自身的角度来看，它是个体自主被强行限制；而从主体间性的社会化互动过程来看，他无法获得其他互动伙伴那样完全合格的、道德平等的地位。因而，个体有效权利诉求之被社会拒绝，意味着他作为具有道德判断能力的主体被主体间性承认的期

---

① 赵长伟：《文学、社会与传媒——洛文塔尔批判的传播哲学研究》，人民出版社 2018 年版，第 92 页。

待所伤害。也就是说，这种蔑视形式剥夺了在社会互动过程中个体性主体艰难获得的道德责任能力的认知性尊重。例如，反犹主义、对黑人的殖民运动，作为比较典型的社会蔑视形式，它们都体现了对基本人权的践踏和剥夺，体现了极度扭曲和社会病态的主体间性相互承认的关系。

这里，我们还可以参考两个经典案例，用以帮助理解这种蔑视体验及其危害。

案例1：弗洛伊德12岁时，父亲向他讲述自己忍气吞声地遭受他人对其犹太人身份的侮辱。父亲的懦弱行为极大地刺激了幼小的弗洛伊德，从此，他埋下了复仇的种子。弗洛伊德恋母抗父铸就了他的反叛和攻击个性，成了一个顽固的权威主义者。因此，弗洛姆称弗洛伊德成为了自创的心理分析宗教的摩西。[1]

案例2：哈贝马斯自述他因为自身的唇裂残疾造成交流障碍而自上学起就被人侮辱，这成为他日后创立交往行为理论的重要动力。交往行为理论确实在我们的文化道德领域确立和发展了重要的主体间性道德规范。

当然，霍耐特特别指出，随着社会政治法律制度的时代变迁，道德责任主体的意义内涵会有不同，这样，衡量剥夺权利广度和深度的经验标准也有所不同。

第三，侮辱作为第三种蔑视形式，特殊性何在?

每一个社会在其历史发展过程中总会形成和积淀某种社会价值等级制度。这一社会价值等级制度将确立的各种社会尊重形式历史地个体化，个体也正是借助群体团结的激励十分艰难地赢得社会对个体自我实现方式的认同和尊重。因此，荣誉、尊严、声誉等意味着在社会

---

[1] 弗洛姆:《弗洛伊德的使命》，尚新建译，世界图书出版公司2015年版，第63、103页。

文化传统中个体自我实现方式被社会尊重，而人格侮辱和心灵伤害恰恰贬低了这些个体或群体的生活方式的社会价值。这些个体能力被蔑视的经验使得个体真切地体验到他所生活时代的独特的文化贬低。正如青年马克思所称，资本主义社会组织摧毁了以劳动为中介的平等承认关系，阶级斗争便是无产阶级为重建充分承认的交往关系的社会道德冲突和斗争。"对宗教的批判最后归结为人是人的最高本质这样一个学说，从而也归结为这样的绝对命令：必须推翻那些使人成为被侮辱、被奴役、被遗弃和被蔑视的东西的一切关系。"①

霍耐特将经济剥削涵盖于错误生活的总体性之中，视为某种劳动和贡献不被正确承认和公正评价问题。他参考 E.P. 汤普森和 B. 摩尔等历史学家对劳工运动的历史研究，认为"无产阶级为了尊重、为了对荣誉的诉求而斗争，决不是一个特殊的例子，而只是一个有普遍经验类型的、特别显著的例子：当他们看到他们的个性诸方面受到蔑视，他们相信这具有一种承认权利时，主体认识到作为社会不公正的制度秩序"②。个体为取得社会尊重而斗争就采取非常痛苦的，即摆脱蔑视体验的形态。可见，侮辱作为第三种蔑视形式也如同第二种蔑视形式，即剥夺权利，具有随社会历史过程而变化的特殊性。霍耐特认识到："在西方社会，最大的社会问题是如何承认社会价值，而社会价值得到平等承认的前提和市场经济有很大关系。新自由主义思潮在最近 30 年中将市场调节逐步引向松弛，也就是不加以调节，这就使得越来越多社会成员的价值在社会中的承认变得更加困难。"③

霍耐特在《为承认而斗争》"导言"中说，《权力批判》论证出的

---

① 《马克思恩格斯选集》，第 1 卷，人民出版社 1995 年版，第 10 页。
② 弗雷泽、霍耐特：《再分配，还是承认？——一个政治哲学对话》，周穗明译，上海人民出版社 2009 年版，第 101 页。
③ 霍耐特、高宣扬、何乏笔、童世骏：《承认的重要性和为承认的斗争》，载《文汇报》2013 年 5 月 27 日，第 11 版。

结论是"谁想把福柯历史著作的社会理论成果整合到交往行为理论框架内，都必须指向在道德上被激发的斗争概念"[1]。我们也很容易发现，福柯《临床医学的诞生》指出，在17—18世纪的临床教学中，疾病是文本，病人是媒介，需要得到安慰的病人身体被教授和学生冷漠地"为了认识而观看，为了教学而展示"[2]。福柯认为，当痛苦成为一种景观，这便是一种相当过分的沉默式的暴力。

霍耐特还曾谈到蔑视或歧视的历史效果问题。"另一个问题是如何面对过去的歧视。任何社会如果不承认或无法面对过去发生的罪行，就无法存续。一个很好的例子是被屠杀的犹太人的后代或美国黑人的后代，他们的痛苦没有被承认，其结果就是一代一代人的创伤化倾向。任何社会都有义务承认以它的名义发生的任何罪行。我认为遗忘不是一种健康的承认关系的基础，过去的歧视在社会中必须不断被面对和被整理。如果过去的问题没有被清理和面对，在这个社会中会有一些不好的因素继续存在。这也是德国的教训。"[3]

三、蔑视体验引起的消极情感反应是如何实现的?

以上我们了解了霍耐特所阐述的蔑视的三种基本形式及其特殊性。我们知道，蔑视体验必然会引起个体的消极情感反应，而这种消极情感反应的实现问题也就成为霍耐特接下来需要研究和阐释的对象。

第一，蔑视体验的心理症候与作用机制是怎样的?

霍耐特承认理论建构了三个承认领域，并主张主体对相互承认的合法期待与相互承认的规范原则联系在一起。通过分析三种主体间性

---

[1] Axel Honneth, *Kampf um Anerkennung. Zur moralischen Grammatik sozialer Konflikte*, S. 7.

[2] 福柯:《临床医学的诞生》，刘北成译，译林出版社 2011 年版，第 93 页。

[3] 霍耐特、高宣扬、何乏笔、童世骏:《承认的重要性和为承认的斗争》，载《文汇报》2013 年 5 月 27 日，第 11 版。

承认形式，以及个体认同所遭遇的三种蔑视形式，霍耐特阐发了承认与蔑视关系、蔑视与反抗关系，描述了社会承认关系结构。从这三种承认形式出发，再区分社会蔑视形式就不再有什么困难。所以，伴随着蔑视体验而产生的消极情感反应，就可以精确描述"为承认而斗争"植根于其中的情感动机的动力源泉。

霍耐特总结了蔑视体验引起的消极情感反应所构成的三种心理症候。这三种心理症候可以根据人的身体衰败状况来隐喻式地加以描述：对强暴事件给个体带来的后果进行心理分析时，可以用心理死亡来表征；在研究剥夺权利的集体研究方法时，可以用社会死亡来表征；在涉及生活方式的文化贬低时，可以用心灵伤害来表征。正是在这些生理痛苦与死亡隐喻的基础上，个体深刻地认识到被蔑视的各种不同形式剥夺和否定了他的身体完整性。这就如同各种传染病危害和剥夺人的机体再生关系。在人的认同或争取社会承认的过程中，社会侮辱和羞辱体验对人的存在的威胁就如同疾病痛苦给人的身体、生命带来的威胁。霍耐特运用话语实践所作的解释包含着两个提示：一是与生理疾病引起的痛苦症状相适应，社会蔑视引起的痛苦症状是一种消极情感反应，如在社会羞耻感中所表现的那样；二是通过各种不同蔑视形式的概述也给出了解决这个问题——究竟是什么促进人的心理健康？保证人的存在完整性？——的钥匙。由是观之，与疾病预防相适应，社会保障能够最大限度地保护主体免受蔑视的痛苦。

接下来，霍耐特探讨了蔑视体验的作用机制。他要阐明从消极情感反应（如羞耻或愤怒、伤害或轻视）到反抗行为需要具备一个发挥认知引导功能的心理上的中间环节。应该说，人对承认体验有结构性依赖：为了获得成功的自我关系，他必须依赖社会对其能力与成就的主体间性承认。如果在某个发展阶段上缺乏社会承认，那在其人格中就出现心理裂痕。这时，像羞耻或愤怒这些消极情感反应就出现了。主体借助由这些心理症状构成的消极情感反应，就能够渐渐认识到他被非法剥夺了社会承认。因此，在羞耻这种情感反应中，蔑视体验能够变成"为承认而斗争"的动机。

第二，杜威的情绪学说与传统情绪学说有什么不同？

为了从规范意义上阐释个体的社会蔑视体验如何转化为集体的社会冲突和社会斗争实践，霍耐特借鉴了杜威情绪学说以构建人的情感反应理论。

我们知道，为了重振法兰克福学派批判理论，应对英美法国新的哲学社会科学思想的挑战，哈贝马斯和霍耐特等人开始主动学习和接纳美国的实用主义，并力图在捍卫批判理论的同时与之展开对话和交流。美国的实用主义尤其是米德、杜威的思想对霍耐特承认理论的影响巨大。其中，杜威的思想对霍耐特理论的影响主要体现在两个方面：一是合作民主理论方面，他通过重构杜威的民主理论得出结论：合作民主模型是当代民主理论的"第三条道路"①；二是情绪学说方面，霍耐特认为，杜威的实用心理学中提出的人类情感概念可以很好地描述主体间性承认与蔑视之间的复杂交织状况。霍耐特试图借用杜威的情绪学说来阐释蔑视体验所引起的消极情感反应功能是如何实现的，并指出杜威的挫败经历分析为建构人的情绪行为理论铺平了道路。

杜威的情绪学说与传统情绪学说有什么不同？杜威在早期的一些论文中明确反对实用主义心理学框架中那种（在詹姆斯构想中也能看到的）广为流传的观点：人的情绪激动必须被理解为内部情绪状态的表现形式。杜威试图阐明，这种传统情绪学说误认了情绪对行为的作用，因为作为"内部的"心理事件总是以"外部的"行为为前提。在他看来，在人的经验视域里，从根本上说，情绪是人的行为意图成功或失败反冲中的情感反应，它总是积极或消极地依赖于行为过程，从而出现

---

① 参见王凤才：《美国实用主义对霍耐特理论的影响》，载《云南大学学报》2010年第4期。

了积极情绪和消极情绪。按杜威的观点，情绪的本质在于："情绪整体上是一种行为模型，具有目的性，或一种智识内容，而且还把自身反映到感觉或情感之中，以作为对观念中或目的中客观表达出来的东西的主观评估。"① 实际上，关于个人获得经验与行为期待的互动关系，哈贝马斯《论杜威的〈确定性的寻求〉》一文中曾指出，杜威认为："经验的获得，只有通过与一个行为期待有可能与之遭遇的实在的互动，才有可能。出于这个理由，实在不是通过感官的接受性而揭示的，而是以一种建构主义的方式在筹划和施行有赢有输的行为的情境之中被揭示的。对象不是独立于有意施行的行为的受控结果之外而被'感受的'。"②

霍耐特则进一步论证说，杜威一般把情绪理解为情绪反应，这些情绪反应是在主体自我实现成败的基础上得以产生的。由此出发，如果详细区分紊乱或失败类型，那么就可以进一步区分各种情绪。霍耐特指出，杜威在区分了两种类型的"期待"（Erwartung），即人的习惯性行为或在工具性成功期待的框架中遇到阻碍而导致技术紊乱，或在规范行为期待的框架中遇到阻碍而导致社会生活世界中的道德冲突。霍耐特尤为关注第二种类型的期待。在规范期待失败情形中，衡量个人情绪反应差异的标准很容易确定，即确定到底是主体自身还是互动伙伴实施了阻碍行为，违反了期待中的规范。第一种情形中的情绪反应是主体的犯罪感，在第二种情形中的情绪反应是对互动伙伴的道德义愤。然而，杜威把这两种情形都看作是规范行为期待中典型的自助式情绪反应。由于个体的这些消极情绪反应随着注意力转移到自己的道德期待，主体就认识到这样的道德知识，即已经对其原有计划行为与目前的阻碍行为产生影响的道德知识。正是自己的这种道德期待引

---

① 《杜威全集：早期著作（1882—1898）》，王新生、刘平译，华东师范大学出版社 2010 年版，第 149 页。
② 哈贝马斯：《论杜威的〈确定性的寻求〉》，童世骏译，转引自杜威：《确定性的寻求》，傅统先译，上海人民出版社 2005 年版，序言第 3 页。

导着自己的行为，个体将自身生发的道德认识再向群体进行倾诉、沟通和串联，以至于形成各种集体性的示威、抗议甚或斗争行为，即社会冲突。接下来，霍耐特更为细致地剖析了具有开放性质的道德情感即羞耻感，用以论证蔑视体验在与羞耻感相关的情绪反应中可能成为为承认而斗争的动机。

第三，为什么说杜威的挫败经历分析为建构人的情绪行为理论铺平了道路？

霍耐特认为，杜威对"挫败经历"（Rückstoßerlebnisse）的分析为建构人的情绪行为理论构想铺平了道路。依霍耐特之见，心理分析与现象学方法一致确定，羞耻情感内涵首先在于个体自我价值感（自豪感）的下降。主体在自身行为的挫败经历中感到羞耻，于是就把自己体验为比以前假定的社会价值更少的价值。用心理分析术语来说，就是通过抑制效应违反道德规范而产生消极影响的不是超我，而是主体的自我理想。当然，羞耻可以追溯到自己的原因，也可以追溯到他人的过错。就前者而言，主体把自己体验为下等人，这是因为他自身违反了这样的道德规范即主体自身的理想操守；就后者而言，主体则被压迫在低等自尊的情感之中，这是因为互动伙伴违反了这样的道德规范，即那些规范可以促成人之为人而力求达到自我实现。这就是说，规范期待被辜负导致了交往的道德危机。

这样，个体因不被承认或错误承认而遭受到的蔑视体验激发起其与羞耻相关的情感反应，如果这些情感反应被转化为主体相应的道德规范知识，而且个体又将其传播为集体性的道德认识从而才可能演变为道德抵抗行为，即个体抗议扩展为集体愤慨和抗议。因为只有再次回到积极行为，个体才能从因羞辱的痛苦而被迫进入的情感张力中解脱出来。因此，在羞耻这种情感反应中，蔑视体验就能够变成"为承认而斗争"的动机。然而，这个重新开启的实践是否可以采取政治抵抗形式？社会羞耻感和伤害侮辱感是否内含政治道德潜能？这主要看被伤害主体的政治文化环境是如何构成的。只有具备了社会运动的表达手段，蔑视体验才能成为政治抵抗行为的动机源泉。不过，只有这样的一种分析，即尝试去解释那些产生于道德经验的社会冲突，才能使人们了解关于集体运动形成的逻辑。于是，我们才真正理解了在阐述了主体间性承认形式以及个体认同所遭遇的蔑视形式之后，霍耐特为什么致力于揭示社会冲突的道德逻辑。

世界各国的社会历史状况表明，从个体乃至集体反抗行为，蔑视体验能够成为政治抵抗行为的直接或间接动机。这恰恰说明霍耐特道德体验动力学社会斗争的强大解释力。

结　语

蔑视是批判理论的规范基础。霍耐特断言，将社会不公正体验理解为承认形式的连续拒绝（即蔑视）是有些令人信服的。"承认的概念框架今天具有中心价值，并不因为它表达新型的社会运动的种种目标，而是因为它已证明是在范畴上全面开启不公正的社会经验的适当工具。"① 为了重铸批判理论基础概念的正当性，霍耐特试图通过深入探究社会不满和反抗的动机来源从而构建承认理论加以证明，因为社会的苦难和不满占据着规范的中心位置。"因此所需要的首先是一种尝试，把社会的道德秩序解释为一个承认的渐次关系的脆弱结构；然后才能在第二步说明，这一承认秩序能够在各种不同的层面上触发社会冲突，这通常涉及被感受为毫无理由的蔑视的那种道德体验。"②

在承认与蔑视之间、蔑视与反抗之间存在着历史与逻辑相统一的必然关系。霍耐特反思了欧洲社会中主体在各种社会关系中承认、蔑视与反抗的斗争史。"我试图在（黑格尔）这个理论的基础上有所发展，我

---

① 弗雷泽、霍耐特：《再分配，还是承认？》，第 102 页。
② 同上书，第 105 页。

们可以看到，在欧洲历史上始终有社会运动和社会冲突，这些运动和冲突的宗旨是使社会原则能在社会现实中得到贯彻；也就是说，我们在社会的各个领域中常常观察到的社会冲突，是为了让社会承认的原则真正落实下来。在 19 世纪的三个不同领域可以发现这种斗争。19 世纪早期的妇女运动强调在婚姻和家庭中实现妇女的社会承认；民权运动强调社会承认的原则要在各个领域平等地体现出来；受马克思主义影响的工人运动强调无产阶级的价值需要被承认，通过工人运动，人们企图在市场的环境中实现工人的价值。从这三种社会承认的不同形式可以看到，以平等化为基础的原则实际上试图实现它的主体化。换句话说，在现实社会中，越是平等化，就越能得到社会承认，你就能成为越少受到限制的社会主体。所有的社会形式都是由承认构建的，在现代社会更是需要被强调。人们始终处在制度化的机制中，实现自己的要求和愿望。通过不断的社会斗争，有关的社会制度逐步得到了落实。"①

霍耐特试图回答黑格尔和米德未曾回答的问题：蔑视体验如何植根于主体情感经历之中，以至于能够成为社会反抗与冲突，即"为承认而斗争"的道德动机？蔑视的含义中包含对主体不同程度的心理伤害，根据蔑视伤害个体实践自我关系的程度可以确定它们的差异。"如果不参照主体对他人的承认反应提出的诉求，那么'蔑视'或'伤害'这些概念就根本不能被富有意义地使用。所以，我们日常语言中包含着人的本质的不可侵犯性、完整性与通过他人认同之间存在不可消解关系的经验提示。这就是黑格尔和米德所解释的个体化与承认之间的内在交织，由此产生出用'蔑视'概念指称的人的本质的不可忽视性。"② 也就是说，依据承认形式的系统划分可以分辨蔑视具体形式

① 霍耐特、高宣扬、何乏笔、童世骏：《承认的重要性和为承认的斗争》，载《文汇报》2013 年 5 月 27 日，第 11 版。

② Axel Honneth, *Kampf um Anerkennung. Zur moralischen Grammatik sozialer Konflikte*, S. 212.

之间的内在差异，这样，三种承认形式（爱、权利、团结）就分别对应三种蔑视形式（强暴、剥夺权利、侮辱）。

霍耐特认为，不是积极描述的道德原则取向，而是给予内心的正义观念之伤害体验，才是下层群体抗议行为的动机。与自身尊严、荣誉或完整性认同联系在一起的期待，一再成为正义观念的核心。社会承认与规范期待主体的交往关系联系在一起，而社会日常生活中的道德不公正感就是社会蔑视感。与社会蔑视、个体认同缺席联系在一起的是人格缺失体验。简言之，在道德伤害与蔑视体验之间存在着密切联系。主体被蔑视的体验产生了其争取承认的动机。正是被蔑视所引发的消极情感把纯粹的痛苦引向了行为，从而产生现实斗争和社会冲突。

这样，追求人格完整、反抗社会蔑视，是承认道德基本动机，也是霍耐特的基本立场。承认道德问题的提出，表明霍耐特承认理论已具雏形。因此，我们说，蔑视与反抗或曰"为承认而斗争"是霍耐特承认理论的主题，人际关系道德重建是霍耐特承认理论的目标。

"社会承认关系结构"霍耐特图表 [①]

承认方式	情感关怀	认知性尊重	社会尊重
个性维度	需要本能、情感本能	道德责任能力	能力和品性
承认形式	原始关系（爱、友谊）	法律关系（法权）	价值共同体（团结）
发展潜能	——	普遍化、实质化	个体化、平等化
实践自我关系	自信	自尊	自豪
蔑视形式	虐待、强奸 身体完整性伤害	剥夺权利、被排挤 社会完整性伤害	侮辱、心理伤害 荣誉、尊严伤害

霍耐特将上述内容置于《为承认而斗争》第五章之后，但他这样

[①] Axel Honneth, *Kampf um Anerkennung. Zur moralischen Grammatik sozialer Konflikte*, S. 211.

做并不太合适。因为在第五章中，他还没有论述社会蔑视形式；到第六章中，他才谈到社会蔑视形式问题。所以，应该是将这些内容置于第六章之后才比较合适。从总体上看，霍耐特的社会承认关系结构图表还有进一步精确化的必要。鉴于此，我根据霍耐特在《为承认而斗争》《再分配或承认？》中的论述，对"社会承认关系结构图表"进行修正和完善。

"社会承认关系结构"霍耐特—王凤才图表 [①]

承认领域	爱	法权	成就
承认形式	情感关怀（爱）	法律承认（法权）	社会尊重（团结）
承认原则	需要原则	平等原则	贡献原则
个性维度	情感需要	道德责任能力	能力与特质
实践自我关系	自信	自尊	自豪
蔑视形式	强暴	剥夺权利	侮辱
蔑视对象	身体完整性	完全成员资格	自我实现方式
蔑视后果	摧毁自信 "心理死亡"	伤害自尊 "社会死亡"	剥夺自豪 "心灵伤害"

实际上，霍耐特不仅没有解决好蔑视与反抗的关系，没有很好地阐明为什么蔑视体验是社会反抗的道德动机，而且关于承认与蔑视的关系处理得也不甚理想。

具体地说：（1）在《为承认而斗争》中，霍耐特用"爱、法权、团结"表征三种承认形式，不是太合适；退一步说，即使根据他本人的论述，前两种形式用"爱、法权"命名还说得过去，但第三种承认形式不应该用"团结"命名，而应该用"社会尊重"名之。因为在这部不足 300 页（不包括后来增加的作为"后记"的《承认的理由》一文）的著作中，有 20 页篇幅论述"爱"；有 23 页篇幅论述法律承认；

---

① 关于这个问题及以下内容，详见王凤才：《承认·正义·伦理——实践哲学语境中的霍耐特政治伦理学》，第 305—308 页。

论"团结"的 15 页中，有 11 页其实是在论述"社会尊重"。所以，关于承认形式的较好表述应该是《再分配或承认？》中的说法，即情感关怀、法律承认、社会尊重。况且，《为承认而斗争》中也有这样的提法，然而，不过是偶尔为之。（2）关于蔑视形式问题，霍耐特一直没有找到合适的概念来表征，往往是用描述代替范畴界定。如第一种蔑视形式，从来没有用一个准确的概念来定义：身体完整性伤害、剥夺身体自由、虐待或强奸、身体虐待、强暴等；不仅如此，他也没有考虑到自杀、自残、自虐、卖淫等特例，只是一味强调个体自主支配自己身体的权利。对第二、三种蔑视形式，情况大致如此，也往往是用描述代替范畴界定。

第三篇

社会哲学展望
——道德与社会发展

霍耐特《为承认而斗争》一方面坚持从主体间性关系出发来阐释社会，另一方面把主体间性的交往行为理论拓宽到否定性的斗争因素，认为社会发展要用社会冲突动力学来解释。在上一章，霍耐特从对日常语言实践的解释出发，指认了蔑视体验与个人认同进而与反抗之间的联系，区分了蔑视的三种形式——强暴、剥夺权利、侮辱，并回答了隐含在人类主体情感生活中的蔑视体验，何以构成为承认而斗争的动力。但是，霍耐特要想从理论上论证黑格尔和米德所坚持的断言，即为承认而斗争是社会生活现实中推动人的发展进步的道德力量，就必须从经验上来证实蔑视体验代表了社会反抗和集体暴乱的认识之情感源泉。

为了完成这个无法直接证明的难题，霍耐特退而求其次，采纳了一种间接的理论史方式和例证性方式来达成这一论证。霍耐特的论证分为如下三个步骤：（1）在第七章中，霍耐特努力返回到黑格尔和米德开创的社会哲学传统。后黑格尔主义思想史大都延续了黑格尔看待历史的方式，把历史发展看成为承认而斗争的冲突过程。其中，马克思、索雷尔和萨特的社会哲学代表了一种最重要的思想潮流的典范，他们在理论上都主张，社会冲突承载了承认之要求，却又没有能力真正透视其道德的内在结构。（2）在第八章中，霍耐特必须解释社会斗争的道德逻辑，以便说明社会斗争代表着社会进步的现实动力源泉，即从历史变迁的角度谈论"为承认而斗争"的进步作用。（3）在第九章中，霍耐特通过形式伦理构想阐明人格完整的主体间性条件构成了个体自我实现的前提。这样，便从哲学高度，对米德社会心理学矫正过的黑格尔"为承认而斗争"学说进行了规范论证。①

---

① Vgl. Axel Honneth, *Kampf um Anerkennung. Zur moralischen Grammatik sozialer Konflikte*, S. 228-229.

第七章
社会哲学传统的轨迹
——马克思、索雷尔、萨特

霍耐特在本章伊始，通过理论史的回顾，回答了为什么说耶拿时期黑格尔的"为承认而斗争"模型，从未对社会哲学史产生重大影响？耶拿时期（1801—1807）在黑格尔思想形成史上是一个关键时期。黑格尔开始构建自己的哲学体系，并以独立的哲学家的身份登上历史舞台。黑格尔在耶拿时期细分了承认的冲突模型，但从未对社会哲学史产生重大影响。黑格尔承认的冲突模型一直处在《精神现象学》[①]的阴影之中，因为《精神现象学》在方法上更具优势，在论述上更加鲜明。但"为承认而斗争"在《精神现象学》的主题中，被主要地限定在了该书第二部分关于"自我意识"的产生条件这个问题上。尽管如此，《精神现象学》中"主奴关系"还是充分暗示着它所要带来的政治理论变革，结果就是他早期著作中"为承认而斗争"这个核心主题在本质上仍然可能在场。黑格尔一心想着把主奴关系解释成"为认同诉求"（Identitätsansprüch）的承认斗争。这样，黑格尔就开启了一种思想运动，把人们之间的社会分裂回溯到破坏道德要求的

---

① 《精神现象学》，黑格尔从 1804 年开始写作，到 1806 年初基本完成。最初书稿名称为《意识经验的科学》，出版的最后一刻，黑格尔将书名确定为《科学体系之第一部分：精神现象学》。

经验，这与马基雅维利和霍布斯将社会冲突描述为因利益争夺而进行的策略斗争正相反。

黑格尔之后，马克思、索雷尔、后期萨特为黑格尔的道德冲突模型增加了新见解，但从未对"为承认而斗争"构想的可续发展作出贡献。概言之，马克思的阶级斗争学说，把青年黑格尔"为承认而斗争"的道德理论直觉与功利主义思潮综合到了一起，充满张力。其次，在马克思主义陷入经济还原论之后，索雷尔致力于把社会变革过程纳入"为承认而斗争"的理论视野。但霍耐特认为，索雷尔的尝试非常危险，且结果是失败的。最后，萨特使"为承认而斗争"有效地服务于其晚期具有批判取向的社会理论和时代诊断。但这与他早期的生存主义哲学之间存在断裂，不可调和。

总之马克思、索雷尔和萨特所呈现的理论意图失败的原因，在所有情况下都是绝对一致的：社会发展过程一直都只被视为按照三个道德维度中的一个来进行，而这些道德维度的区分，又主要依靠早期黑格尔。因此，这些理论仅仅构成了一个思想传统的不同环节。①

一、马克思与"为承认而斗争"构想

在《历史唯物主义理论》（合编，1977）中，霍耐特依次考察了对历史唯物主义的四种理解，指出"正统马克思列宁主义"路径具有决定论性质。因此，在《社会行为与人的本性》《劳动与工具行为》《权力批判》等著述中，霍耐特不断重思马克思主义的哲学遗产，试图跳出马克思原有的概念框架，即在不借助马克思历史唯物主义的情况下，也能富有成效地诠释、重构与继承马克思的社会批判方法和人的解放旨趣。在《为承认而斗争》中，霍耐特重构了青年马克思和成

---

① Vgl. Axel Honneth, *Kampf um Anerkennung. Zur moralischen Grammatik sozialer Konflikte*, S. 230.

熟时期马克思两个阶段的承认理论构想。

第一，青年马克思将黑格尔"为承认而斗争"生产美学狭隘化。

霍耐特紧紧抓住"劳动"这一马克思社会理论和人的解放学说的核心范畴，指出马克思不仅从经济增长角度，还从实践的、解放的自我发展的规范立场来看待劳动，将劳动视为推进资本主义现实的否定力量。① 在霍耐特看来，马克思"巴黎手稿"中的劳动概念奠基于手工劳动模型或艺术活动模型之上，既是内在本质力量的对象化过程，也是主体间性承认关系实现的中介。② 具体地说，霍耐特通过如下三步重构"巴黎手稿"，以阐明劳动、自我实现与承认的关系，来继承和发展马克思的社会批判方法和人的解放思想。

1. 霍耐特指出，马克思能够越出简单的主客体劳动范畴，把他颇具原创意义的人类学奠基于劳动概念之上，这一概念具有如此强烈的规范性，以至于它能把劳动过程本身构造为主体间性的承认过程。如果说"巴黎手稿"中前三个异化更多是从主客体关系出发来讨论劳动与自我实现，或至多可以说隐性地、间接地包含着人与人承认与否的关系。那么从第四异化"人同人相异化"到《詹姆斯·穆勒〈政治经济学原理〉一书摘要》(以下简称"穆勒评注")，马克思逐渐走出了孤立人的自我异化逻辑，走向真正复杂的、显性的交往异化和社会关系异化。

马克思在"穆勒评注"③ "论交换"篇中，阐述了国民经济学中作为中介的货币及其信用业之后，明确指出"不论是生产本身中人的

---

① cf. Axel Honneth, *The Fragmented World of the Social*, trans. Charles Wright, State University of New York Press, 1995, p. 16.

② Vgl. Axel Honneth, *Kampf um Anerkennung*, Suhrkamp, 1992, S. 231-232.

③ 国内外学术界关于"穆勒评注"在"巴黎手稿"中的写作顺序问题莫衷一是，但从 20 世纪 70 年代起，大部分学者对"笔记本 I—穆勒评注—笔记本 II—笔记本 III"持肯定态度。参见吕梁山、潘瑞：《马克思〈詹姆斯·穆勒《政治经济学原理》一书摘要〉研究读本》，中央编译出版社 2013 年版，第 43—61 页。本文观点以此为基础。

活动的交换，还是人的产品的交换，其意义都相当于类活动和类精神——他们的现实的、有意识的、真正的存在是社会的活动和社会的享受。因为人的本质是真正的社会联系"①。也就是说，按马克思此时的理解，人必须生活在共同体或社会中，必须借助其他私有者的劳动产品才能生存下去。而这个所谓真正的社会联系，也恰好是个人在积极实现自我时的直接产物。

马克思指出，此时两个私有者的社会联系或社会关系表现为私有财产的相互外化。他用肯定和称赞国民经济学的方式表达了自己的这个看法："国民经济学以交换和贸易的形式来探讨人们的社会联系或他们的积极实现着的人的本质，探讨他们在类生活中、在真正的人的生活中的相互补充（wechselseitige Ergänzung）。"② 马克思借助国民经济学对市民社会中交换和贸易现象的分析，指出这种社会联系就是人的本质，就是类生活和真正人的生活。

如上所述，青年马克思的研究视角开始发生明显转化。从"巴黎手稿"笔记本 I 前三种劳动异化形式的自我异化，开始转向第四种劳动异化的交往异化或相互异化。最终在"穆勒评注"中，马克思清晰地表达了这一新的"社会关系视角"。这使马克思可以摆脱主客体式的人本主义逻辑，从社会关系视角关照人的本质，从而提出关于人的本质的新规定：社会联系的"总体的存在（totales Wesen）"。因此，在"论消费"部分，马克思总结道，假定作为人进行生产，主体就在生产过程中双重地肯定了自己和另一个人，并在与他人交往中"相互补充"，这是人格与人格之间的相互承认关系。这一点，在《关于费尔巴哈的提纲》第六条中得到了系统的、明确的并且因而是较为成熟的表述：人的本质不是"单个人所固有的抽象物"，不是"抽象的−孤

---

① 马克思：《1844 年经济学哲学手稿》，人民出版社 2000 年版，第 170 页。
② 同上书，第 171 页。

立的-人的个体", "在其现实性上，它是一切社会关系的总和"。①

2. 马克思指出资本主义社会是资产阶级单独控制生产资料的社会，这就使得劳动者与生产资料相分离，也就不可避免地摧毁以劳动为中介的个人之间的承认关系。在资本主义社会，"工人越是通过自己的劳动占有外部世界、感性自然界，他就越是在两个方面失去生活资料"②。随着劳动者与生产资料的分离，工人成为自己对象的奴隶，劳动者单一控制自身活动的可能性就被剥夺了，而这种可能性恰恰能够使得劳动者作为共同体生活关系中的合作伙伴而相互承认。在资本主义生产方式下，劳动"对象化竟如此表现为对象的丧失，以致工人被剥夺了最必要的对象——不仅是生活的必要对象，而且是劳动的必要对象。甚至连劳动本身也成为工人只有通过最大的努力和极不规则的间歇才能加以占有的对象"③。这是霍耐特尤为强调的否定性环节，是对承认的破坏。

3. 马克思得出结论说，资本主义社会的历史冲突的实质，就是"以劳动为中介的承认"被打破后，被压迫的劳动者为重新建立充分承认的交往关系而发动的道德冲突，因而也就是"为承认而斗争"。这是霍耐特从承认理论出发，所找到的"巴黎手稿"中马克思社会批判理论的核心逻辑。

第二，成熟时期马克思著作中，"功利主义"和"表现主义"两种模型并存。

霍耐特认为，青年马克思之所以能够继承《精神现象学》中承认理论的冲突模型，是因为他的人类学劳动概念直接把个人自我实现与主体间性承认等同起来。但由于没有拉开时代距离，马克思没能认识到，这种构建方式以最成问题的方式杂糅了浪漫派的表现论人类学、

---

① 《马克思恩格斯文集》第 1 卷，人民出版社 2009 年版，第 501 页。
② 同上书，第 158 页。
③ 同上书，第 157 页。

费尔巴哈的"爱"和英国政治经济学。正是这些站不住脚的前提，支配着马克思对历史哲学的思考，从而使他既不能把对象化劳动仅仅视为内在本质力量的对象化过程，也不能视为主体间性承认关系的完全实现，还削弱了满足物质需要的人们之间可能的承认关系。

青年马克思将黑格尔"为承认而斗争"狭隘地局限在生产美学方向上，也就将社会斗争与劳动过程中的自我实现联系起来。这样，资本主义的劳动异化就负载了历史哲学的前提，并把注意力集中在它所带来的侮辱现象上。霍耐特说，正是如此，马克思认为人们得以将社会劳动理解为承认的中介和可能出现蔑视的场所。但这种局限性妨碍了他将异化劳动置入复杂的主体间性承认关系当中，以便揭示出其道德意义。

要想摆脱狭隘的生产美学冲突模型，马克思就必须让早期著作中人类学的劳动概念，摆脱对历史哲学的过度依赖，以便使劳动概念成为政治经济学批判的绝对基础。可是他认识社会斗争的狭隘道德理论视角，成了功利主义思想入侵的关口。马克思在分析资本时，将劳动视为价值创造和本质力量外化的双重过程。但马克思在资本主义的分析道路上，放弃了费尔巴哈将劳动视为对人类全体成员之需要的充满爱的确证，也因此放弃了从黑格尔为承认而斗争模型继承来的思想资源。于是，个体在劳动中的自我实现就无法自主地引起主体间性的承认，劳动者之间的斗争也就不能再被解释成争取承认的交往条件的斗争。马克思就此失去了从历史哲学角度解释阶级斗争的钥匙。

霍耐特认为，成熟时期马克思著作中，一直并存着两种社会冲突模型。首先，为了解释阶级斗争的动力问题，马克思运用马基雅维利和霍布斯的功利主义社会冲突模型，从而将不同阶级之间冲突运动的规律指认为经济利益的对立。对马克思来说，阶级斗争再也不是依照黑格尔的解释模型，被阐述成为承认而斗争，而是为（经济的）自我确证而斗争。因此，马克思在《政治经济学批判大纲》中，把劳动者的社会斗争在某种程度上描述为对日益增长的资本自主性的内在分析，认为劳动者斗争的目的是为了无产阶级的"客观"利益。这样，原先那种因生产过程中的地位与个人认同诉求遭遇挫败而产生的道德冲突，就变成了由制度结构所最终决定的利益冲突。《资本论》有些段落，倒是提及为扩大法律诉求而进行的集体冲突，但这并没有从根本上改变马克思所采取的这种新的冲突模型。[1] 因为马克思与法律普遍主义成就之间的高度矛盾，使他看不到有益的证据，来证明劳动者必须展开斗争，以反抗法律无视他们特殊阶级的利益。

其次，与经济理论中功利主义模型不同，马克思在历史和政治分析中，提供了一种赫尔德意义上"表现主义的"冲突模型，尤其是在《路易·波拿巴的雾月十八日》[2] 和《法兰西内战》[3] 这两本著作中。几乎与康德同期的赫尔德[4] 不再强调康德自由理论传统所依赖的纯粹理性，而是主张自由依赖于真实或本真欲望的表达。赫尔德提倡"完整性"和人类互动的语境，认为只有在人类共同体框架内，谈论个体的本真欲望或自由意志问题才有意义，这样就把不同社会团体文化传统的生活形式都囊括起来。结果就是，经济利益和传统文化生活方式共同塑造着不同政治团体的目标和价值。马克思转变功利主义解释路径的方向，指认了冲突行为对传统文化生活方式中价值信念的依赖性：在社会斗争中，相互对立的集团或阶级，尝试捍卫和贯彻实施那些确保他们认同性的价值观念。在《路易·波拿巴的雾月十八日》开篇，

---

[1]　Vgl. Axel Honneth, *Kampf um Anerkennung*, Suhrkamp, 1992, S. 238.

[2]　《路易·波拿巴的雾月十八日》于 1852 年 5 月首次以单行本形式在不定期刊物《革命》上发表。马克思运用唯物史观，评述了自 1848 年 2 月至 1851 年 12 月 2 日法国革命的经验、教训。

[3]　《法兰西内战——国际工人协会总委员会宣言》是马克思用英文撰写的，最初于 1871 年 6 月在伦敦出版。马克思全面总结了巴黎公社的战斗历程和历史经验，阐发了马克思主义关于阶级斗争、国家、无产阶级革命和无产阶级专政学说。

[4]　赫尔德（Johann Herder, 1744—1803），德国哲学家、路德派神学家、诗人。

便是马克思那段著名的话："人们自己创造自己的历史，但他们并不是随心所欲地创造，并不是在他们自己选定的条件下创造，而是在直接碰到的、既定的、从过去承继下来的条件下创造。一切已死的先辈们的传统，像梦魇一样纠缠着活人的头脑。当人们好像刚好在忙于改造自己和周围的事物并创造前所未有的事物时，恰好在这种革命危机时代，他们战战兢兢地请出亡灵来为自己效劳，借用它们的名字、战斗口号和衣服，以便穿着这种久受崇敬的服装，用这种借来的语言，演出世界历史的新的一幕。"① 在这里，马克思既坚持历史唯物主义观点，承认了经济因素和阶级利益等对人类行为的影响；又指明了道德、文化、宗教等传统的作用。换言之，在霍耐特看来，马克思通过反对自己的功利主义倾向，又一次接近"为承认而斗争"解释模型。

霍耐特这里所使用的"表现主义"概念有三层含义：（1）"表现主义"不仅表明，参与各方的冲突行为被理解为一种表现现象，而且按表现主义的行为模型，各方的情感和立场也都展现出来。具体地说，马克思的研究中关涉了不同团体的宗教传统和日常生活方式之经验信息，以便确认他们的集体价值观念。（2）"表现主义"也可以用于描述马克思著作中的一种趋势，即按戏剧文学的样式来展现社会冲突本身的过程，其中阶级冲突各方像作品中的人物一样被描绘成为生死存亡而斗争。在政治史研究当中，马克思按伦理分裂的模型来解释阶级斗争，这完全不同于他的资本主义理论著作：在他以戏剧化的方式所描述的社会事件里，共同体成员中彼此对立的成员，由于它们在社会中的地位不同而具有不同的价值取向。采取这种进路，马克思就再次背离了功利主义的倾向，而更加接近黑格尔"为承认而斗争"的模型。但另一方面，他并没有进一步说明，他所描绘的斗争在何种程度上具有和承认关系结构相联系的道德要求。（3）"表现主义"强调了马

---

① 《马克思恩格斯文集》第 2 卷，人民出版社 2009 年版，第 470—471 页。

克思历史著作中的一种倾向，即把阶级斗争仅仅看作是集体追求自我实现的冲突形式。但是，马克思所描述的冲突并没有真的涉及可以在社会层面得到解决的道德现象，而是涉及水火不容的价值之间永恒斗争的历史缩影。①

总之，在霍耐特看来，在成熟时期马克思著作中，一直存在着两种社会冲突模型：经济理论的功利主义利益冲突模型；政治历史研究的表现主义文化冲突模型。马克思本人在任何地方都没有把经济学著作的功利主义路径和历史研究的表现主义路径系统地联系起来，他们在成熟时期马克思著作中发生了碰撞。但是，马克思从来没有把构成了他理论核心的阶级斗争，理解为一种具有道德动机的冲突形式。于是，马克思根本不可能用其阶级斗争范畴来解释他所设置的规范目标。

二、索雷尔的阶级斗争道德理论模型与"为承认而斗争"构想

乔治·索雷尔是法国思想家，毕业于巴黎高等工科学院，之后成为政府公共工程部的技术人员，直至退休。索雷尔是西方政治思想史上最受争议的人物，同时代人及后来学者对其褒贬不一。在《伯林谈话录》第5次对话的最后一节"乔治·索雷尔和伯纳德·拉扎尔"中，伯林明确指出，任何对索雷尔的简单归类都将是困难的，因为"索雷尔是右派思想家，同时又是左派思想家。他既亲列宁又亲墨索里尼……他是一个既有些真知灼见又有些无稽之谈的有才华的、令人感兴趣的混合思想家"②。也难怪迈克尔·弗罗因德（Michael Freund）戏谑地将《索雷尔传》的副标题定为"革命的保守主义者"。

索雷尔主要是通过他的《论暴力》一书而为英美学者认识的，其

①　Vgl. Axel Honneth, *Kampf um Anerkennung*, S. 240–241.
②　拉明·贾汉贝格鲁：《伯林谈话录》，杨祯钦译，译林出版社 2002 年版，第 184 页。

次是《进步的幻象》。索雷尔认为，人的本质属性在于人"既是道德者又是创造者"，其实现只能在推翻资本主义建立共产主义之后。索雷尔在现实中并未参与工团主义运动，却因为他主张工人阶级团结起来实施总罢工、工人解放自身等思想，被称为工团主义理论家，英语世界将索雷尔视为无政府工团主义以及当今声名狼藉的总罢工神话的鼓吹者。萨特则把索雷尔著作称为"法西斯主义言论"。①

索雷尔从 1894 年起，成为法国有影响的马克思主义者；但从 1898 年起，在克罗齐和伯恩施坦的影响下，他又开始批判马克思主义。② 当然，正如他一生中思想的飘忽不定一样，索雷尔对马克思主义的理解也是时常变化的。在索雷尔那里，马克思主义常常只是他论证其他学说的注脚。在马克思主义史上，索雷尔的理论著作是最富独特个性的，然而也是政治上最具矛盾的。索雷尔既不害怕时常变化的政治阵线，也能够敢于接受那最纷繁复杂的思想潮流。他受到了维柯、柏格森、涂尔干和美国实用主义詹姆士等思想家的影响。

霍耐特认为，克服作为思想体系的功利主义是贯穿索雷尔一生的主线。由于马克思本人赋予利益导向的行为者模型以优先性，功利主义倾向在历史唯物主义传统中很快传播开来；索雷尔反对这种功利主义倾向，认为工人阶级的团结斗争绝不只是因为物质利益诉求。索雷尔明确指出，功利主义使马克思主义错误认识了自己的伦理目标，并产生了严重的后果。对索雷尔来说，把人类的行为都还原为追逐利益的理性目标这种观念，是理解道德动力的根本障碍，而正是这种道德动力事实上引导着人们作出创造性成就。沿着一开始就为他的理论工作确定的出发点，索雷尔必定要建立一种社会斗争的道德概念，即构

---

① 参见乔治·索雷尔：《进步的幻象》，吕文江译，上海人民出版社 2003 年版，第 6—7 页。

② 参见以赛亚·伯林：《反潮流：观念史文集》，冯克利译，译林出版社 2002 年版，第 354 页。

建一种阶级斗争的道德理论模型，这在很多方面与青年黑格尔冲突模型相一致。①霍耐特从如下三方面分析了索雷尔的社会哲学。

1. 索雷尔的理论根基（即反对功利主义，建立社会斗争的道德概念）建立在一种"社会行为"概念之上，这种社会行为不是追求利益的目的合理性模式，而是通向再一次的创造性生产。索雷尔在研究维柯时，首次认识到人类创造性的社会行为的社会地位，这样功利主义的初始动机就发生了道德理论的转向：那些构成了一个历史时代文化视界的创造性观念综合体，主要是由确立伦理上是善的和人道的标准之观念构成的。但是，不同阶级之间，并不存在衡量伦理上为善的一致标准，所以，主动创造历史进程的新观念就只能采取阶级斗争的形式。同时，因为社会阶级只有借助法律媒介才能将自己特殊的道德观念（规范和荣誉概念等）普遍化，所以阶级斗争就不可避免采取法律冲突的形式。关于这一点，索雷尔指出，维柯谈到了历史上存在的两类斗争：旨在夺取政权（politische Gewalt）的斗争和为了夺取法权（Recht）的斗争。而仅当谈论马克思的阶级斗争时，后一种斗争形势才会被考虑到。为了避免误解，维柯把阶级斗争直接叫作"为了法权的阶级斗争"，并且指出这种斗争以法律理论之间存在的冲突作为原则。

当然，这个原则还没有揭示出，特殊阶级的道德和法律规范之间的关系，而正是这种对抗才能产生出"阶级斗争的伦理本质"。索雷尔从"伦理社会主义"（ethischer Sozialismus）获得启迪，并从它对马克思主义的康德式解释，走向具有自身特性的黑格尔主义的新解释。现在，索雷尔把伦理规范追溯到那些社会生活领域的情感经验，黑格尔将其统称为"自然伦理"。但这些隐含在情感中的标准和规范并不能"建立一个新的法律体系"，即使他们成为集体道德观念的固定构

---

① Vgl. Axel Honneth, *Kampf um Anerkennung*, S. 242-243.

成要素。因为原则上道德规范只是一种"否定的情感反应"（negative Gefühls-reaktionen），即道德代表着所有伤害和侵犯的情感之总和；而法律则相反，是"肯定的规范设置（positive Normsetzungen）"，获得了政权的阶级一直都试图将自己先前被社会蔑视的感情转化为这种肯定的规范。反之，一切被压迫的阶级都努力对抗占支配地位的社会秩序的优选法律体系，他们必须把最初只是否定性的道德观念创造性地转化成肯定性的法律规范，然后才能去争夺政治权利。总之，索雷尔阶级斗争道德理论模型以这种经过技术狭义化处理的"法权"概念为基础，忽视了法律承认的普遍主义潜能，从而使自己陷入困境。①

2. 在柏格森生命哲学的巨大影响下，索雷尔又发展了一种社会神话概念，以便用它的认识观念来揭示新法律观念的集体创造过程。在索雷尔对马克思主义理论道德化转向的矛盾尝试中，社会神话学说这个倾向最终占据了支配地位。索雷尔认为，最能让被统治阶级把激愤之情转变为法律原则的，正是关于未来图景的社会神话。虽然索雷尔给"为承认而斗争"的观念装备了道德情感的经验材料，但他还是翻转航向回归到马基雅维利的传统，即人与人的斗争从根本上是权力和利益之争。因为在原则上，每个特殊阶级对"有尊严的生活"的诉求，都掩盖在相同的法律承认的利益之下，所以任何法律体系，只要是基于政治权力，就能够宣布具有相等的效力，于是索雷尔的社会哲学就具有了相对主义色彩。②

3. 霍耐特指出了索雷尔理论的局限性。在霍耐特看来，索雷尔未能充分地区分对价值观念的蔑视和对自主性期望的侵犯，也就没有把法律当作主体可以普遍化的自主性要求得以承认的中介，而只是当作表达一种德性生活观念的手段。结果，他缺乏一个用来区分道德规

---

① Vgl. Axel Honneth, *Kampf um Anerkennung*, S. 244–247.
② Ibid., S. 247–248.

范正当与否的法律体系标准，最终导致了把法律体系的内在观念完全留给了政治权力斗争。索雷尔把为承认而斗争还原为自我实现的单一维度，理论上的绝对性必然导致他的政治取向的致命结果。因为他根本不懂得把资产阶级法治国家的道德成就与其特殊阶级的运用方式区分开来，所以，他常常不依赖于一切政治和规范的差别，站在那些已经着手从根本上摧毁资产阶级法治国家的那一边。

这一点也同样适用于那些间接受到索雷尔影响的学者，像亨德里克·曼 ①。以《1844 年经济学哲学手稿》（1932）的首次面世为标志，亨德里克·曼对待马克思主义的态度分为两个阶段：（1）亨德里克·曼在 1926 年首次出版的《社会主义心理学》中，拉开了对当时正统马克思主义批判的序幕，指出这种马克思主义是一种过时的哲学唯物主义，是机械论、决定论、唯理论，是历史主义和经济享乐主义，应该放弃马克思主义。（2）《1844 年经济学哲学手稿》中的异化理论和人本主义启发了亨德里克·曼，他在当年就发表评论《新发现的马克思》，重新评价马克思主义以及《1844 年经济学哲学手稿》在马克思主义中的地位。加上索雷尔著作的影响，亨德里克·曼指出，劳动阶级反抗的基本动力不是经济利益，而是生活需要，他们的爱憎和愿望才是更根本的；换言之，是劳动阶级受到伤害的荣誉感而不是经济利益，导向他们的社会抵抗。因而马克思主义决不是非伦理的，道德无涉的。在这个意义上，亨德里克·曼将马克思主义视为人道主义的社会主义。亨德里克·曼由于无法把握现代法律领域的普遍主义内涵，所以最后同情民粹主义的政治权利潮流。②

总之，霍耐特肯定索雷尔对庸俗马克思主义传统中功利主义倾向的批判，指出索雷尔主要从道德视角来构建社会冲突的动力模型。这

---

① 亨德里克·曼（Hendrik de Man, 1885—1953），比利时政治家，社会理论家。
② Vgl. Axel Honneth, *Kampf um Anerkennung*, S. 248-249.

就从思想史角度再次例证了"为承认而斗争"的道德语法。

三、萨特的主体间性理论与"为承认而斗争"构想

萨特是本章所论述的社会哲学思潮的第三位代表,他对索雷尔的著作评价不高,但最终,在其后期著作中,萨特还是赞成索雷尔的如下观点:社会斗争和冲突首先必须被理解为集体行为者之间承认关系的紊乱。[1] 这无疑与萨特早期著作《存在与虚无》中的观点存在着某种断裂。在《存在与虚无》中,萨特坚信原则上不可能有人与人之间的成功交往,从而根本不采纳只是部分遭到扭曲的社会交往的有利视角,以至于"那种对成功地建立互主体性的可能性产生怀疑的当代怀疑主义从萨特的早期著作中既可以找到其哲学先驱,又可以发现其典型的表述"[2];但在后来的政治学著作如《对犹太人问题的观察》《我们都是凶手》中,萨特通过不断的理论修正,从而远离了生存主义本体论的影响。

萨特在《存在与虚无》中将"自在存在"与"自为存在"的二元本体论应用于"他人的生存"的先验哲学难题,由此便构成萨特最初的主体间性理论。在这种主体间性理论中,"为承认而斗争"就成为"人类此在的生存的永恒状态"[3]。所谓自在存在,即不依赖于人的意识的存在;所谓自为存在,则是被意识活动所意向的存在,它们按意识所规定的目的倾向而如此这般地存在着。在萨特看来,他人的注视是我们获得自我意识的唯一途径。作为自为存在的每个人类主体都生活在永恒超越现行行为计划的状态中,所以他必须将他人注视经验为对象化过程,这种注视按我们可能存在的唯一方式规定了个人

---

[1]　Vgl. Axel Honneth, *Kampf um Anerkennung*, S. 249.

[2]　霍耐特:《分裂的社会世界》,王晓升译,社会科学文献出版社 2011 年版,第 153 页。

[3]　Axel Honneth, *Kampf um Anerkennung*, S. 249.

存在。而回避这种由消极情感所标志的对象化危险的唯一方式，就是颠倒注视关系的方向，按一个人自己的生命规划来规定他人。因此，这种相互物化的动力过程把一种冲突要素引入社会互动的全部形式中，结果就是，在本体论意义上把人与人之间和解的希望排除掉了。

具体地说，萨特在《存在与虚无》(副标题是"现象学的本体论")第三卷第一章第四小节"注视"中，用现象学的描述方法，具体讲述了他人意识如何成为自我意识的先决条件，并且指出现实中我与他人的关系的根源就在于自我意识和他人意识之间的关系。萨特用"超越性"(Tranzendenz)来标志主体的存在方式，而他人的注视把主体变成了在世的一种空间对象，也把时间浓缩到注视时刻，这样就框定了主体自我规划中本来始终开放着的可能性。换言之，他者注视就是"我的可能性的死亡"①，它按我们可能性存在方式中某一种来规定了个人的存在。

后来，在讲到与他人的具体关系时，萨特把两者之间的纠缠和矛盾关系称为"为他之在"：我作为注视他人的主体，不能完全把他人对象化；他人作为注视我的主体，也无法彻底将我对象化。在这个意义上，"冲突是为他的存在的原初意义""他人是地狱"。当然，萨特这里所讲到的我与他人的冲突并非霍布斯意义上你死我活的利益之争，而是一种若即若离的意识和情感上的不适与困扰。这种纠缠导致的冲突，中断于"我们意识"，即集体意识中，此时我与他人有着共同的注视对象。但这种集体意识十分短暂，一旦我与他人恢复相互注视，它就立即消失。

总之，与年轻的费希特那一代德国浪漫派不同，萨特早期著作中所述的这种主体间性关系与成功的交往理想无关，而是注定要失

---

① 霍耐特：《分裂的社会世界》，第156页。

败。因为萨特二元论的存在论将认同概念片面地归入物的自在领域，以至于完全无法考虑自为身份的可能性，即发现人的认同的可能性，而只能把互动性接触视为为了维护自为存在的纯粹超验性而进行的斗争。①

霍耐特认为，萨特的这种否定性的主体间性理论，在之后不久的政治哲学著作中，悄悄地隐退在一种强烈的历史化方法后面。《对犹太人问题的观察》开启了萨特的这一理论转向：（1）萨特认为，反犹主义作为一种社会蔑视形式，可以在小资产者这个特殊阶级的经验之历史维度上找到根源。因而，他把犹太人的社会行为规范当作一种绝望状态下努力的表现手段，即在被拒绝承认的处境下极力维护一种集体的自尊。（2）萨特现象学分析对象领域的改变，也修改了人与人之间的互动关系动力的逻辑。因为先前被单个主体之生存主义经验占据的地位已由社会集体的历史经验取而代之，所以在原则上，现在就可以马上作出改变从而走向交往关系。上面勾勒的理论模型阐明了萨特在一系列进一步研究他那个时代政治处境的著作中所选择的道路：为承认而斗争不再代表着人类存在方式的不可避免的结构特征。相反，它已经被解释为一种由社会团体之间不对等的关系所引起的现象，因而在根本上是可以克服的。②

这一历史相对化了的冲突模型，在萨特关于黑人的反殖民运动一文《我们都是凶手》中占主导地位。在这里，殖民主义被理解为一种社会处境，它以某种方式歪曲了主体间性相互承认的关系，以致介入的团体都被强制纳入一种"准神经官能症行为图式"（quasineurotisches Verhaltensschema）中。换言之，为了使互动成为可能，殖民者和被殖民者两个集体都同时处于拒绝又维持相互承认

---

① 参见霍耐特：《分裂的社会世界》，第 160—161 页。
② Vgl. Axel Honneth, *Kampf um Anerkennung*, S. 250–251.

的关系：殖民统治者必须把被殖民者当作人来承认和蔑视，同样被殖民者也必须要求并拒绝这种做人的条件。这里，"神经官能症"并不是今天所指个体行为在心理学上的紊乱，相反，是指一种互动关系的病理学扭曲，它源于对隐而不显却仍然有效的承认关系的相互拒绝。①

霍耐特评价道，关于殖民主义的论文充分说明了，萨特仍然不清楚，究竟是什么决定着人的承认地位。萨特曾有意无意地使用"人权"概念，但又处于不可避免的矛盾之中。这种概念上的不明确暴露出，萨特哲学理论的发展与他的政治理论的发展显然从来都是无法同步的。因为，尽管他尝试多次，直至生命终结，都始终未能系统论证从相互承认关系的道德视角来看待冲突所必须使用的规范前提。在萨特的晚期哲学著作中，常常隐含着一种相互承认的规范概念，但却从未发展到分析当今历史事件所要求的解释层次。②

而在政治著作中，萨特和索雷尔一样，终究沉湎在概念混淆中。萨特也不可能通过分析，找到相互承认的法权形式和超越法权形式之间的分界线，所以，他亦如索雷尔一样，不可避免地混淆了个体或集体的自我实现的目标和扩展的自由权利的目标。萨特与索雷尔完全一样，也无法给予资产阶级法权的形式主义以道德意义，但只要我们像黑格尔和米德学习，区分为承认而斗争的三种形式，这种道德意义就会显示出来。

综上所述，一方面，马克思、索雷尔和萨特在经验语境中巧妙地运用承认模型，将社会斗争视为在社会进步过程中起构成性作用的范畴，深化和扩展了黑格尔在耶拿时期著作中构思而后在米德社会心理学中进一步深化的"为承认而斗争"模型。例如，马克思成功地揭示

---

① Vgl. Axel Honneth, *Kampf um Anerkennung*, S. 252.
② Ibid., S. 252-253.

了劳动是相互承认的中心媒介，索雷尔将集体蔑视情感作为黑格尔所关注的斗争的情感方面，而萨特则能运用"客观的神经官能症"概念，把社会统治结构整个地理解为一种病态的承认关系。但总体来看，承认概念的规范含义仍然过于含混，以致他们不能将其发展到一个崭新的解释水平。

第八章
蔑视与反抗
——社会冲突的道德逻辑

霍耐特不但为个体认同建构了"为承认而斗争"的社会静力学形式，而且试图论证其中的蔑视与反抗的社会动力学基础。通过分析三种主体间性承认形式，以及个体认同所遭遇的三种蔑视形式，霍耐特阐发了承认与蔑视关系、蔑视与反抗关系，描述了社会承认关系结构。霍耐特强调，经验现象学已经揭示，由黑格尔和米德提出的承认形式三分法没有完全滑过社会现实。从这三种承认形式出发，再区分社会蔑视形式就不再有什么困难。因为黑格尔和米德共有的基本信念是，"为承认而斗争"成为在人的社会生活中关心社会发展与进步的道德力量。所以，伴随着蔑视体验而产生的消极情感反应，就可以精确描述"为承认而斗争"植根于其中的情感动机的动力源泉。然而，无论黑格尔还是米德都没有提示：蔑视体验如何激发主体进入实际冲突过程？因为从纯粹痛苦到肯定行为，缺乏某种能够传达个体社会状况信息的中间环节。这样就必须提供经验证据来证明：蔑视体验是与情感相联系的社会反抗的动机源泉。

米德与黑格尔一致同意的基本命题是，社会生活再生产是在承认命题下实现的；并且个体发生史与社会承认关系拓展的前提相联系。于是，霍耐特得出结论说，黑格尔以观念论方式、米德以唯物主义方式转向"为承认而斗争"模型。当然，黑格尔和米德是在与马基雅维利、霍布斯、尼采不同的理论传统中揭示社会冲突，并试图将社会冲突视为社会道德发展的结构行为力。霍耐特区分了社会冲突的两种模型：为自我保护而斗争？还是为承认而斗争？从社会冲突的这两种模型出发，霍耐特借助米德社会心理学对青年黑格尔承认学说进行重构，从而使黑格尔的承认观念实现了自然主义转化，以此阐明批判理论的"承认理论转向"可能性；并以承认与蔑视关系、蔑视与反抗关系为核心，构建了承认理论基本框架。当涉及被社会成员视为合法的相互承认原则时，霍耐特总是将社会冲突或斗争引入资本主义社会形态中，并将蔑视体验视为所有社会斗争的道德动机。这样，他尝试在社会冲突中重建道德规范，并将人际关系道德重建视为承认理论目标。应该说，霍耐特关于社会冲突两种模型的区分与梳理是有意义的，但关键不在于区分与梳理本身，而在于他这样做的目的：霍耐特试图从"为自我保护而斗争"模型走向"为承认而斗争"模型。换言之，他想为自己创立承认理论寻找一个理论框架。

一、社会道德冲突论溯源

马克思、索雷尔和萨特作为社会哲学家都在前理论层面或者说经验语境中运用过承认模型。青年马克思强调"尊严"概念，认为资本主义社会组织摧毁了以劳动为中介的平等承认关系；索雷尔运用"荣誉"概念表达工人运动的政治道德要求；萨特引用黑格尔承认学说解释非洲黑人被压迫的经验。他们都赞成社会冲突首先必须被理解为集体行为者之间承认关系的断裂。然而，霍耐特解读分析这三位社会哲学家的思想后最终得出的结论是，虽然马克思、索雷尔和萨特代表了把社会冲突理解为承认要求的担当者的社会哲学传统，但他们却并没有真正阐明其道德的内在结构：马克思始终徘徊于道德冲突模型与利益冲突模型之间，从来没有系统地把社会阶级斗争理解为具有道德动机的冲突形式；索雷尔以法权概念为基础的阶级斗争道德理论模型，最终完全停留在政治权力斗争中；即使后期萨特离开了早期否定的主体间性学说，并一再出现规范的承认理论构想的暗示，但他也不能够为资产阶级法权形式的道德价值留有空间。所以说，尽管他们为黑格尔提出的道德冲突模型增加了新的洞见，但并没有对"为承认而斗争"构想的系统发展作出贡献。

为了阐述蔑视与反抗关系，证明植根于承认期待伤害的蔑视体验是社会反抗的道德动机，证明社会冲突的道德逻辑是社会进步的现实动力源泉，霍耐特对社会冲突或斗争学说进行了简要勾勒。针对社会运动兴起与蔑视道德体验之间的理论关系，他追溯了学院派社会学史中对社会冲突或社会斗争概念分析的晦暗不明、时断时续的状况。

第一，霍耐特首先从经验社会学典型代表滕尼斯和涂尔干那里寻求理论支持。

霍耐特认为，滕尼斯 [①] 和涂尔干 [②] 研究经验社会学结构，旨在对现代社会道德危机进行批判性诊断，并对社会整合的道德条件进行过深刻的揭示。

我们知道，共同体与社会是滕尼斯建构纯粹社会学的标准概念。他基于人们经验的共同情感、以实现伦理生活为旨向建构了从传统社会分裂为现代社会的社会变迁过程。滕尼斯《共同体与社会》（第1版）的副标题是"论作为经验的文化形式的共产主义与社会主义"。他将本质意志与选择意志这两种类型的个人意志形态分别对应于共同体与社会这两种类型的社会关系，并认为真正的社会的生活运动处于共同体与社会这两种类型之间。滕尼斯非常钦佩作为社会哲学家的马克思，他吸收了马克思《政治经济学批判》和《资本论》的很多

[①] 滕尼斯（Ferdinand Tönnies, 1855—1936），德国社会学家。

[②] 涂尔干（Emile Durkheim, 1858—1917），今译迪尔凯姆，法国犹太裔社会学家、人类学家，《社会学年鉴》创刊人。

思想，系统阐述了从原始共产主义（农业共产主义）到国际的"社会主义"，从共同体（"天然的联合体"）到社会（"文化的或人为的统一体"）的伟大理念或"规律"运动："从原始的（简单的、家庭的）共产主义和从中产生的、建立在此基础上的（村庄的—城市的）个人主义，走向独立的个人主义（大城市的—普遍的）和由此确定的（国家的和国际的）社会主义。"①

涂尔干之所以为霍耐特称道，正是因为涂尔干研究个人人格与社会团结之间的关系问题，旨在构建完整的社会而不是完整的个人人格。在涂尔干看来，社会不是一种生命器官和功能系统，而是道德生活的根源、核心和目的；社会是由各种通过个人能够得到实现的观念、信仰和情感的组合体，其首要观念是道德理想，因而社会的真正功能是创造道德理想。他强调社会结构对个人行为的制约作用，主张通过集体道德的作用来整合社会。涂尔干并不将法人团体看成是仅仅调节经济利益的功利主义群体，而是作为社会结构的基本要素，从而构建职业道德规范体系，以治疗在现代社会生活道德和法律方面的各种失范和病态。实际上，他在《自由的权利》中也分析道，与马克思认为资本主义市场体系侵犯了社会自由的条件从而使得工人唯有选择签订经济剥削和屈辱人格的契约不同，从黑格尔到涂尔干一直试图将契约前的一系列非契约性的道德规则体系融合进资本主义经济体系。"亚当·斯密关于利益交换有利之处的经济学上的分析，是以一种合法道德要求的契约为前提；黑格尔为市场在伦理的框架内添加了义务，以及涂尔干将经济的契约与前契约性的团结互助相连接。"②霍耐特以道德经济主义传统，从实现社会自由的出发点和机制形态的角度"把马克思对资本主义批判所描述的弊端，转换到黑格尔和涂尔干

---

① 滕尼斯：《新时代的精神》，林荣远译，北京大学出版社2006年版，第224页。
② 霍耐特：《自由的权利》，王旭译，社会科学文献出版社2013年版，第295页。

开拓的思想水平线上去，以他们的思想境界来看待资本主义的那些弊端；并不是资本主义市场经济结构性上的缺陷，导致了剥削和强制性契约，而是它自己的规范性许诺造成了这些弊端"①，因此必须在现存市场经济内部进行规范性重构。

然而，在霍耐特看来，尽管涂尔干、滕尼斯在社会整合的道德前提方面有许多新见解，但很少有关于社会冲突方面的理论，更没有在社会学基本概念中系统定位社会冲突现象。因此，他的理论目光迅速掠过，并开始投向马克斯·韦伯。

第二，霍耐特深入考察分析马克斯·韦伯的"斗争"概念。

我们知道，在《经济与社会：理解社会学纲要》中，韦伯② 参照滕尼斯的理论区分共同体化和社会化两种类型的社会关系。"社会关系的类型中，有一种被称为共同体化，即无论在个别、一般或纯粹的情况下，社会行为的调节是建立在参与者主观感受到的共同属性之上的，而无论其共同属性是情感性还是传统性的。还有一种社会关系被称为社会化，即只有以价值理性或目的理性为动机，进行社会行为的调节，从而达到利益的平衡或利益的结合。社会化可以建立在相互之间达成的合乎理性的协议之上。这时就价值合乎理性的例子而言，社会化的行为以自己负有责任为基础；就目的合乎理性的例子而言，则以伙伴的忠诚度为基础。"③ 可见，共同体化类型虽然与冲突关系相对立，但也会经常出现各种强制现象，而社会化类型则反映对立双方利益的妥协。

正如霍耐特所说，尽管韦伯把社会化过程视为植根于社会群体不同生活方式之间的冲突，但他的斗争概念也未考虑道德动机方面。因

---

① 霍耐特：《自由的权利》，第 314 页。
② 马克斯·韦伯（Max Weber, 1864—1920），德国社会学家、政治学家、经济学家、哲学家。
③ 马克斯·韦伯：《经济与社会》，杭聪译，北京出版社 2008 年版，第 9 页。

为韦伯谈到"社会关系的类型中包含有斗争类型，即行为仅仅以自己的意志为取向，不顾单个或多个合作者的反对。而所谓'和平'的斗争手段，是指那些不直接付诸暴力的手段。'和平'的斗争应该叫做竞争。而当一种竞争过程，其目的和手段遵循着某种制度，就被称做'规则化的竞争'。为了利益和生存，发生在个人或社会类型之间的斗争，如果缺乏明确的冲突意图，就将之称为'选择'。只要是涉及社会生活中民众的生存和生活机会的就叫做社会选择，而有关遗传特征的生存机会的，叫做生物选择。"① 霍耐特认为，依照韦伯社会范畴学说，社会关系主要关涉"为实现自己意志而反对群体或他人意志"的斗争，目的是为了提高把握生活机会的能力。

第三，霍耐特检视了齐美尔关于冲突的社会化功能论述。

齐美尔② 在《社会学：社会化形式研究》中系统思考了冲突的社会化功能，他非常重视冲突的社会学意义。对齐美尔来说，社会不是实体，而是过程。合作、冲突、联合、秘密等都是社会互动的基本形式。其中，斗争、冲突被齐美尔视为最为生动活泼的一种社会化形式。《社会学：社会化形式研究》第四章专门考察了冲突形式。冲突并不纯粹具有消极意义而是对社会整合也具有积极作用。"社会也需要和谐和不和谐、联合和竞争、宠信和猜忌的某种量的比例，才能达到某种形态。"③ 冲突的原因除去物质利益之外，还有一些敏感的感觉方式或情绪等社会学现象，例如，"憎恨和嫉妒，苦难和热望"④，再如，"在共同归属性的前提下（原文加粗），即一种外在的或内在的、切实的或所谓的对某种方式的爱情、友谊、赞许、联合的要求的前提

---

① 马克斯·韦伯：《经济与社会》，第 8 页。

② 齐美尔（Georg Simmel, 1858—1918），又译西美尔，德国社会学家、哲学家。

③ 齐美尔：《社会学：关于社会化形式的研究》，林荣远译，华夏出版社 2002 年版，第 179 页。

④ 同上书，第 178 页。

下，形成的愤怒和憎恨、蔑视和残酷"①。齐美尔还提到了社会学的区别敏感性的类型，诸如宗教群体冲突中经常发生包括变节分子的憎恨和对变节分子的憎恨，建立在共同归属性和统一之上的敌对。"只要在群体之内由于不和而有这样一种危险在威胁着，一方憎恨另一方就不仅是由于恰恰是煽动了不和的物质的原因，而是由于社会学的原因：我们憎恨恰恰是群体本身的敌人。由于这是在相互之间发生的，每一个都把威胁整体的过错归咎于对方，恰恰是由于对抗的各方都属于一个群体统一体，对抗变得尖锐起来。"②

霍耐特指出，虽然齐美尔在分析社会冲突根源时除考虑"敌对本能"外还系统考虑了我们以上提到的这些社会敏感性，但是，他却很少把个体认同或集体认同维度追溯到承认的主体间性前提，以致蔑视道德体验根本没有作为社会冲突原因进入他的视野。我们发现，齐美尔在本书中也确实没有霍耐特所要求的论证理路。

第四，芝加哥学派也是霍耐特关注的重点。

霍耐特指出，通过研究从现代社会秩序合法性出发的社会理论家如黑格尔、马克思、涂尔干就可以得知，首先必须假定现代道德的优先性。这里有两个能够对承认关系进步话语进行辩护的标准，一是与个体化过程有关；二是与社会"涵化过程"（Inklusionsvergang）有关。所以说，社会整合的道德质量通过被承认的人格份额提高或个体包容度提高，或说，通过不断增长的个体化或涵化而得到改善。为此，霍耐特通过梳理实用主义社会学中很有影响的芝加哥学派③的相关观点，发现了"为承认而斗争"的社会冲突模型。

---

① 齐美尔：《社会学：关于社会化形式的研究》，第 201 页。
② 同上书，第 199 页。
③ 芝加哥学派，20 世纪初至 30 年代，以芝加哥大学社会学系为中心形成的社会学学派；该学派深受实用主义影响，重视经验与实证研究。芝加哥社会学家可分为三代：第一代以斯莫尔、米德、托马斯为代表；第二代以帕克为代表；第三代以布鲁默为代表。

我们知道，在芝加哥学派中，帕克和伯吉斯主要研究种族和城市问题。其中，帕克提出"社会距离"概念并探讨了"种族偏见"与"种族冲突"的关系。他把社会发展过程分为竞争、冲突、适应和同化四个阶段，把冲突类型从齐美尔关于战争、争吵（摩擦）、诉讼、讨论等类型划分扩展为体育、赌博、游戏等，把冲突群体分为群体、劳工组织、宗派、党派和民族。帕克赞成齐美尔的如下观点：社会整体包含各种反对力量，社会是在冲突的基础上得以组织起来，他进一步认为："冲突是社会中的一条组织原则。"[1]

帕克[2]和伯吉斯[3]合著的《社会学导论》（1969）第九章中包括一条：罢工作为承认愿望的表达[4]。然而，霍耐特指出，凡是谈到"为承认而斗争"，总是放在意指种族冲突或民族冲突的"冲突"标题之下，他们只是简单地提及荣誉、声誉和威望，而对诸如社会冲突的道德逻辑这些本质问题，并没有给予适当的规定。帕克自己也说："迄今，所有将劳资关系置于道德基础之上的尝试都失败了。"[5]

霍耐特得出结论说，在学院派社会学中，社会运动兴起与蔑视道德体验之间的理论关系，在很大程度上从一开始就被割裂了。也就是说，社会反抗的动机仅仅被理解为物质利益分配不均而不是被理解为日常道德情感。总之，在霍耐特看来，这是一种极其严重的理论事实，"所有厘清社会苦难存在形式的意义的概念上的努力，都被扼杀在萌芽之中。"[6]

---

[1] 罗伯特·E. 帕克：《社会学导论》，中国传媒大学出版社2016年版，第314页。

[2] 帕克（Robert E. Park, 1864—1944），美国社会学家，芝加哥学派主要代表人物之一。

[3] 伯吉斯（Ernest W. Burgess, 1886—1966），美国社会学家，芝加哥学派主要代表人物之一。

[4] 罗伯特·E. 帕克：《社会学导论》，第325页。

[5] 同上书，第316页。

[6] 弗雷泽、霍耐特：《再分配，还是承认？》，第98页。

二、为什么具有规范内涵的社会理论需要社会斗争概念？

根据"为承认而斗争"理论，所有社会冲突形式在原则上都必须根据"为承认而斗争"的道德模型来理解，每个集体反抗与叛乱行为的出现都应该追溯到蔑视道德体验的恒定框架中。霍耐特意识到这种理论往往缺乏经验支持。于是，他就对"为承认而斗争"理论模型进行反思，并力图纠正道德冲突模型绝对化的缺陷。为此，霍耐特主动改变自己的思路，强调道德冲突模型与利益冲突模型相互补充。

第一，黑格尔、米德视域中的"社会斗争"概念。

社会斗争概念对社会现实具有构造意义。为了获取具有规范内涵的社会理论基础，霍耐特进一步诉诸社会斗争概念。

1. 黑格尔和米德关于社会斗争概念的观点

为了解决自然目的论构想与社会性概念之间的内在张力，黑格尔创造性地将费希特与霍布斯结合在一起，即通过把费希特承认理论的冲突模型动力学化，并重新解释"所有人反对所有人的战争"模型，从而引发出关于社会斗争概念划时代的新观点：斗争，不再是为主体纯粹肉体的自我保护而冲突；毋宁说，当伦理事件指向人的个性维度的主体间性承认时，它一开始就是主体之间的实际冲突。人与人之间的契约不是结束于"所有人反对所有人的战争"状态，而是作为道德媒介的斗争使伦理未展开状态走向伦理关系成熟状态。米德对黑格尔伦理问题的后习俗回答，使青年黑格尔承认学说发生了自然主义"经验的转向"。

霍耐特指出，就像黑格尔对待普遍意志形成过程一样，米德也把社会道德发展理解为法律承认内涵的逐步扩大过程。在这里，米德与黑格尔就有了三个共同点：一是认为在历史上只有通过法律强制的自由空间的扩大，才能释放个性的潜能；二是认为引起社会变革的动力是主体为扩大主体间性保障的法权范围而持续进行的斗争；三是认为个性的历史解放发生在"为承认而斗争"的过程中。但与黑格尔不同，米德的"为承认而斗争"意味着为共同体扩大而进行集体努力的社会实践。这样，米德就把与为扩大法律承认关系而进行社会斗争概念的两个非常不同的过程联系起来了。在第一个过程中，米德将共同体成员法权扩大理解为个体自主增加，即在事实意义上，共同体扩大意味着个体自由活动空间扩大；在第二个过程中，某些共同体中存在的法权向更大范围的个体扩大，即在社会意义上，共同体扩大包括通过法律承认诉求的主体范围扩大。

2. 社会斗争概念对社会现实的构造意义

霍耐特梳理了马克思、索雷尔、萨特作为继黑格尔之后"为承认而斗争"模型的社会道德哲学传统。他们三人所揭示的经验几乎没有反映在正在形成的社会科学的概念框架中。在当时社会科学的概念框架中，社会斗争范畴具有揭示社会现实的根本的结构性意义，尽管这已经蕴涵着阐发社会冲突道德逻辑的可能性，但在达尔文主义与功利主义思维模型影响下，最终还是把社会斗争定义为物质机会的竞争。霍耐特断言，与在现代社会理论中取得支配地位的霍布斯模型相比，他们三人的解决方案是未完成的、容易引起误解的，只是潜在的、从未真正阐发过的理论传统的碎片。

因此，霍耐特得出结论说，只有首先依赖社会斗争概念而非从道德不公正感的利益状况预设出发，重建已经断裂的黑格尔反对霍布斯模型的效果历史，才能获得具有规范内涵的社会理论基础。霍耐特通过重构黑格尔、米德"为承认而斗争"模型，认为在历史研究中出现了一个强调道德蔑视体验与社会斗争关系的新趋向。霍耐特分析，在承认的三个基本领域之中，爱的关系仅仅包含斗争维度 ①，而权利和

① 在《为承认而斗争》中，霍耐特认为爱作为最基本的承认形式，不包含会导致社会冲突的道德经验，换言之，不会成为公共争论的对象。霍耐特后来否定了这一看法。

社会重视或团结则可能构成社会冲突的道德语境。社会斗争的经验实践表明，个体蔑视体验只有被普遍化为集体性经验，从而成为确立集体扩大承认关系的要求，才能最终实现社会斗争的集体运动形式。与所有功利主义解释模型不同，"为承认而斗争"的解释模型的基本看法是：主体在根深蒂固的承认期待被伤害之后，便产生被蔑视的道德体验，从而形成社会反抗与叛乱的动机。

第二，霍耐特的"社会斗争"概念及其重要性。

霍耐特如何理解社会斗争概念呢？我们看到，霍耐特旨在确立道德蔑视与社会斗争之间的联系，他从道德经验的角度来解释社会斗争。社会伤害总是具体地加之于个体，个体被蔑视的经验应该被扩充理解为整个集体的独特经验，同时也成为扩大承认关系的要求。因此，个人的反抗则依赖于集体运动式的"社会斗争"，即为承认而斗争。

社会斗争概念之所以如此重要，是因为：

1. 在描述方面的开放性，即它对冲突社会学内部的通常区分保持中立。在这种描述层面，社会团体对待蔑视的方案和手段，是否运用物质的、象征的或消极的暴力等都是完全开放的。这种概念对社会冲突的意向形式和非意向形式的传统区分也保持中立。也就是说，关于社会行为者在多大程度上不得不意识到他们行为的强有力的道德动机，社会斗争的概念对此并没有妄下断言。在这方面，我们也能想象到一些案例：某些社会运动通过用不适宜的利益解释模型错误地判定他们反抗的道德要义。社会斗争的概念也并不使得社会运动中个人目标与非个人目标及其实现彼此排挤。也就是说，个体行为者可能在集体斗争过程中因与其他参与者团结友爱、彼此重视或将个人目标推向未来的交往共同体，这样就会以某种积极的方式消除掉原有的蔑视体验，可以间接地建立社会价值的自信。

2. 与功利主义的解释模型相比，它在解释内容方面的灵活性或说固定性。在霍耐特看来，为获得承认的"社会斗争"过程是这样展开的：社会承认模型使主体自我认识到在社会文化环境中他们既是自主的存在，又是个体化的存在；这样，个体想要获得承认的内心期望内在地联系着个人同一性的发展。如果社会挫败了这些规范的期望，就一定会产生那种使主体感到被蔑视时所表达的道德经验；当且仅当主体能够在主体间性解释框架内表达对伤害的感受，并把它作为整个团体的表征时，这种对伤害的感受才成为集体反抗的基本动机。当然，也有另外可能性，例如，由于被伤害主体的政治文化环境的特殊性，集体反抗的实践并没有采取政治抵抗形式甚或压根没有形成集体反抗。然而，无论如何，这种为获得承认关系而进行集体斗争的集体语义学能够引发社会运动，这种语义学也为辨识个体伤害的社会根源提供了亚文化的解释视界。

3. 为道德形成过程提供解释框架。受到个体的不公正感和蔑视体验是解释社会斗争的源头，霍耐特把社会的道德秩序解释为脆弱的承认结构（蔑视体验与承认期望相互纠缠），把为承认而斗争意义上的社会斗争概念理解为道德发展的历史过程。因此，这就大大拓展了道德学习与道德冲突的人类学意义。

总之，霍耐特试图阐明和达到的理论目的是：一切社会对抗和冲突形式在原则上都可遵循为承认而斗争的模型。具体说来，每一种集体反抗和叛乱行为的兴起都可以追溯到一种恒定的道德经验框架，这样，就可以根据不断变化的承认和蔑视的规则来解释社会现实的许多冲突。

第三，两种社会冲突模型互相补充。

事实上，社会冲突逻辑大体上能够追溯到利益追求和承认斗争两种根源。一方面，社会冲突的可能性或多或少服从于集体利益追求的逻辑，因为并非所有反抗形式都能够追溯到道德诉求的伤害。许多历史事件表明，大众抗议与暴乱的动机纯粹是为了保障经济生活。另一方面，我们应该根据历史上变化的承认与蔑视语法解释社会现实。霍耐特认为，开始于集体利益的冲突模型把社会斗争的发生与发展过程追溯到社会群体试图获得扩大支配一定再生产机会的努力；开始于集体不公正感的冲突模型（即道德冲突模型）把社会斗争的发生与发展过程追溯到社会群体面对法律承认与社会尊重被否定时的道德体验。前者分析的是为解决产品匮乏而斗争；后者分析的是为人格完整的主体间性条件而斗争。

然而，霍耐特认为，承认理论冲突模型不可以代替功利主义冲突模型，而只能是它的补充和扩展。因为一个社会冲突到底是遵循利益追求的逻辑，还是遵循道德反应形成的逻辑，这永远是一个经验问题。由于功利主义集体利益冲突模型遮蔽了社会冲突的道德语法，或说植根于利益维度的社会理论如此持久地妨碍人们对道德感意义的认识，因而承认理论冲突模型必须纠正功利主义冲突模型的解释偏狭。事实上，霍耐特承认理论模型承担了超越补充功能的艰巨任务，甚而为承认而斗争的解释力可能涵盖利益冲突模型。

三、蔑视体验作为社会反抗的道德动机

霍耐特在《权力的批判》"后记"（1988）及其注释里曾提到他早在《道德意识与社会阶级统治——规范行为潜能分析中的几个困难》（1981）、《破碎的象征形式世界——布尔迪厄的文化社会学著作》（1984）、《革命本体论拯救——C.卡斯托里亚蒂斯的社会理论》（1985）等文章中就勾勒了为承认而斗争的社会冲突模型这种基本思想，"社会冲突被理解为这样一个过程，它源于个体的道德要求，而这些要求原则上只有通过社会才能实现"①。在《道德意识与社会阶级统治——规范行为潜能分析中的几个困难》一文中，霍耐特认为不公正意识这一概念能够帮助实现以下目的：掌握被统治阶级的规范潜

---

① 霍耐特：《权力的批判——批判社会理论反思的几个阶段》，童建挺译，上海人民出版社 2012 年版，第 309 页。

能，从而准确描述资本主义阶级关系。他试图从社会学角度考察底层民众社会斗争的道德经验。"对霍耐特而言，底层民众对在现行体制所感受到的不义，正可以显现出它是一种前理论性的'本真的社会伦理'。因为它的不义感受，正是对体制性的规范并不能符合民众心中本有的'内在道德性'的一种否定性的反应。底层民众感受到的不义意识的作用，因而就像是认知的筛子，它可以使霸权统治的规范宰制无所遁形。"[1] 而在《为承认而斗争》第 8 章中，我们看到霍耐特的理论论证工作就在于寻找汤普森、摩尔等一系列的历史研究的相关支持。

第一，汤普森关于平民文化与道德经济关系的考察。

20 世纪 70 年代以来，随着社会人类学与文化社会学研究方法的交叉，出现了新的历史编纂形式，这使得人们更广泛、更恰当地认识到社会下层群体冲突行为具有规范前提。历史研究中新出现的人类学田野研究手段，揭示了历史上不同"亚文化"（Subkultur）的政治反应行为所依赖的规范共识的隐含规则。英国历史学家汤普森 [2] 将自己的专著《英国工人阶级的形成》（1963）看作是英国工人阶级（1780—1832 年间）从青春期到早期成熟的一本传记，他认为"阶级既形成在经济中，也形成在文化中"。他梳理了工人阶级形成时所使用的包括英国清教非国教派传统、人民自发的道德经济学传统、自由人权传统和受法国大革命影响的英国雅各宾传统在内的四大文化遗产。他还考察了英国工人阶级的阶级经历和形成阶级意识、阶级觉悟的过程。"当一批人从共同的经历中得出结论（不管这种经历是从前辈那里得来还是亲身体验），感到并明确说出他们之间有共同利益，他们的利

---

[1] 林远泽：《论霍耐特的承认理论与作为社会病理学诊断的批判理论》，载《哲学与文化》2016 年第 4 期。

[2] 汤普森（Edward P. Thompson, 1924—1993），英国历史学家、作家、社会主义者、和平活动家。

益与其他人不同（而且常常对立）时，阶级就产生了。阶级经历主要由生产关系所决定，人们在出生时就进入某种生产关系，或在以后被迫进入。阶级觉悟是把阶级经历用文化的方式加以处理，它体现在传统习惯、价值体系、思想观念和组织形式中。如果说经历是可以预先确定的，阶级意识却不然。"阶级意识作为文化上层建筑，"阶级是人们在亲身经历自己的历史时确定其含义的，因而归根结底是它惟一的定义。"①

霍耐特认为，正是在历史研究的文化规范转向推动下，汤普森用规范主义前提取代了传统的功利主义前提。具体说来，汤普森《英国工人阶级的形成》对大约资本主义工业化初期英国下层群体的日常道德观念进行研究，并考察平民文化与"道德经济"（moral economy）的关系。汤普森发现，18世纪下半叶英国工人群众利用古老传统家长制式的道德经济学来自觉维护和解释自身发动粮食暴动的合法性，他们以旧的道德经济学来反对自由市场经济，"这种准则告诫人们：任何哄抬食品价格、靠人们日常必需品来牟取暴利的不公正手段都是不道德的。"② 从而得出了这样的看法：社会暴乱从来就不仅是经济困苦与匮乏体验的直接表达，相反，什么是经济供给不可忍受的状况倒是应该根据人们一致诉诸共同体组织的道德期待来衡量。

第二，摩尔"隐含的社会契约"概念与社会蔑视的关系。

霍耐特意识到，仅仅通过阐述汤普森历史研究中所得出的关于社会下层群体冲突行为具有道德规范前提这一新的研究视角还不足以支持以下结论：社会斗争原则上应该根据"为承认而斗争"道德冲突模型来理解。因此，他还需要进一步证明：每一次对"隐含共识"（implizites Konsens）的伤害都被伤害者体验为对自己承认的剥夺过

---

① 汤普森：《英国工人阶级的形成》，钱乘旦等译，译林出版社 2001 年版，前言第 2 页。
② 汤普森：《英国工人阶级的形成》，前言第 56 页。

程，因而伤害其自我价值感。

无产者争取自身荣誉承认的斗争、原住民对殖民集团的社会反抗和妇女阶层的深层抗议史都涉及承认与蔑视概念。霍耐特尤其推崇巴林顿·摩尔 ① 关于无产阶级反抗的开创性研究、关于原住民被伤害的自尊意义研究，以及关于妇女被压迫体验语境中蔑视核心作用的文献。霍耐特借助摩尔所提出的 "隐含社会契约"（implizites Gesellschaftsvertrag）这一概念，打通了道德规范共识、社会蔑视和社会反抗之间的理论隔阂。他指出，摩尔的隐含社会契约概念为这个领域作出了开创性的贡献，它并非偶然地与汤普森道德经济学观念相衔接。

在《不公正：顺从与反抗的原因》（1982）中，摩尔认为道德自主是反抗的一个先决条件，他考察了社会规则及其受侵害是如何成为在道德愤怒和不公感方面的关键组成部分。他提出 "隐含社会契约" 概念，不像法典式的社会契约，这是共同体中合作群体之间的规范共识，是规定着相互承认条件的非正式编纂的、不严密的规则体系。他指出，只要通过政治强制实现的变革破坏了这种隐含共识，那么无疑也会导致对具体的亚群体（Teilgruppe）固有认同的社会蔑视，并且正是通过这种社会蔑视引起的对集体自尊威胁的可能性，才产生了具有广泛基础的政治反抗与社会叛乱。

霍耐特还进一步列举安德烈亚斯·格里辛格尔（Andreas Griessinger）可视为摩尔立场的强化版的历史研究，从中能够进一步支持 "社会对抗遵循为承认而斗争的模型" 的经验细节。在《荣誉的符号资本》中，格里辛格尔研究了 18 世纪德国手工业者罢工运动与集体意识，并通过建立徘徊于道德期待的政治失望与传统理解的承认关系之间的关联，这拓展了汤普森认同理论内涵。正如霍耐特所说，这些研究的优点是：给 "为承认而斗争" 模型提供了足够的直观材料，至少第一

---

① 摩尔（Barrington Moore, 1913—2005），美国政治社会学家。

次提供了经验支持；其缺点则是，他们给予承认关系结构特征以较低的地位，更多的是特殊生活世界的历史解释。

在关于这一主题的一篇文章（《完整性与蔑视：基于承认理论的道德概念原则》）中，霍耐特还曾发掘了布洛赫对社会变化的道德动机来源的揭示。"在他的著作中，布洛赫涉及了众多观点，然而他始终关注的是隐藏于社会变化之后的道德动机的来源，这种热情已成为他的特点。布洛赫提出，如果不是因为另外有尊严受到伤害的感觉，仅仅是经济困苦和政治依赖的经历将不能成为历史上革命运动的动力。伴随经济贫困或社会压迫的是人对完整性的诉求被忽视的感受。"[①]

第三，如何理解蔑视体验是社会反抗的道德动机？

霍耐特尝试为现代社会重建道德基础。"为了解释当代资本主义发展过程的动力，只有社会承认诉求的合法性概念是不够的。所以，霍耐特总是捍卫这个命题：社会主体所遇到的规范期待，是由不同的'普遍化的他人'对其能力的社会承认来保证的。这个道德社会学断言的内涵在两个方向上被进一步阐发，一是涉及道德主体的社会化，二是触及道德的社会整合。这就说明，承认与社会化是紧密相联系的，只有在承认原则制度化道路上才能实现规范的社会整合。或说，制度化领域总是隶属于唯一的承认原则：今天，正如国家教育体系是由两个竞争的社会承认观念加以规范整合一样，家庭自然是出于好的理由不再长期仅仅由爱的规范原则所支配，而是通过不断增长的法律承认形式来组织。在分析当代社会经济结构，以及当代职业劳动结构转型之后，霍耐特强调，现在已经揭示，社会结构转型能够改变社会承认期待的内涵，它们的特殊取向归功于固定的社会整合形式。主体法权的国家保障形成了社会承认的独立源泉；而主体法权则构成现代法

[①]　霍耐特：《完整性与蔑视：基于承认理论的道德概念原则》，赵琰译，黎林校，载《世界哲学》2011年第3期。

律体系的内在组成部分。……社会冲突的源泉在于法律平等原则与事实不平等之间的张力之中。这种冲突具有为法律承认而斗争的独立性。"[1]他在道德社会学中遴选出爱、权利和团结三种承认内容，作为人类完整性和尊严的相互交往条件的形式要求。这是社会生活世界为了保护其成员所必须展示的道德基础。然而，蔑视体验损害了主体间性积极承认关系的社会化条件。霍耐特不仅阐释了承认与蔑视关系，还阐述了蔑视与反抗关系，试图论证蔑视体验何以成为社会反抗的道德动机。

在阐释社会冲突这一问题上，通过对马克思、索雷尔、萨特的社会哲学思想发展轨迹的梳理，霍耐特论证了道德冲突模型优先于利益冲突模型，从而得出结论说"社会对抗在原则上是根据'为承认而斗争'的道德模型来理解"。他又将个体与集体一起为承认而斗争本身拓展为道德发展的历史过程的动因，因而与社会斗争解释联系在一起的蔑视体验，就作为社会反抗行为的道德动机。个体所遭遇的各种形式的蔑视体验，必将激起一定形式的"为承认"而进行的"斗争"，尽管有时激烈，有时缓和。霍耐特认为，社会冲突就是由于共同体成员个体受到不公正的道德待遇，从而引发个人和共同体群体对已有社会道德规范的反抗。

为承认而斗争的模型还可被理解为道德教化过程的解释框架。霍耐特不仅梳理承认理论冲突模型的历史研究证据，分析论证为承认而斗争是社会斗争的起源，而且将为承认而斗争的解释模型扩展为可以描述道德发展的整个历史过程。蔑视体验及其引发的斗争可以帮助我们认识道德发展的规范结构。这样，他对"蔑视体验是社会反抗的道德动机"这一命题的论证就更加扎实和深化。

简言之，社会反抗动机形成于道德体验框架中，而道德体验又产

---

[1]　王凤才：《承认·正义·伦理——实践哲学语境中的霍耐特政治伦理学》，第174页。

生于对根深蒂固的承认期待的伤害。因此，蔑视体验就构成为承认而斗争的道德动机。社会发展不能用社会合理化逻辑而只能用社会冲突动力学来解释，只有蔑视的社会动力学才代表批判理论的未来。这也是霍耐特在与哈贝马斯的交往理论的划界中，为批判理论未来发展指明的新方向。

结 语

那么，如何理解霍耐特自认为自己并没有完成社会冲突的道德逻辑这个任务呢？[①]

霍耐特通过呈现资本主义承认关系这种规范性结构的历史生成过程，假定了现代性的道德优先性，进而他将承认领域的差别描述成道德进步的标准[②]。我们认为，社会反抗动机是分层次的：最低的也是最基本的层次是为了经济利益，首先是满足生存需求；第二个层次是为了政治权利或权力诉求；最后的也是最高的层次才是"为承认而斗争"的社会道德诉求。霍耐特没有区分这些层次，从而将"为承认而斗争"模型绝对化。对不发达国家的大多数人来说，"为承认而斗争"恐怕不是最迫切的需求，生存问题才是最基本的需求。对那些连基本生存问题都解决不了的人来说，无论怎样被蔑视，恐怕也难以引起真正有效的反抗。对他们来说，尊严并不是最重要的，生存才是第一位的。当然，这样讲并不意味着尊严不重要，也不意味着争取承认不必要，只是看对谁而言。对那些已经解决了生存问题，物质生活没有任何后顾之忧，甚至达到了小康水平乃至富裕的阶层来说，情感关怀、法律承认、社会尊重等承认形式，就是非常重要的。被强暴、被剥夺权利、被侮辱，定会激起强烈的反抗。所以说，霍耐特要么是过高估

---

① 关于这个问题及以下内容，详见王凤才：《承认·正义·伦理——实践哲学语境中的霍耐特政治伦理学》，第305—308页。
② 弗雷泽、霍耐特：《再分配，还是承认？》，第140页。

计了不发达国家下层人士的承认需求；要么是根本没有考虑到不发达国家下层人士的需求，只是考虑发达国家上层人士的承认需求。这样，"蔑视与反抗"也好，"为承认而斗争"也好，也就缺乏普适性，只能算是一种特殊主义理论。因而，对不发达国家的大多数人来说，这是一种过于理想的理论。如此说来，从现实主义出发的霍耐特承认理论，仍然具有理想主义乃至精英主义倾向。

不过，霍耐特也意识到了经济利益的重要性。他曾经这样说过：社会冲突的可能性或多或少地服从于集体利益追求的逻辑，因为并非所有反抗形式都能追溯到道德诉求的伤害。许多历史事件表明，大众抗议与暴乱的动机纯粹是为了保障经济生活。鉴于此，霍耐特主动改变了自己的思路，强调道德冲突模型与利益冲突模型的相互补充。在他看来，前者分析的是为人格完整的主体间性条件而斗争；后者分析的是为产品匮乏而斗争。但是，由于功利主义利益冲突模型看不到社会冲突的道德语法，或说，植根于利益维度的社会理论如此持久地妨碍人们对道德意义的认识，以致承认理论冲突模型超越了补充功能而出现了纠正功能。由此可见，最终霍耐特还是倾向于"为承认而斗争"模型。当然，尽管霍耐特承认理论存在着这样或那样的问题，在许多方面还需要进一步完善，但总归基本完成了两个预期目标，即论证了批判理论的"承认理论转向"可能性；阐发了承认与蔑视的关系、蔑视与反抗的关系，尤其是第一次比较系统地阐发了社会蔑视形式，并将蔑视体验视为社会反抗的道德动机；而且，他并不总是将社会冲突根源置于道德冲突之中，甚至强调社会冲突根源在于法律平等原则与事实不平等之间的张力之中，并认为这种冲突具有为法律承认而斗争的独立性。总之，霍耐特将现实关注与理想向往结合在一起，或说，霍耐特承认理论是理想主义与现实主义结合体。虽然批判的锋芒弱化，但这是由于时势变化造成的。

第九章
人格完整的主体间性条件
——形式伦理构想

　　霍耐特承认理论致力于解决三个问题：（1）阐明现代社会的伦理体制是由哪些基本的承认关系构成的；（2）解释为什么通过被蔑视而产生的相互斗争能够影响和推动现代社会发展；（3）指出未来社会是否还具有健全发展的可能性，以及这种可能性为什么要基于"为承认而斗争"的框架。在霍耐特看来，如果能准确地回答以上三个问题，也就相当于解释清楚了作为批判框架的"为承认而斗争"的内涵。在上述理论构建中，《人格完整的主体间性条件：形式伦理构想》这一章的内容十分重要。这一章的核心内容是从规范性的立场阐明：促成人格完整的主体间性条件为什么是一种形式伦理的观念。至于为什么要提出形式伦理构想，霍耐特在第九章的开篇解释道：承认理论必须要从理论上假设一种"终极状态"才能阐明上述所讲的批判框架，并进而直接称这种"终极状态"是"后习俗承认关系模型"，即一种形式伦理的观念，他说："为了把社会斗争史描述为进行在特定方向上的历史过程，我们必须在理论上假设一种权宜的终极状态，从这一视角出发，就可以清楚地分析和评价特殊的事件。在黑格尔以及米德的理论中，我们正好在这一关键点上发现了一种后习俗承认关系模型，至少把法律的、（家庭之外）伦理的承认模型整合为一个独特的框架。"①

那么，霍耐特在这里所说的"形式伦理"的内涵是什么？这是我们在理解这一章内容时需要把握的关键问题。在具体阐明上述概念之前，我们首先有必要将霍耐特的思路清理出来。其实，如果我们仔细阅读上述引文，霍耐特已经点明，他是从黑格尔和米德的理论中获得思想资源来阐明"形式伦理"的内涵。他认为黑格尔和米德的理论对理解"为承认而斗争"的思想框架提供了一种可能性。也就是霍耐特所说的，他在对青年黑格尔承认学说和米德社会心理学进行重构工作中发现：在这两位思想家的理论中包含了对"后习俗承认关系的模型"的解释。另外，在霍耐特看来，对理解"后习俗承认关系模型"而言有两个理论关键点，一是阐明承认理论不能按康德道德哲学的传统，而只能参照黑格尔法哲学的理论框架，进而在伦理的视角下才能阐发"后习俗承认关系"的内涵；二是解释承认理论对黑格尔和米德的理论的吸收和改造。以上两个问题环环相扣。如果我们宏观地看第九章的内容，霍耐特的论证正是围绕上述两个问题一一展开的。

一、从伦理到形式伦理

承认理论为什么要基于"伦理"的立场而非"道德"的视角？其实，这个问题对霍耐特的理论已经是一个老生常谈的问题。霍耐特在许多著作中都论述过。在本章内容的开篇，霍耐特再次明确指出：康德实践哲学传统所强调的道德概念不能阐明一种完整的承认关系。霍耐特进而称，承认理论若仅仅立足于道德的立场就无法把握他所说的"终极状态"的含义。因此，霍耐特提出要以一种形式伦理构想来解释承认关系的内涵的观点。具体地，他是通过以下三个步骤来说明这

---

① Axel Honneth, *Kampf um Anerkennung. Zur moralischen Grammatik sozialer Konflikte*, S. 274.

个问题。

第一，霍耐特首先明确区分道德与伦理的不同含义，进而梳理康德式的建构主义与社群主义伦理学的之争相关的理论问题，以此展示承认理论要试图融合康德主义传统与亚里士多德—黑格尔主义传统的理论意图。

按霍耐特的解释，学界通常是基于康德主义的传统来理解道德，从而将道德的含义界定为"我们把一切主体当作自在的目的或当作自主的个人给予同等尊重的普遍态度"①；与此同时，学者们一般是将伦理的含义追溯为"一个特殊生活世界中的固定习性"②。具体来讲，我们可以这样来区分道德与伦理的含义。"道德"，Morality（英文）/Moralität（德文）/Moralité（法文），源于拉丁文 Moralis，意为风俗、习惯，它主要有两种含义：狭义的"道德"是指个体的德性、品行、主观癖好；广义的"道德"是指共同体的风俗、习惯、习俗，或曰：群体的行为模型、行为习惯、行为准则，其实这就是"伦理"。"伦理"，ethicality（英文）/Sittlichkeit（德文）/éthicité（法文），对应于希腊文 ēthos。在德语中，"伦理"（Sittlichkeit）表征着思维和行为与伦理法则的一致。所谓"伦理法则"（Sittengesetz），就是指共同体中的多数人所接受的法则。在日常用语中，它是指保证良俗与礼仪的社会规则；在哲学中，它关涉道德规则或一般价值规则（诸如善、正义）的取向。在大多数阐释中，伦理目标是为个体利己主义设定界限，以避免共同体遭受个体自私利己行为的伤害；在其他阐释中，在社会中占支配地位的"道德"被视为通过向其他社会成员灌输辩护意识形态以保证某些群体的特权。由此可见，在西方语境中，道德与伦理往往是区分开来的：前者关乎个体，涉及特殊性；后者关乎共同体，涉及普遍性。当然，有时候，伦理与道德也是通用的。

---

①② Axel Honneth, *Kampf um Anerkennung. Zur moralischen Grammatik sozialer Konflikte*, S. 275.

在道德与伦理问题上，霍耐特认为只有将康德主义传统与亚里士多德—黑格尔主义传统融合起来，才是当今道德哲学的核心任务。然而，霍耐特注意到，自黑格尔以伦理来批判康德道德之后，通常人们将康德当成了道德的辩护者，将黑格尔理解为伦理的捍卫者，这种重要区分反映在当今实践哲学两种不同流派的伦理学的基本主张中。具体来讲，罗尔斯等本着康德道德哲学的精神，主张康德普遍主义伦理学所追问的"我应当做什么"依旧是伦理学的基本问题，并在此基础上试图把康德的目的王国理念理解为一种民主秩序的规范性理念，以此来回应"空洞性指责"；麦金太尔等新亚里士多德主义者则从追问"什么是好的生活"的角度继承了黑格尔的遗产，认为规范必须关涉"社群"中每一个成员的"善"，进而反对一种普遍主义的道德建构理论。在上述双方紧张激烈的论辩中，前者康德式的建构主义道德理论被指责为抽象形式主义，后者则被指认出具有一种保守主义的思想特征。

就承认理论而言，霍耐特认为它的立场是很鲜明的。霍耐特强调，无论是抬高道德贬低伦理，还是抬高伦理贬低道德，这两种做法都是片面的。因为通过对承认模型的重构表明：这两种传统，即康德主义传统与亚里士多德—黑格尔主义传统不能二者择一！他认为，承认理论不仅不能被划归为以上两种流派的任何一支，他指出："就我们把它发展成一个规范概念而言，承认理论正好居于康德传统的道德理论和社群主义伦理学的中间。"[1] 由此可见，霍耐特的承认道德构想力图整合康德主义传统的道德理论与亚里士多德—黑格格尔主义传统的伦理学说，努力协调道德主义与伦理主义、个体主义与共同体主义的关系，使承认道德介于康德主义传统与亚里士多德—黑格格尔主

---

[1] Axel Honneth, *Kampf um Anerkennung. Zur moralischen Grammatik sozialer Konflikte*, S. 276.

义传统之间，而非二者择一。在一定意义上，我们也可以说霍耐特承认理论的构想从根本上是想将道德与伦理协调起来。霍耐特总结道：承认理论与前者（康德传统）一致的地方在于关注最普遍的规范，而这个规范被认为是特殊可能性的条件；与后者（亚里士多德—黑格尔传统）一致的地方则是那种以人的自我实现为目的的取向。

第二，霍耐特在明确了承认理论的立场之后，进一步提出一种"形式伦理"构想。所谓"形式伦理构想"（formales Konzept der Sittlichkeit），就是指形式伦理是个体自我实现、人格完整的主体间性条件。

在霍耐特看来，仅仅表明承认理论的立场对阐明"后习俗承认关系"而言是不充分的。霍耐特提出了一种形式伦理构想来进一步阐明承认理论的理论主张。霍耐特的看法是相当正确的。当他说"因为伦理的形式概念在方法论上如何成为可能仍然还不清楚"①时，他显然已经意识到，如果伦理是为个体自我实现之必要前提的全部主体间性条件，那么如同霍耐特所追问的：作为立足于个体具体的善的伦理概念何以是普遍有效的，他说："如果对自我实现结构所作的一切说明都冒着变成对具有独特历史意义的生活理想的解释的危险，那么，我们又如何对这种能动的条件作出一般的断言呢？"②霍耐特这句话针锋相对地批判了社群主义伦理学的观点，也表明了形式伦理构想与社群主义伦理学的差异。

具体而言，按霍耐特的观点，形式伦理继承了康德传统道德理论的核心主张，即道德自主概念。因此，不同于麦金太尔等社群主义对普遍性的道德原则的摒弃，形式伦理构想与康德道德哲学一样，它关注普遍性的道德规范。霍耐特指出，当亚里士多德主义者以黑格尔对康德的批判为基础进而反对一种普遍主义的道德建构时，实际上切断

①②　Axel Honneth, *Kampf um Anerkennung. Zur moralischen Grammatik sozialer Konflikte*, S. 277.

了黑格尔那原有的道德与伦理之间的内在联系。相反，如果我们按霍耐特的理解把个体自我实现理解为理性自主能力的培养的过程，那么，道德信念的获得就成为这一过程中的必要环节。因此，霍耐特说："道德被理解为普遍尊重的立场，成为诸种保护措施之一，致力于实现好的生活这一一般的目的。"① 在这里，我们可以看到，霍耐特继承了黑格尔对伦理概念的理解，认为伦理是社会共同体交往所使用的风俗和习惯。这与社群主义将善的概念理解成一种实在的伦理价值是不同的。按霍耐特的观点，形式伦理，在规范意义上，它一定是与特殊的伦理生活分离开来，才能够成为一种普遍的交往结构，即伦理的概念是形式的而非实质的。在此，霍耐特注意到，形式伦理构想一方面如果过于形式化或抽象化，就不能揭示个体之于具体的美好生活的理解，另一方面形式伦理构想也要具有实在性，即要能比康德对个体自律的理论更有助于揭示自我实现的条件。从上述的论述中，我们可以比较清楚地把握形式伦理的理论出发点，这是霍耐特第二步骤的理论工作。

第三，霍耐特着重阐发以承认为基础的形式伦理构想。上述两个步骤的论述直接指向了第三个理论步骤的结论。承认理论是符合一种形式伦理构想的。霍耐特认为，他所说的个体自我实现，是指具有"肯定的特征和能力"的个体能够自由地不受强制地实现其自由，进而成为一种具有理性自主的个体。但是，与康德对单个主体的道德信念的强调不同，霍耐特认为自我实现只能是社会交往的产物，它需要凭借一定的社会条件才能完成，霍耐特将社会条件界定为承认关系。那么，有哪些承认关系，以及为什么是承认关系？霍耐特的理论策略是从黑格尔法哲学与米德社会心理学取得理论资源。霍耐特指出，只

---

① Axel Honneth, *Kampf um Anerkennung. Zur moralischen Grammatik sozialer Konflikte*, S. 276.

要将黑格尔的不同的承认形式（爱、法权、团结）理解为主体间性条件，主体就能够获得一种肯定性的实践自我关系。这样，从承认体验和自我保护体验的关联中就能够产生人格完整的主体间性结构：只要从他人承认的视角出发，个体就能够学会将自己建构为具有一定能力和一定特质的个体。因此，霍耐特回顾了《为承认而斗争》之前章节的内容指出，他是参照耶拿时期黑格尔的作品，从而重构出三种承认关系：爱、法权、团结，认为三种承认关系是个体社会化的前提条件。另外，他是运用米德社会心理学来对黑格尔承认学说进行重构，将黑格尔所区分的不同承认模型理解为人类主体建立自我关系的主体间性条件，认为承认经验和个人自我关系都源于个人同一性的主体间性结构，进而分析指出：个体能在爱的承认形式中获得自信、在法律认同中获得自尊、在社会团结关系中获得自豪。概言之，获得承认是个体自我实现的必要条件。在霍耐特的视域下，这样的观点也可以从反面来加以论述，也就是说，个体除非具有某种程度的自信、法律保障的自主和个人能力的可靠价值，否则难以完成个体的自我实现。霍耐特在这一段落的最后一句话说："如果我们要描述成功生活的普遍结构，那么，三种不同的承认模型就体现了有必要进一步假设的主体间性条件。"[①] 也就是说，霍耐特发展出以相互承认为基础的形式伦理构想，即借助承认的概念描述出伦理关系的内在结构。

至此，我们可以看到，通过以上三个步骤的详细论证，使得霍耐特有理由主张，作为承认理论满足了上文所确立的形式伦理的方法论要求。霍耐特对照上文的分析总结指出，以承认为基础的形式伦理并不具有空洞的形式性特征，相反，它包含了具体的实质性内容。

在这里，我们可以来理解，霍耐特这里所说的"内容"不是康德

---

① Axel Honneth, *Kampf um Anerkennung. Zur moralischen Grammatik sozialer Konflikte*, S. 279.

意义上道德主体意志立法的"意志质料"（即意志欲求的对象），而是指主体相互承认模型中被承认的价值内涵。根据他区分出的三种基本的社会承认关系（爱、法权和团结），在每一种承认关系中，被承认的"内容"都是不一样的。譬如，在"爱"中，被承认的内容就是需要、情感、他者的个体独立与依赖等；而在"法权"中被承认的"内容"就是自由、权利、尊重等；在"团结"的承认模型中被承认的内容就是"对等""价值认同"以及宽容和关怀等。

然而，形式的伦理构想区别于这种被承认的"内容"，它强调的是"相互承认形式"。在这里，"形式"类似于"模型"，但并不完全等同于"模型"。就相互承认的基本方式（爱、法权和团结）而论，"形式"就是"模型"；但就作用或功能而论，"形式"区别于"模型"。"模型"是已经形成的相互承认关系的"描述性"概括，而"形式"则是构成相互承认的条件性建构。所以，就"形式"的真正含义而言，霍耐特所说的是一种伦理性条件。这就非常清楚了，一种形式的伦理构想就是具有"相互承认性质"的社会模型所由以成立的伦理基础，这种基础不是相互承认的价值内涵，而是伦理机制的规范性形式。即由"相互承认"的"伦理理念"转化而成的"社会生活"的"规范形式"。就相互承认的伦理理念而言，存在爱、法权、团结等承认模型中所体现的种种价值内容；而就规范形式而言，指的则是爱、法权和团结这样的规范性结构的伦理形式。所以，更清楚地说，"形式的伦理性"强调的不是规范性结构的已成状态，而是把平等、独立的个人整合成为一种具有相互承认伦理关系的"交互主体性条件"。显然，从内容上看，承认理论与康德纯粹实践理性立法对道德的经验性因素的绝对摈弃不同，它非常具体地说明了个体自由的实现必须依赖于爱、法律和团结的承认形式；与此同时，这三种承认关系并非仅仅是特定的社会情境的条件，它是一种普遍的、抽象的形式结构。如此可见，形式伦理"就是指个体自我实现、人格完整的主体间性条件。霍耐特指出，只要将黑格尔的不同的承认形式（爱、法权、团结）理解为主体间性条件，主体就能够获得一种肯定性的实践自我关系。这样，从承认体验和自我保护体验的关联中就能够产生人格完整的主体间性结构：只要从他人承认的视角出发，个体就能够学会将自己建构为具有一定能力和一定特质的个体"①。

二、从形式伦理到民主伦理

就霍耐特上述结论来看，我们不难理解他的意图，形式伦理构想试图融合康德主义传统与亚里士多德—黑格尔主义传统。但更为根本的一个问题是，这样一种形式伦理构想还面临着在具体历史情境中的应用性问题。例如，霍耐特认为的，三种承认形式中有两种具有进一步规范化的潜能，即霍耐特所说的"法律关系和价值共同体都容易进入转型"②。也就是说，我们要参照具体的历史情境才能规定形式伦理的实质性内涵，因为"能够成为成功生活主体间性条件的东西，取决于被承认形式的现实发展水平所规定的历史变量"③。所以，霍耐特《为承认而斗争》第九章的第二部分内容的第一句话就说："一种伦理的形式概念涵盖了自我实现的质的条件。"④ 这句话充分总结了霍耐特主张的作为实质性的伦理的观点。紧接着，霍耐特进一步借用黑格尔和米德的"民主伦理"的理念以明确形式伦理的规范性内涵，这就是第九章第二部分的内容。

1. 形式伦理构想要以历史为基础。作为个体自我实现普遍条件的形式伦理构想是从特殊的生活形式中抽象出来的，也就意味着其本身具有被进一步规范化的可能性。在不同的历史条件下，形式伦理的

---

① ③　王凤才：《从形式伦理到民主伦理——霍耐特的伦理概念》，载《学习与探索》2019 年第 8 期。

② ④　Axel Honneth, *Kampf um Anerkennung. Zur moralischen Grammatik sozialer Konflikte*, S. 280.

规范性内涵不同。形式伦理构想要立足于具体的历史条件来说明其规范的普遍性结构。

2. "民主伦理"符合上述所讲的以历史为基础且依然具有规范性的形式伦理构想。霍耐特分析道，这个概念是青年黑格尔首先提出来的，米德对之做了进一步解释。在霍耐特看来，承认理论依旧可以吸收黑格尔和米德的民主伦理的观念。民主伦理的观念不仅符合道德的立场，要求所有人都将作为独立的、个性化的、平等的和特殊的个体而得到普遍性的承认；也涵盖了在伦理的视野下所主张的：具体的个体要能在现代社会的承认关系中完成自我实现的观点。

3. 但霍耐特提醒我们注意，不管是黑格尔还是米德的观点难免包含了自所处时代的历史偏见。具体而言，霍耐特在重构第一个承认关系（爱）的时候，他首先提到黑格尔在《法哲学原理》中对爱的理解就是基于当时资产阶级家庭的父权制的立场。但在霍耐特看来，我们可以暂且搁置黑格尔对爱的理解中所包含的历史局限性，运用心理分析的理论手段，从而将爱理解为一种交互性关系，并认识到个体只有最终在这种的交互性关系中获得自信。霍耐特强调，爱的经验不管在任何历史时代都具有普遍性的形式，并且在爱的关系中获得的自信是个体自我实现的基础和前提。

另外，就第二个承认关系（法权）而言，霍耐特也认为，黑格尔和米德将法律关系局限在自由权利的说明从而忽视了法律的运用层面。在霍耐特看来，法律只有充分考虑具体个体的特殊处境才能保障自由的实现。换言之，只有作为具有实质性因素的现代法律才是民主伦理的观念中保证个体之自我实现的第二个必要条件。霍耐特的观点是，对法律关系的承认模型的重构，有一项先行的理论工作，那就是要阐明奠定现代社会规范秩序的是承认关系，即现代社会是以"为承认而斗争"的形成展开的。霍耐特称："如果不参照现代社会形成以来一直主宰着承认关系的规范发展过程，就不可能重建法律关系的承认模型。"①据此，霍耐特认为，黑格尔和米德在考察现代法律关系的时候，并没有参照现代社会形成以来一直主宰着承认关系的规范发展过程，即"为承认而斗争"。

　　然而即便如此，霍耐特仍然认为，黑格尔和米德通过人类具有自我实现的目的来解释自由权利的根据问题的证明，至今仍然具有说服力。霍耐特在此的看法，其实是相当正确的，因为当他说："只有建立了民法，在原则上给予所有个体抉择的自由，主体才能平等地决定自己的生活目标，而不受外在影响"②时，他显然是注意到了黑格尔和米德对现代法律之于个体自我实现之重要性的强调。

　　最后，团结是作为个体自我实现的第三个条件。霍耐特同样借用黑格尔和米德的思想指出，个体的自我实现首先表现为现代社会尊重个体的多元价值。个体因其个体的特殊能力和秉性而得到承认和尊重。霍耐特指出，在现代社会中公民相互尊重的观念，即社会团结的观念。然而，在霍耐特看来，不管是青年黑格尔还是米德，二者都限于说明承认关系要提供伦理价值的多样性，从而忽略了价值共同体的规范意义。霍耐特的观点是，承认关系蕴含了进一步平等化和个体化的可能性。他认为，在黑格尔和米德那里，为了确保主体相互尊重自由选择的生活目标，二者的理论构想是想超越现在、面向未来提倡一个开放性的价值系统。不过，霍耐特指出，多元价值是要与现时代的道德、法律相容的。霍耐特总结道，个体的自我实现需要社会团结，团结又依赖于集体共同的价值，共同的价值又必须服从于普遍性的道德。按霍耐特的理解，黑格尔和米德"至于在内容上如何充实这一现代团结观念，他们在答案上分道扬镳了，不仅如此，他们各自的努力

---

① Axel Honneth, *Kampf um Anerkennung. Zur moralischen Grammatik sozialer Konflikte*, S. 282.
② Ibid., S. 283.

也都失败了"①。霍耐特认为，青年黑格尔虽然提出了作为全体公民的"交往方式"的"团结"的概念，但他仍是在观念论的立场上过于强调上述概念的形式性从而无法阐释出作为经验性的团结感。同样，就米德的观点而言，霍耐特认为他与社会学家涂尔干一样，把团结理解为社会劳动分工的产物。一种职业伦理的价值观念能够促进社会团结。但霍耐特分析指出，米德的社会学理论的基础不是社会分工论。这是米德理论中的矛盾之处，这导致他更倾向于从一个价值"中立性"的概念反思现代社会的规范结构。在霍耐特看来，在当今差异政治的历史语境下，社会整合的重要性越来越凸显。霍耐特最终的立场是，团结作为民主伦理的第三个关键因素，既要能充分尊重和捍卫现代社会的多元价值，又要能促进社会整合。

就是说，霍耐特不仅看到了后习俗的形式伦理构想对个体自我实现、人格完整重要性，同时也看到了这个构想存在着不可克服的内在张力。因为个体能否自我实现、人格是否能够完整，这不是一个理论问题，而是一个实践问题，他说："这些实质价值是否能够为政治共和主义、生态禁欲主义或社群生存主义指明方向？它是否以社会经济现实变化为前提或是否与资本主义社会条件相一致？这不再是理论的事情，而是未来社会斗争的问题。"②

其实，霍耐特不仅讨论了承认道德与形式伦理，还要讨论社会正义与民主伦理。只有这样，才能进一步将"伦理"问题落到实处。至此，我们可以清楚地看到，霍耐特无论是对黑格尔和米德思想资源进行吸收还是批判，就已经表明形式伦理走向民主伦理的可能性，也就预示了《自由的权利》一书的内容。在这里，为了对形式伦理构想有一个整全的把握，我们可以尝试将《自由的权利—民主伦理大纲》的

---

① Axel Honneth, *Kampf um Anerkennung. Zur moralischen Grammatik sozialer Konflikte*, S. 285.
② Ibid., S. 287.

核心内容概论如下。

在《自由的权利》中，霍耐特则试图将黑格尔法哲学诠释与重构为"作为社会分析的正义论"①，目的是用黑格尔的"伦理"改造康德的"道德"，从而实现道德主义与伦理主义的融合、规范性研究与经验性研究的结合，以便揭示"作为社会分析的正义论"的方法论前提，以及民主伦理的可能性。

第一，"作为社会分析的正义论"之方法论前提条件。

1. 迄今为止，社会再生产依然同占支配地位的共同的价值观念的前提条件联系在一起。就是说，这些伦理规范，或多或少地通过体制化了的教育目标，使每个社会成员的生活方式都按该教育目标的设定来落实。在霍耐特看来，帕森斯的系统理论模型为这种社会理解提供了最好的例证。因为帕森斯的社会模型非常适合于将黑格尔意图的再现实化，只在于下述这个事实：所有社会秩序都通过伦理价值观念而与合法化条件联系在一起。简言之，要想在社会分析形式中阐发正义论，就必须将与普遍的共同价值观念联系在一起的社会再生产当作第一个前提条件。不过，社会再生产的目标，以及文化整合的目标，都是由既拥有伦理特征又包含共同善的规范调节的。

2. 只有那些既作为规范要求又作为构成社会再生产前提条件的价值观念，才能构成正义论的道德基准点。霍耐特认为，黑格尔主义传统的正义论，是在社会伦理分工中给予每个个体以自己希望的角色；康德主义传统（罗尔斯、哈贝马斯）的正义论则将正义原则等同于规范合理性（道德合理性），从而缺乏社会现实性。霍耐特说，对这些被概括出来的黑格尔主义传统与康德主义传统之差异，还需要进行规范性重构，因为它们并不足以将正义论引向社会分析之

---

① Axel Honneth, *Das Recht der Freiheit. Grundriß einer demokratischen Sittlichkeit*, S. 14.

路。所谓"规范性重构"，就是要考察哪些传统和规定对价值的固定化和转化作出了多大贡献。这似乎与黑格尔方法相去甚远，却与涂尔干、帕森斯等人的规范性重构方法相一致。不过，"涂尔干、帕森斯都没有兴趣直接用社会结构分析来建构正义论，而只是研究规范整合过程及其可能的危险；但黑格尔则试图找出构成社会正义原则的条件。"① 简言之，社会正义观念不能用独立于社会的至高价值来理解，"正义的"应当被理解为在社会内部实现被普遍接受的价值的体制或实践。

3. 要想以社会分析形式阐发社会正义论，首先必须使用规范性重构程序。霍耐特认为，为了反对传统道德哲学的主导取向，黑格尔使用了"伦理"概念，以便关注体制化的传统与义务关系。在这个义务关系中，道德立场是以社会实践形态出现的，而不是以规范原则形式出现的。"这样，在实践哲学语境中，从方法论上看，黑格尔在很大程度上仍然是亚里士多德主义者。因而对他来说，道德家园是主体间性的实践传统，而非认知主义的道德观念。"② 当然，黑格尔并非仅仅在描述意义上将"伦理"概念理解为生活形式，而更多地运用规范性概念，从而又超出了亚里士多德的范畴。对黑格尔来说，所有与规范要求相矛盾的东西，即所有代表特殊价值的东西，根本不能成为规范性重构的对象。简言之，源于社会复杂性的体制或实践，能够重构出一种实现被普遍接受的价值的规范。

4. 要想以社会分析形式阐发社会正义论，还必须基于下述命题，即规范性重构方法总是提供批判性运用的机会：不仅要重新阐释现存伦理审判机关，而且要公开批判其体现的价值。简言之，规范性重构方法的使用，不仅肯定现存伦理审判机关；而且使人们明白，伦理体

---

① Axel Honneth, *Das Recht der Freiheit. Grundriß einer demokratischen Sittlichkeit*, Suhrkamp Verlag, 2011, S. 24.

② Vgl. Allen W. Wood, *Hegel's Ethical Thonght*, Cambrige, 1990, IV.

制或实践所体现的价值，在多大程度上还没有完整地体现出来。

霍耐特认为，通过上述思考可以得出下述观点：正义构想不能仅仅局限于阐述和论证形式的、抽象的正义原则——这可以看出，霍耐特对规范主义正义论明显持有批评态度。

由此可见，霍耐特通过比较黑格尔与罗尔斯、哈贝马斯，以及黑格尔与涂尔干、帕森斯，黑格尔与亚里士多德，批评规范主义正义论，阐发"作为社会分析的正义论"之前提条件，目的是用黑格尔的"伦理"改造康德的"道德"，以实现道德主义与伦理主义的融合，为民主伦理提供可能性。

第二，关于民主伦理的可能性。

霍耐特认为，立足于法律规范的程序主义正义论困难重重：首先，无论在个人关系领域中，还是在市场经济行为领域中，服从于社会自由的自我指涉规范，在历史进程中不能通过政治法律干预而改善这个原则的实现可能。其次，若将个体自由的规定性与法治国家的权力配置给民主过程，那么由于民主过程对自由条件的依赖性，而不能在社会领域认识到这一点。但若试图得出一般性结论，那么协商民主理论就是正当的。因而，在个人关系领域、市场经济行为领域、民主意志形成领域，"我们都试图追踪当代民主伦理的可能性"①。

只有在不同的行为领域（即个人关系领域、市场经济行为领域、民主意志形成领域）中，被体制化的自由原则真正得以实现并沉积在相应的伦理实践中时，才会有真正的民主——此乃"民主伦理"（demokratische Sittlichkeit）观念所意味的东西。所以，民主伦理的社会体系应该被理解为相互依赖的复杂关系网络。在这个网络中，个体

---

① Axel Honneth, *Das Recht der Freiheit. Grundriß einer demokratischen Sittlichkeit*, S. 468.

自由在任何一个行为领域里的实现，都依赖于自由原则在其他领域的实现。就是说，要想真正实现社会自由，就依赖于上述三个领域，即个人关系领域、市场经济行为领域、民主意志形成领域的相互配合。

在《法哲学原理》中，"伦理"概念有一系列内在标准。这些标准允许黑格尔在涉及现存生活形式时，对纯粹社会价值规范与有效性规范进行区分。不过这取决于，黑格尔的方法阐释要尽可能地减轻那个来自几乎不能被超越的精神哲学前提假说的压力。只有当黑格尔伦理学说从精神本体论前提下解放出来时，才能够保证它位于道德哲学领域之上。但霍耐特认为，不应该将康德的道德立场简单地放置一边，而应该剥去其抽象的外衣。因此，黑格尔对康德的道德观念之抽象性、形式主义，以及动机缺乏的所有指责，必须在他自己的伦理概念中得以修正，即从伦理概念中产生出来的标准，允许他在拥有规范内涵的实践之纯粹现存形式和合法形式之间作出区分。对黑格尔来说，为了评判在人数不定的群体中每个参与者的行为方式，只有当一种实践原则要求群体成员都应该遵循规范时，这种实践才配称为"伦理的"。他相信，伦理义务以及伦理行为只存在于主体间值得追求的目标中，或者反映为可普遍接受的价值。

在康德的纯粹建构主义的道德理论被指责为抽象的形式主义、在黑格尔的"新亚里士多德主义"伦理学被指责为纯粹的保守主义背景下，霍耐特试图在后形而上学框架下对黑格尔伦理学说进行规范性重构，以便致力于思考：黑格尔的伦理之内在标准模型包含的理论要素，若没有客观主义历史哲学之先决条件，是否也可以指出道德自由意识进步的可能？或说，若没有自我实在化的精神之先决条件，历史中是否也存在着道德进步？黑格尔的伦理构想内含着的历史动力要素，是否不能提供足够的或至少的立足点？霍耐特认为，伦理的历史可以被理解为制度性规范的更替；"为承认而斗争"既是行为者历史的中介，又在伦理领域推动道德进步。①

　　由此可见，霍耐特在后形而上学框架下，通过对黑格尔伦理学说进行规范性重构，将康德主义的"道德"与黑格尔主义的"伦理"融合在一起，并在不同领域（即个人关系领域、市场经济行为领域、民主意志形成领域），讨论民主伦理的可能性；而且，民主伦理观念为真正的自由民主提供了可能的空间。

---

① Vgl. Vortrag von Axel Honneth, *Die Normativität der Sittlichkeit. Hegels Lehre als Alternative zur Ethik Kants.* 参见霍耐特：《伦理的规范性——黑格尔学说作为康德伦理学的替代性选择》，王凤才译，载《学习与探索》2014 年第 9 期。

结 语
承认的理由
——对批评性质疑的答复

2001 年 11 月 29—30 日，芬兰的于韦斯屈莱大学（Jyväskylä）举办了一场关于霍耐特承认理论的研讨会。霍耐特参加了这次研讨会，并认为这次研讨会讨论得"异常激烈和卓有成效"①，对修正自己的某些观点大有裨益。针对一些主要批评意见，霍耐特以《承认的理由——对批评性质疑的答复》为题作了详细的回应。他的回应和参会者的四篇研究报告于 2002 年发表在《探讨：跨学科哲学杂志》上。② 随后，该文被作为"后记"编入《为承认而斗争》2003 年德文扩充版中。

自《为承认而斗争》（1992）出版以来，霍耐特又在其后出版的

---

① Axel Honneth, *Kampf um Anerkennung. Zur moralischen Grammatik sozialer Konflikte*, S. 305.

② Axel Honneth(2002), "Grounding Recognition: A Rejoinder to Critical Questions", in *Inquiry: An Interdisciplinary Journal of Philosophy*, 45:4, pp. 499–519; Carl-Göran Heidegren(2002), "Anthropology, Social Theory, and Politics: Axel Honneth's Theory of Recognition", in *Inquiry: An Interdisciplinary Journal of Philosophy*, 45:4, pp. 433–446; Heikki Ikaheimo(2002), "On the Genus and Species of Recognition", in *Inquiry: An Interdisciplinary Journal of Philosophy*, 45:4, pp. 447–462; Arto Laitinen(2002), "Interpersonal Recognition: A Response to Value or a Precondition of Personhood?" in *Inquiry: An Interdisciplinary Journal of Philosophy*, 45:4, pp. 463–478; Antti Kauppinen(2002), "Reason, Recognition, and Internal Critique", in *Inquiry: An Interdisciplinary Journal of Philosophy*, 45:4, pp. 479–498.

多部著作或文集中直接或间接地修正、补充和完善了《为承认而斗争》中的许多理论问题。批评者的四篇研究报告并非仅聚焦于《为承认而斗争》，也涉及了霍耐特的其他研究成果，他们从承认理论发展、承认概念界定，以及承认理论与社会批判的关系等方面，对霍耐特承认理论进行了全方位研究，提出了许多批评性、建设性意见。霍耐特的答复并未侧重于澄清他们是否准确地理解了《为承认而斗争》的相关论述，而是集中于处理那些促使他"作出某些修正的问题和建议"①。利用对这几篇文章回应的机会，霍耐特既澄清与总结了关于承认理论的后续思考，又针对相关问题提出了探索式的解决方案。

霍耐特的答复分为三个部分，分别回应海德格伦（Carl-Göran Heidegren）对承认理论发展的总结，伊凯海默（Heikki Ikäheimo）和莱蒂纳（Arto laitinen）对承认概念的详细分析，考皮纳（Antti Kauppinen）对基于承认原则的社会批判形式的分析。下文将依次介绍这三个部分的主要内容。

一、哲学人类学与承认理论是一种什么关系？

在《承认的理由》第一部分中，针对海德格伦的文章，霍耐特主要回应了三个问题：哲学人类学在承认理论中有什么作用？三种承认关系是不变的还是可变的？"为承认而斗争"的动力学源于何处？

第一，海德格伦试图在人类学、社会理论与政治学的关联中探讨"为承认而斗争"模型的起源。

霍耐特承认，海德格伦正确地把握了哲学人类学在承认理论中的优先性。一开始，霍耐特自己确实受到 20 世纪 30 年代舍勒、普莱斯纳和盖伦确立的方法论的影响。尽管这些思想家所阐述的具体内容有

---

① Axel Honneth, *Kampf um Anerkennung. Zur moralischen Grammatik sozialer Konflikte*, S. 306.

很多是保守的，但在分析生活世界的结构时，他们在下述方面功不可没：使用经验研究方法，并大量吸收人文科学的研究成果。哲学人类学洞见在霍耐特承认理论中具有一席之地。

借用约翰·麦克道威尔的术语，霍耐特简要地表述了哲学人类学的洞见，即在自然历史进程中，它本身不能被纯粹科学地构想，生活世界必须被理解成"第二自然"的产物，我们在其中习惯性地调整自己进入不断变化的"理由的空间"。霍耐特坚信，如果人们研究哲学人类学在价值观念、生物上的束缚以及知觉概念方面取得的进展，那么在理论上再现实化哲学人类学会更富成效。尽管哲学人类学方法对承认理论的进一步阐发至关重要，霍耐特还是提醒人们注意，在写作《为承认而斗争时》时，他并未在此方法层面反思过，当时的目标仅仅是：运用青年黑格尔的承认模型来规定"认同形成"（Identitätsbildung）所必须拥有的普遍条件。他修正了黑格尔的相互承认结构，即不再把它简单地视为达到"自我意识"（Selbstbewußtsein）的前提条件，而是视为人们形成"积极的自我关系"（positive Selbstverhältniss）所必须拥有的实践条件。在霍耐特承认理论中，这种积极的自我关系有三种形态，即自信、自尊、自豪。在对青年黑格尔修正之后，三种承认方式，即爱、权利和团结，就被视为三种积极的自我关系形成的前提条件。在爱的承认关系中，人们形成了自信心；在法律赋予所有人以平等权利中，人们形成了自尊感；在相互承认各自能力的价值共同体中，人们形成了自豪感。反过来说，若在亲密关系中无法获得爱的承认，人们便难以对自己形成一种自信心；若无法获得权利的承认，对自身人格的尊重便难以形成；若自己的能力和贡献无法被社会共同体承认，也难以形成自豪感。若在人际交往中，这几个方面的承认关系都阙如的话，人们便无法形成积极的自我认同，可能会觉得自己一无是处。就如海德格伦所说，甚至连"我是谁？"的问题也会茫然不解。

第二，尽管海德格伦没有明确指出如下问题，霍耐特主动承认，在《为承认而斗争》中没有完全澄清的是三种承认形式到底应当被理解为人类学上的"常量"，还是被理解为历史过程的产物。

一方面，该书中的论调和论证看似很清楚，即三种承认形式仅仅是指人类主体形成积极的自我关系的普遍条件；但另一方面，他在该书第五章又在历史层面指出，法律尊重和社会尊重之间的区分是传统的荣誉概念分离的产物。

霍耐特强调，他现在比当时更为坚定地区分了人类学的初始条件和历史的可变性。具体而言，人类学的初始条件是指这样的事实，即个体只有通过相互承认才能成为社会的成员，并因此形成积极的自我关系。这个事实在人类社会的任何时间和地点中都是适用的；历史的可变性是指相互承认的形式和内容，会随着（受规范制约的）行为领域的分化而改变。

这种区分也昭示了人类学和社会理论在霍耐特承认理论构想中的内在关联。这种内在关联可以通过一种规范的社会概念得到澄清。霍耐特比以往更为坚信："如果不从根本上用规范的概念阐述社会，那么这将会误入理论歧途。"① 这种规范的社会理论聚焦的是社会整合的条件，它认为社会整合必须依赖一些所有社会成员共享的规范原则，人们只有在认识到并接受这些规范原则时，社会整合才会成为可能。借助人类学和心理分析的洞见，霍耐特强调，这些社会规范原则同时必须是个体形成积极的自我关系所依赖的条件，否则，人们便不会主动地接受这些原则。换言之，社会整合或社会再生产就不可能顺利地进行。这些规范原则的约束力体现在两个方面：一方面，在个体相互交往中，它起到相互约束的作用，个体既期待对方作出相应的承认行

---

① Axel Honneth, *Kampf um Anerkennung: Zur moralischen Grammatik sozialer Konflikte*, S. 311.

为，也有意按相互承认原则规定自己的行为或态度；另一方面，这些承认原则也是个体用来评价社会制度的原则，即衡量现实社会各领域的制度是否促进或违背了这些原则。运用《为承认而斗争》最后一章中的术语来说，这些社会承认原则是"美好生活"的前提条件。人们对美好生活的具体图景可能是见仁见智，但要过上具体的美好生活，社会中必须存在体现三种相互承认关系领域，否则个体连基本的积极自我认同都无法形成，也就根本无法主动选择和追求具体的美好生活方式。

第三，海德格伦还具体讨论了霍耐特对道德来源的论述，以及"为承认而斗争"的动力问题。

在这里，霍耐特暂且搁置了对道德不同来源的探讨，转而讨论"为承认而斗争"的动力问题。应该说，这个问题源于黑格尔的遗产。黑格尔在早年的著作中阐发了这样的观点，即简单的承认模型会不断地被一种斗争所打破，这种斗争会导向承认关系的更高阶段。黑格尔的这个构想对霍耐特具有很大吸引力。当然，霍耐特很清楚：黑格尔对斗争动力的论述依赖观念论的前提，即精神的不断自我完善过程，而这个前提在后形而上学时代已经很难立足了。对这个问题，霍耐特的回应分为以下三点。

1. 首先回顾了《为承认而斗争》如何利用米德的解释取代黑格尔的解释，对米德的解释模型进行了批判性反思。在《为承认而斗争》中，霍耐特认为米德关于"主我"的论述能够解决斗争的动力问题。在米德那里，相互承认体验被视为个体形成作为对象的"客我"的过程。这作为对象的客我，能够意识到社会合法的期待。与之相反，"主我"则被视为不断变革已经形成的社会承认形式。在《承认的理由》中，霍耐特明确地说他已经告别米德社会心理学，主要原因是米德的理论与自己的承认理论是不同的。从本质上说，米德所谓的"承认"行为仅仅是指"换位思考"（Perspektivübernahme）行为。在此关系中，他人行为的性质并没有得到足够的重视。这种换位思考的心理机制的发展，很大程度上似乎独立于双方参与者的各自特殊的行为反应，以至于不可能根据行为的规范特征区分不同的行为。所以，这也解释了为何米德在阐述积极的自我关系时，从未关注过不同的行为的作用问题。但在霍耐特承认理论中，个体自我关系的形成并非仅仅依赖于换位思考，而是依赖相互的行为反应。承认行为以及对之的直接反应成为承认关系形成不可或缺的因素，这些行为特征直接影响到个体自我关系形成。

2. 重新给出了替代性解释。对霍耐特承认理论来说，告别米德的后果是必须重新寻找"为承认而斗争"的动力源。在米德那，"主我"作为所有自发冲动的前反思载体，主要否定的是内化的行为期待；现在的承认模型则是主体间性起约束作用的行为，"为承认而斗争"则主要是对这些客观的行为标准的批判，换言之，是一种客观的批判。很显然，以前反思冲动为基础的内心否定活动，不能被视为客观的批判活动，因此，霍耐特认为必须重新寻找斗争的源泉。然而，这样一种讨论明显陷入了思辨领域。一个可能的问题解决方式似乎是，放弃这种人类学的一般性解释，不再假定人类主体有一种深层的趋向，即否定主体间性，而仅仅满足于断定人们在经历各种不公正体验时可能会有所察觉，继而奋起反抗。这种察觉可能并不一定会发生，它可能因时间地点而变化。这符合一般人的常识。在不同时期，不同文化传统中，人们可能会对同一种承认关系作出完全不同的反应。例如，在中国古代，男女不平等的伦理关系被视为天经地义，当今它则遭到普遍质疑；但在有些社会传统中，男女不平等的观念至今还未遭到普遍质疑。

然而，如果"为承认而斗争"依赖于特定时期和特定文化传统，不再依赖于一种人类学强制，即一旦体验到自己的人格未被完全承认，就会伴随一种否定这种关系的冲动，那么"为承认而斗争"的必然性也就无从谈起了。对霍耐特整个理论大厦的搭建来说，这一后果将是毁灭性打击。因为承认理论一方面要具有规范的作用，即为社会批判提供批判的准绳，另一方面还要具有解释的作用，即能够一般性地解释社会冲突的道德源泉。因此，如果"为承认而斗争"不是必然的，那么建构社会冲突的普遍道德语法的努力就将前功尽弃。

　　显然，霍耐特不愿意放弃这条解释路径。在放弃米德的解释模型之后，他试图尝试用另一种人类学猜想来解释"为承认而斗争"的动力源泉。在答复怀特布克（Joel Whitebook），以及其他的对象关系理论的文章中，霍耐特进一步发展了《为承认而斗争》中基于温尼科特对象关系理论的解释。他放弃了将反抗的动力视为某种无法社会化的本能，如弗洛伊德所说的死亡本能，而将目光投向婴儿早期的社会化过程。温尼科特等人经过婴儿早期心理发展研究得出了这样的结论：婴儿在出生后几个月内，由于母亲呼之即来、悉心照料，会形成一种与母亲的"共生感"（Symbioseempfinden），这种感觉使得婴儿形成能够完全支配世界的臆想。根据这些研究，霍耐特断定："早期婴儿阶段的共生感会影响终生，它使主体不断地反抗那些无法掌控他人的经验。"[1] 基于这个观点，霍耐特现在认为，反抗既定承认形式的冲动就可以被追溯到这样的深层需要中，即"否定交往对象的独立性并完全地支配世界"[2]。如果说社会化过程就是不断地承认他人与世界的独立性或不可被任意支配性，那么与之相对的早期共生感需要就是一种反社会的冲动，它不断地否定他人的独立性或差异性，希望重获与他人和世界成为相互统一体的感觉。

　　3. 指出这种新解释可能存在的问题。霍耐特说，尽管为"为承认而斗争"动力的新解释能够找到更多证据，但这种解释仍然会面临是否与承认理论相融洽的问题。一方面，在《为承认而斗争》中，霍

---

[1] Axel Honneth, *Kampf um Anerkennung: Zur moralischen Grammatik sozialer Konflikte*, S. 314—315.

[2] Ibid., S. 315.

耐特阐述了"为承认而斗争"的动力源于人们未受到应有的承认时，会产生相应的遭受蔑视的体验，这种消极的道德体验能够激发人们去反对已有的交往方式；另一方面，借助人类学研究，对现存承认关系的不满或反抗，并非源于自身某种属性在特定时间或地点未被承认，而是源于人的某种不变的需要，即否定他人被承认的独立性，从而重建一种原初的安全的、无危险的共生状态。

很明显，后一种对现存承认关系的反抗是基于某种人类学事实，它与具体历史文化背景无关，而前一种对现存承认关系的反抗则依赖于人的道德脆弱性，它总是与在特定时间或地点遭受蔑视的体验相关。那么，这两者的关系是怎样的呢？霍耐特在此并未给出详细说明，而仅仅指出：若要使得这两者的说明融洽一致，只能将人在道德方面可伤害性的形成，归咎于儿童早期共生的安全体验的丧失。在这种假设前提下，个体的斗争倾向仅仅就是人类兴趣的另一面，这种兴趣在于使自己人格中的主要部分被社会所承认。由于霍耐特并未给出相应的具体说明，我们并不清楚这种关联的经验证据何在。

二、如何界定承认行为？它有什么作用？

在《承认的理由》第二部分中，霍耐特为了回应伊凯海默与莱蒂纳对承认概念的详细分析，主要讨论了三个问题：如何具体界定承认行为？如何理解承认行为的作用？如何理解三种承认关系的区分？

第一，霍耐特指出对承认概念内容的讨论很有必要。

这是因为：（1）在政治伦理学研究文献中，虽然关于社会承认问题的讨论越来越多，但关于承认概念内涵问题，却鲜有深入的讨论。人们更多的是根据黑格尔的论述，用这个概念来指涉——认可个体主体或群体的某些属性——的态度或实践行为。不过，尚不清楚的是，它与康德的"尊重"（Achtung）概念是什么关系？（2）在德语、法语、英语中，这个概念具有不同意义，它们之间的关系并不是很清楚。① 例如，德语中的"承认"（Anerkennung）与赋予一种积极的地位相关；在法语和英语中，"承认"（reconnaître/recognition）还有认识论的意义，即"再认识"与"辨别"。（3）与黑格尔对承认概念的使用不同，分析哲学传统中也有对承认概念的独立讨论，如斯坦利·卡维尔（Stanley Cavell）。

霍耐特认为，伊凯海默与莱蒂纳的文章对澄清承认概念的模糊性和一些未解决的问题极其有益。尽管他们对待承认问题的观点并非完全一致，但也可以总结出若干共性。这些共性恰恰也是霍耐特讨论承认概念时所赞同的。这就是：（1）"承认"表达了德语词所主要表示的，即肯定个体主体或群体的某些积极属性。（2）突出承认的行为特征，承认不能仅仅是语词或符号的表达，还有相应的行为方式与之相伴随，两人都把承认视为一种"态度"（attitude）。（3）这种承认行为是社会世界中一个独特现象，它不是某种意欲其他意图的副产品或手段，而是必须被理解为表达某种独立的意图，即对他者或群体存在的肯定。（4）承认是一个属概念，它包含三个亚种，即爱、法律尊重和社会尊重，这三种态度都可被称为承认。

以上四个方面清楚地表达了霍耐特对承认概念的基本看法，即它被理解为三种实践态度的属概念，这些态度分别反映了一种首要意图，即对他者的肯定。

第二，尽管两人在理解承认概念时存在上述共同点，但在看待承认的作用时却截然相反。

霍耐特将伊凯海默的理解称为"附加模型"，将莱蒂纳的理解称为"接受模型"。他首先介绍了这两种理解模型，然后再分别对之进

---

① 2018 年，霍耐特出版《承认——一个欧洲史的尝试》专门讨论了承认概念在德、法、英文化传统的不同含义（Vgl. Axel Honneth, *Anerkennung. Eine europäische Ideengeschichte*, Suhrkamp, 2018.）。

行评论。

根据附加模型，承认行为不仅仅是对某种既定属性的消极肯定，也是某种首要的"创造"行为，即它能赋予被承认者以某种新的积极属性。与之相反，根据接受模型，承认行为仅仅是一种认知，即对某人已有的属性，再次通过相应的行为表示适当的肯定。这里的属性是指人的某种可评价的价值属性。例如，人应当有平等的尊严，并非整齐划一的能力和重要性。根据附加模型，这些价值是人们通过承认行为赋予被承认者的，就如某人通过许诺就会创造特定的权利与义务一样。如在爱的承认关系中，某人被赋予了唯一的重要性；而在法律关系中则被赋予特定的自由权利。根据接受模型，这些价值并非先前就不存在，如人的存在本身就具有唯一性、不可替代性，爱的关系只不过是通过承认确认了这种唯一性而已，此外，人还有不同的特殊能力，社会承认不过是对其已有能力的确认而已。

在霍耐特看来，这两种理解模型都存在一定的优缺点。附加模型能够避免价值实在论，如果个体被承认的价值属性是承认者通过承认行为创造并赋予被承认者的，那么就无须假设某种客观存在的价值。但它的缺陷也很明显——如果不存在客观的价值，那么就不存在内在的判断标准去分辨承认的附加行为是否正确或恰当。其结果是，承认的范围变得无止境了，只要人们通过承认行为附加给某人一定的能力或地位，那么人们就必须视这些能力或地位是被承认者享有的。很显然，这样理解的承认行为就不再是一种道德行为了，因为根据霍耐特的看法，道德行为可以被人们客观地评价对错。与附加模型相比，接受模型可以避免这些问题，因为在接受模型理解中，承认行为仅仅限于肯定人们已客观拥有的价值，人们通过这些价值属性就能评价某种承认行为是否正确或恰当，因此承认行为的道德属性就能被保留。但它遇到的问题是——如何理解这种客观的价值属性？除了接受价值实在论，似乎别无他途。显然，这与当今的主流看法相悖。在后形而上学时代，人们已不再坚持某些价值具有客观存在的本体论地位，而是偏向于价值的被建构性，即价值必须通过人的建构作用才能存在。

尽管接受模型要承担假定价值实在论的风险，霍耐特还是倾向于这种理解模型。为了避免强的价值实在论的风险，霍耐特对之作出了一定的修正。

1. 提出了一种温和实在论。在这个视角中，这些价值属性不再被视为独立于人们信念的客观存在，而是被视为对人们在生活世界中养成的确信的描述。因此，这些价值并不对历史变迁免疫，而是会随着生活世界变化而改变。为了使这样的修正获得某种可信度，霍耐特认为还得加上一些理论元素。生活世界要被视为"第二自然"，个体在其中通过学习，认识人的价值而被社会化。学习过程的复杂性体现在：一方面人们要获得对这些价值的认识态度，另一方面还要习得相应的行为。结果，人的承认行为就可被视为习惯的综合。

2. 以"历史目的论"的进步概念消除温和实在论包含的文化相对主义因素。温和实在论强调价值的生活世界来源，但如果被人们承认的价值是人们在特定的生活世界中习得的，那么它们就会如既定的社会环境那样，只能在特定的生活世界范围才会被视为有效的。当生活于该社会的主体面对其他社会环境时，也只能把该社会中被认可的价值视为有效的。如果不同社会中存在的承认原则都被视为有效的话，那么一种文化相对主义的结论就无法避免了。很显然，这与承认理论所追求的普遍有效性并不一致。

为了避免温和的价值实在论所造成的文化相对主义后果，霍耐特认为必须为之添加更为坚定的进步概念：在人类价值属性的文化变迁中，可以推测一条发展道路，它允许对特定承认文化的跨历史有效性作出合理判断。换言之，如果能够在文化变迁中找到一条不断进步的道路，那么就能够根据这条道路的最终发展方向对各个特定文化中形成的承认关系作出合理判断，如此就能够避免简单的文化相对主义。

在当今怀疑进步论的氛围中，这个假定所要承担的论证重负，霍耐特是很清楚的。例如，本雅明、阿多尔诺对历史进步论的批判，霍耐特不是不熟悉。

尽管如此，霍耐特认为要避免无历史的价值实在论和文化价值相对主义，就必须坚守这一假定。① 他指出，温和的价值实在论其实已经蕴含了关于进步的观念，即在历史变迁中，随着价值分化，人们能够观察到社会生活中被分享的价值数量在增加。当然，这还不能被视为一种道德进步，除非首先能够说明价值的增多与承认行为的目的具有内在关系，否则就无法说明历史变迁方向。在此，霍耐特没有详细给出两者内在关联的证明，而是将论证方向转到说明承认行为的道德内涵，即在规范层面，承认行为在人的生活实践中具有何种重要意义？换言之，如果承认行为是一种具有规范约束性的行为，那么它的规范性源于何处？如果这个问题被澄清，那么就能够用这种规范性衡量历史变迁中的许多价值，看它们是促进还是阻碍了这种规范性源泉的发展。在此基础上，就能通过经验研究去确证现实历史发展是否朝向进步方向迈进。

这样，进步概念就可以被表述为："每一种通过承认行为确定的新价值属性，如果提高了人类主体的'自主能力'（Autonomiefähigkeit），就必须被视为文化转型历史进程中的一个进步。"② 在与弗雷泽的论争中，霍耐特更加精确地界定了这个标准，认为个体性和社会包容增加能够共同证明社会承认行为是否取得进步。

3. 借助莱蒂纳在文章最后部分的讨论，进一步说明承认行为对自主能力的提高是直接的还是间接的。莱蒂纳以承认行为是直接创造，抑或仅仅实现已有的价值属性为标准，区分了承认行为建构性作

---

① 一直到出版《自由的权利》，霍耐特还是坚持这种"历史目的论"的进步观。

② Axel Honneth, *Kampf um Anerkennung: Zur moralischen Grammatik sozialer Konflikte*, S. 328.

用是直接的还是间接的。据此，上述的附加模型和接受模型也就可以分别被理解为直接作用和间接作用。

正如前面所说，霍耐特赞同接受模型，因而也主张承认行为对自主性形成的作用是间接的。为此，他完全赞同莱蒂纳利用"潜能到现实"的转变模型来说明这种间接作用。在此模型中，人们在被他人承认之前所拥有的价值属性被视为一种潜能，他人承认的作用就是使得这种潜能成为现实。换言之，只有当我们能够充分地认同自己潜在地具有的价值之后，才可能有意地运用与发展这些潜能。我们的承认过程，并非个体自我意识的独白确认过程，它必须借助他人相应的承认。在霍耐特看来，这种解释模型能够避免两个极端，即完全的建构主义和简单的表现主义，而采取一种中间立场：虽然我们在承认行为中仅仅表达了被承认者早已拥有的价值属性，但被承认者只有通过我们的承认反应才能获得真正的自主性，因为通过我们的承认，他能够认同他自己的能力了。

第三，在论及三种承认关系时，伊凯海默与莱蒂纳都坚持非历史的区分。在该部分的最后，霍耐特分别论述了两者的论证思路并给予了相关评论。

伊凯海默根据人格在形式上可能具有的维度，划分了单一性、自主性和特殊性三个维度。根据承认所赋予的不同价值属性，阐述了三种承认关系的本体论地位。根据亚里士多德对爱的理解，即"为他之故，而关心他的幸福或福祉"，这里的"为他之故"，仅仅指对方单纯的存在本身，并不是指他作为拥有特殊能力的个体，如有绘画、歌唱或做生意的本领等。伊凯海默将爱的承认关系视为对人格单一性的承认；将对某人特殊能力的承认归于对个体特殊性的承认方面。在法律承认关系中，情况比较复杂，伊凯海默认为有可能是承认单一性、自主性和特殊性。例如，法律既赋予了每个个体在抽象人格上享有平等的尊严权利，同时也赋予每个个体以生命权，这种权利与人的自主性并不直接相关，即使是丧失自主决定能力的精神病患者也享有生命权。

针对伊凯海默更为松散的归类，霍耐特并未持反对意见，反而认为这种解读很有帮助。在《为承认而斗争》中，霍耐特的划分比较严格，例如，爱或友谊的承认关系，仅仅对应个体情感需要维度；法律关系仅仅对应个体的道德责任能力；价值共同体的承认关系只对应个体的能力和特质。霍耐特坦诚，在家庭的亲密关系中，为了表明对孩子的关心，我们也会通过认可他享有某种非法律意义上的权利，而承认他的自主性；而在法律承认关系中，人们也会被赋予某些权利（如生命权）旨在于保护其独特性。尽管如此，霍耐特还是不赞同将这种归类理解为社会本体论意义上的既定性，而是倾向于将它们理解为历史发展的结果。例如，爱的承认关系仅仅是从现代开始才摆脱了功利的色彩，而法律上的权利长期以来则是与人们的社会地位捆绑在一起。

基于这个看法，霍耐特也反对莱蒂纳的观点。霍耐特指出，虽然莱蒂纳在文中一开始并未表明是否要从本体论角度理解人的价值属性，但从其文章的论证途径来看，他确实持有这样的看法。莱蒂纳根据人的本质能够拥有不同的价值，去区分不同的承认类型。在莱蒂纳眼里，人类主体间性相互承认基于一些理由，这些理由源于人享有的一些价值。可见，莱蒂纳与伊凯海默的划分相类似——后者将这些价值划分为三个方面，即平等的尊严、拥有某种出众的能力、对他人来说异常重要；与这三个方面相对应的承认关系就是法权、团结、爱。不过，在霍耐特看来，这种不考虑历史因素的划分是不成立的。理由有三：第一个上文在反驳价值现实主义时已提到过，即价值的被建构性；第二个是基于汉斯·约阿斯（Hans Jonas）的分析，即认为这些价值是在历史上先后出现的，并且随着历史发展，还可能形成新的价值；第三个与第一个较类似，认为这些价值反映的是人们在生活世界中形成的伦理信念，它们的特征会随着文化变迁而变化。就是说，这些价值是我们在生活世界中逐步学习的产物。对处于社会化过程中的人们来说，这些产物具有一种公共知识的属性，它们是人们成功社会化必须习得的东西。

三、如何理解承认行为的道德属性？

在《承认的理由》第三部分中，霍耐特进一步利用康德的论证阐明承认行为的道德属性。康德到道德行为的说明主要是从意图层面展开的。在康德看来，道德行为就是那些能够主动根据某种规范的界定来约束人类自爱癖好的行为。根据这种界定，承认行为之所以是道德行为，是因为这种行为是根据其他人的价值规定而作出的，换言之，肯定他者的价值属性是承认行为的首要意图，而不是追求满足自己的某种癖好。因此，根据人类主体所拥有的不同价值，就能够区别与之对应的不同道德行为形式。

第一，霍耐特认为考皮纳对社会批判形式的区分有助于澄清他的理论出发点。

通过对承认行为道德属性的强调，霍耐特所有努力的目的就变得非常清楚了。他本质上关注的是，借助承认概念获得一种规范基础，并在此基础上阐发一种批判的社会理论。霍耐特首先介绍了考皮纳的分析。

在阐明霍耐特的社会批判属于何种批判形式之前，考皮纳详细区分了两种类型的规范性社会批判形式，即外部批判与内部批判。外部批判是指批判者利用自己相信的规范批判一定的社会实践或制度；内部批判则是指批判者利用被批判对象拥有的规范信念作出相应批判。在这两种类型中，考皮纳又根据规范的性质再次作出了细分。根据批判者利用的规范是否是普遍必然的，外部批判又可被分为"族群中心主义的外部批判"和"普遍主义的外部批判"。前者是指批判者利用的规范恰巧是自己文化传统中拥有的，并未反思它是否是普遍共享的规范。这就是典型的"族群中心主义的外部批判"。后者是指批判者经过一定反思，认为自己拥有的规范并非偶然的、特殊的，而是源于人们某种普遍共享的特征，如本性、理性等。例如，很多道德哲学就是试图表述和论证一种普遍的道德规范，或建构某种普遍的程序，进而可以批判性检验或制定某种具体的规范。

尽管这种普遍主义的外部批判并非毫无益处，但其缺陷也非常明显。在文化多元主义社会中，为了建构某种普遍的批判原则，它必须足够抽象进而能够涵盖各个文化的共性，然而当运用这种建构出来的抽象原则去批判某个特殊文化传统的社会实践时，不仅会遭遇到经典的质疑——"为什么这种原则就是道德的?"，而且还会遭遇到接受动机不足的问题，即人们为什么要放弃自己长期坚信的规范信念去接受某种普遍抽象的原则?

内部批判则可以避免上述难题。由于批判的准绳是被批判对象在一定程度上早已拥有的，它能提供更强的接受动机，因为人们更愿意接受他们早已有意无意地拥有的信念。在考皮纳那里，内部批判又可根据人们享有这种信念的方式区分为"简单的内部批判"和"重构的内部批判"。前者是指批判的标准被人们早已有意地相信并得到明确的表述。批判者所做的仅仅是利用这些被明确表述的规范衡量与之对应的社会实践，看它们是否符合这种规范。后者则是指批判标准并未被人们明确地表述过，或某种规范的隐含的意义并未被人们阐述出来，批判者首要的任务是，针对相应的社会实践重构它们背后隐含的规范意义。根据重构出的规范是特殊的还是普遍的，重构的内部批判又可分为弱版本和强版本。弱版本是指这种隐含的实践规范仅仅是偶然的、特殊的；强版本则是指重构出的规范被视为普遍必然的。考皮纳认为哈贝马斯和霍耐特的社会批判形式是强版本，并细致地分析了霍耐特承认理论是否真正符合这种强版本。

第二，霍耐特分两步简要勾勒了考皮纳的论述。

1. 说明为什么承认关系是一种隐含的内部规范。根据霍耐特的说明，他的承认理论奠基在人类学洞见之上，即人类若要无强制、自由地发展自己的人格，就必须以一种积极的方式看待自己的能力和潜力，而这种方式的形成需要依赖他人的承认。需要他人的承认是人类学的常量，承认形式和内容则会随历史发展而变化。考皮纳的论证策略是，利用罗伯特·布兰顿的思想将承认规范视为一种"普遍的行为期待"（generalisierte Verhaltenserwartungen）。这些行为期待隐含在人们的实践活动中，它以"知道如何做"的形式规定着人们的行为方式，但并没有被人们明确意识到。只有在这种情况下，人们才会有意识地去认识这些规范，即我们的期待落空了。落空的结果就是，人们根据行为期待而作出相应行为的打算也被干扰了，这就会迫使人们去探明潜藏在行为期待背后的规范理由究竟是什么。

霍耐特认为考皮纳的这番解读与自己之前的阐述是一致的，即承认行为被视为人们成功融入生活世界所必须掌握的反应模型，就是"知道如何做"的实践行为，但人们并不能完全以规范的方式清楚地阐述它们，即不能给出清晰的规范理由，故这些作为理由的规范原则是隐含的。社会批判理论若要根据这些理由批判现实社会实践，首要任务就是必须深入社会实践中仔细重构出这些规范原则。

2. 阐述为什么这些隐含的规范原则具有普遍的有效性，只有成功地说明这一点，才能证明它符合强的内部批判。在这里，霍耐特与考皮纳的意见相左。

考皮纳指出，要成功地完成这步论证，首先必须解决两个方面的挑战，即"优先性的挑战"和"运用的挑战"——（1）前者是指在许多道德规范中，为什么承认规范要被视为首要的和基础的？只有成功地回应这个挑战，社会批判才能利用承认规范批判那些与之相抵触的其他道德规范。以宪法形式在法律体系中的地位来比较，承认规范在道德领域中的地位，就相当于宪法规范在法律体系中享有的最基础和最高地位。（2）后者是指为什么这些承认规范能够被视为任何社会群体都已在某种程度上潜在地拥有的普遍规范？只有回应这个挑战，以承认规范为基础的社会批判才能获得广泛的运用。

霍耐特认为第一个挑战并不难应付。因为承认关系概括了道德的三种来源，它们是最基本的自决能力形成的前提条件，其他道德问题，如分配正义问题能够在承认理论框架中得到解释。难以应付的是第二个挑战，即承认规范为什么能够给批判要求提供一个普遍性的辩护。

在第二个挑战方面，考皮纳赞同哈迪蒙（Michael O. Hardimon）、祖恩（Christopher Zurn）对承认规范的"工具主义解读"。就如霍耐特时常强调的那样，承认行为服务于使个人的自主性或自我实现得以可能。对承认行为的这种简单界定，容易使人形成这种印象，即承认仅仅扮演了工具价值的角色，而真正的最高道德价值则是自主性或自我实现。然而，将自主性或自我实现视为文化的最高价值则多半是西方现代文化发展的产物，其他文化传统可能并不一定赞同这种看法。因此，考皮纳认为，以这种价值作为社会批判的准绳，就难以符合重构的内部批判模型。为此，考皮纳给出了两种可能的解决方案，即"基础主义的"和"非基础主义的"解决方案，他认为霍耐特倾向于前者，自己更赞同后者。然而，不管哪种解决方案，都不能完全符合重构的内部批判模型，因为它们都兼具内在批判与外在批判的特征。由于霍耐特在回应中并未详细批判考皮纳自己赞同的解决方案，只是论证即使自己是"基础主义的"解决方案也会符合强的内部批判版本，因此下文仅介绍霍耐特的回应。

第三，霍耐特对考皮纳的回应。

1. 霍耐特驳斥了对承认行为进行工具主义解释的错误之处。霍耐特认为，如果人们将承认行为同时视为道德上的合理行为，即对他人价值属性的适当反应，就不会认为承认行为仅仅是单纯的手段。在此，他再次借助康德道德哲学中的"尊重"（Actung）概念来进一步澄清承认概念。霍耐特指出，就像康德的"尊重"概念既是道德行为条件，也是道德义务一样，承认行为也是道德行为的条件和义务。因此，承认行为相对比于自我实现的目的并非某种次要的东西，毋宁说，个体自主只有通过相应的承认行为才会实现。当然，针对霍耐特的这个反驳，人们可以进一步指出，在康德那里，出于尊重道德义务的行为就是道德自主本身，它并非是道德自主成为可能的条件；而承认行为虽然是道德行为，但并不直接等同于个体自主的实现。

2. 如考皮纳所说，霍耐特并未放弃将自主性或自我实现视为人类生活形式的普遍目的。为了说明它是一种强的内部批判版本，霍耐特认为有两个方面需要澄清。一方面，由于假定所有人类主体都有兴趣，自由地规定和追求实现自己的愿望和意图，他总是在中立意义上说"自主性"或"自我实现"。因此，人们不能指责这是某种特殊的文化断定。反而，人们根据这种普遍的目的，能够区分出不同文化特征，在这些具体的文化特征中，非强制的自我实现得到了不同程度的实现。另一方面，由于具体的承认关系会随着历史变化而变化，根据某个历史时期和特定社会中的承认规范而作出的社会批判，其有效性似乎是有限的。为了避免利用承认规范作出的社会批判陷入简单的内部批判中，霍耐特认为必须补充一个进步概念。为了表明当下占支配地位的承认规范不仅具有相对的而且具有普遍的有效性，就必须断定它们与之前的规范秩序相比具有规范方面的优势。

3. 霍耐特强调承认规范的"有效性悬挂"（Geltungsüberhang）观点。该观点认为，即使在实际的实践与隐含的规范之间不存在裂缝，相对于现实中人们的实践活动，不同承认形式的理想总是会提出更高的要求，以更为完美地符合承认规范的理想要求。霍耐特指出，如果不假定承认规范存在这种"有效性悬挂"，就无法说明承认行为在历史变化中还会存在进步维度。在此，霍耐特推测，我们应当把承认规范理解为成功的社会化反应模型，这种反应模型是人们对在生活世界中觉察到的价值属性的反应，承认规范总是要求人们的道德行为更加完美，以至于持续的学习压力在历史的过程中会起到作用。

霍耐特坦诚，这种观点仅仅是一种思辨的产物，是为自己强重构的内部批判作辩护不得不作出的推测。可见，霍耐特还没有找到一种连贯的说明，从而让自己提出的各个观点能够相互融洽，互相支撑。例如，他认为还不清楚的是，上文在人类学反思方面所指出的人的反社会倾向，如何与这里的承认规范"有效性悬挂"推测相一致。四位作者的反驳确实迫使霍耐特承认自己碰到了难以解决的问题，这恰恰是对反对者最高的赞誉，也是理论创造力的秘密所在。

仔细阅读霍耐特的整个回应，我们对承认概念、承认行为、承认理论的人类学基础，承认规范与社会批判之间的关系就有了更加深入的理解。当然，霍耐特在有限的篇幅中并未回答评论者的所有质疑，也无法详细地阐述自己受评论者的启发所产生的新想法。例如，在回应中反复提到的"进步"概念，以及"为承认而斗争"的动力问题，霍耐特都没有展开论述。不过，这恰好是该文的魅力所在，它可能会吸引着人们去进一步追随霍耐特之后的学术之旅。

参考文献

1. Axel Honneth, *Kampf um Anerkennung: Zur moralischen Grammatik sozialer Konflikte.* Frankfurt a. M. 2003.

2. Axel Honneth, *Das Andere der Gerechtigkeit. Aufsätze zur praktischen Philosophie.* Frankfurt a. M. 2000.

3. Axel Honneth, *Kritik der Macht.* Frankfurt a. M. 2000.

4. Axel Honneth, *Umverteilung oder Anerkennung?.* Frankfurt a. M. 2003.

5. Axel Honneth, *Verdinglichung-Eine anerkennungstheoretische Studie.* Frankfurt a. M. 2005.

6. Axel Honneth, *Pathologien der Vernunft. Geschichte und Gegenwart der Kritischen Theorie.* Frankfurt a. M. 2007.

7. Axel Honneth, *Das Recht der Freiheit-Grundriß einer demokratischen Sittlichkeit.* Suhrkamp, Frankfurt a. M. 2011.

8. G. W. F. Hegel, *System der Sittlichkeit*, Felix Meiner Verlag, 2002.

9. G. W. F. Hegel, *Hegel and the Human Spirit: A Translation of the Jena Lectures on the Philosophy of Spirit(1805—1806) with Commentary*, trans. Leo Rauch, Detroit: Wayne State University Press, 1983.

10. Bob Cannon, Rethinking the normative content of critical theory: Marx, Habermas

and Beyond, Senior Lecturer in Sociology University of East London, New York: Palgrave, 2001.

11. Alfredo Ferrarin, *Hegel and Aristotle*, Cambridge University Press, 2004.

12. Carl-Göran Heidegren(2002), Anthropology, Social Theory, and Politics: Axel Honneth's Theory of Recognition, *Inquiry: An Interdisciplinary Journal of Philosophy*, 45:4.

13. Heikki Ikaheimo(2002), On the Genus and Species of Recognition, *Inquiry: An Interdisciplinary Journal of Philosophy*, 45:4.

14. Arto Laitinen(2002), Interpersonal Recognition: A Response to Value or a Precondition of Personhood? *Inquiry: An Interdisciplinary Journal of Philosophy*, 45:4.

15. Antti Kauppinen(2002) Reason, Recognition, and Internal Critique, *Inquiry: An Interdisciplinary Journal of Philosophy*, 45:4.

16. 马基雅维利:《君主论》,潘汉典译,商务印书馆 1985 年版。

17. 霍布斯:《利维坦》,黎思复、黎廷弼译,商务印书馆 1985 年版。

18. 康德:《纯粹理性批判》,邓晓芒译、杨祖陶校,人民出版社 2004 年版。

19. 费希特:《自然法权基础》,谢地坤、程志民译,商务印书馆 2004 年版。

20. 黑格尔:《费希特与谢林哲学体系的差别》,宋祖良、程志民译,商务印书馆 1994 年版。

21. 黑格尔:《哲学史讲演录》第 4 卷,贺麟、王太庆译,商务印书馆 1997 年版。

22. 黑格尔:《黑格尔早期神学著作》,贺麟译,上海人民出版社 2012 年版。

23. 齐美尔:《社会学:关于社会化形式的研究》,林荣远译,华夏出版社 2002 年版。

24. 米德:《心灵、自我与社会》,赵月瑟译,上海译文出版社 1992 年版。

25. 杜威:《杜威全集:早期著作（1882—1898）》,王新生、刘平译,华东师范大学出版社 2010 年版。

26. 乔治·索雷尔:《进步的幻象》,吕文江译,上海人民出版社 2003 年版。

27. 汤普森:《英国工人阶级的形成》,钱乘旦等译,译林出版社 2001 年版。

28. 哈贝马斯:《理论与实践》,郭官义、李黎译,社会科学文献出版 2010 年版。

29. 哈贝马斯:《现代性的哲学话语》,曹卫东译,译林出版社 2011 年版。

30. 霍耐特:《分裂的社会世界》,王晓升译,社会科学文献出版社 2011 年版。

31. 霍耐特:《自由的权利》,王旭译,社会科学文献出版社 2013 年版。

32. N. 弗雷泽、霍耐特:《再分配,还是承认?——一个政治哲学对话》,周穗明译,上海人民出版社 2009 年版。

33. L. 施特劳斯:《关于马基雅维里的思考》,申彤译,译林出版社 2016 年版。

34. 阿维纳瑞:《黑格尔的现代国家理论》,朱学平、王兴赛译,知识产权出版社 2016 年版。

35. 洛苏尔多:《黑格尔与现代人的自由》,丁三东等译,吉林出版集团有限责任公司 2008 年版。

36. 拜塞尔:《黑格尔》,王志宏、姜佑福译,华夏出版社 2019 年版。

37. L. 希普:《"为承认而斗争":从黑格尔到霍耐特》,罗亚玲译,《马克思主义与现实》2010 年第 6 期。

38. 霍耐特:《伦理的规范性——黑格尔学说作为康德伦理学的替代选择》,王凤才译,《学习与探索》2014 年第 9 期。

39. 邓安庆:《从"自然伦理"的解体到伦理共同体的重建——对黑格尔〈伦理体系〉的解读》,《复旦学报》(社会科学版)2011 年第 3 期。

40. 吴增定:《利维坦的道德困境:早期现代政治哲学的问题与脉络》,生活·读书·新知三联书店 2017 年版。

41. 朱学平:《古典与现代的冲突与融合——青年黑格尔思想的形成与演进》,湖南教育出版社 2010 年版。

42. 王凤才:《蔑视与反抗——霍耐特承认理论与法兰克福学派批判理论的"政治伦理转向"》,重庆出版社 2008 年版。

43. 王凤才:《承认·正义·伦理——实践哲学语境中的霍耐特政治伦理学》,上海人民出版社 2017 年版,2022 年版。

44. 王凤才:《从形式伦理到民主伦理——霍耐特的伦理概念》,《学习与探索》2019 年第 8 期。

45. 赵长伟:《文学、社会与传媒——洛文塔尔批判的传播哲学研究》,人民出版社 2018 年版。

后　记

　　本书由王凤才提出总体框架、基本思路和具体问题，王凤才、周爱民统稿。具体分工如下：

　　导　　论　王凤才（复旦大学）

　　第一章　任彩红（暨南大学）

　　第二章　洪　楼（厦门大学）

　　第三章　陈良斌（东南大学）

　　第四章　任　远（福建师范大学）

　　第五章　宋建丽（天津大学）

　　第六章　赵长伟（青岛大学）、王凤才

　　第七章　李　猛（北京师范大学）

　　第八章　赵长伟、王凤才

　　第九章　杨　丽（上海大学）、王凤才

　　结　　语　周爱民（同济大学）

　　在参考文献整理、注释规范化、文字校对等方面，吴敏做了大量工作，特此致谢！

图书在版编目(CIP)数据

如何阅读《为承认而斗争》/王凤才等著.—上海：
上海人民出版社,2023
(日月光华.西方马克思主义经典著作思想研究)
ISBN 978 - 7 - 208 - 18392 - 6

Ⅰ.①如… Ⅱ.①王… Ⅲ.①社会冲突论-关系-道
德-研究 Ⅳ.①C91 ②B82

中国国家版本馆 CIP 数据核字(2023)第 127704 号

责任编辑 赵 伟 任健敏
封面设计 胡 斌 刘健敏

日月光华·西方马克思主义经典著作思想研究

如何阅读《为承认而斗争》
王凤才 周爱民 等 著

出 版 上海人民出版社
        (201101 上海市闵行区号景路 159 弄 C 座)
发 行 上海人民出版社发行中心
印 刷 江阴市机关印刷服务有限公司
开 本 720×1000 1/16
印 张 16.5
插 页 5
字 数 208,000
版 次 2023 年 8 月第 1 版
印 次 2023 年 8 月第 1 次印刷
ISBN 978 - 7 - 208 - 18392 - 6/A·153
定 价 98.00 元